Manfred Prisching • Die McGesellschaft

MANFRED PRISCHING

Die
McGesellschaft

In der Gesellschaft
der Individuen

Die Deutsche Bibliothek – CIP-Einheitsaufnahme

Prisching, Manfred:
Die McGesellschaft: In der Gesellschaft der Individuen /
Manfred Prisching –
Graz ; Wien ; Köln : Verl. Styria, 1998
ISBN 3-222-13003-5

2. Auflage 1999
© 1998 Edition Kleine Zeitung
im Verlag Styria Graz Wien Köln
Alle Rechte vorbehalten
Kein Teil des Werkes darf in irgendeiner Form
(durch Fotografie, Mikrofilm oder ein anderes Verfahren)
ohne schriftliche Genehmigung des Verlages reproduziert
oder unter Verwendung elektronischer Systeme verarbeitet,
vervielfältigt oder verbreitet werden.
Umschlaggestaltung: Graphic-design, Leibnitz
Druck und Bindung: Wiener Verlag, Himberg
ISBN 3-222-13003-5

Inhalt

Einleitung
Verwirrungen und Klärungen ... 7

Allgemeinbildung
Das Verschwinden des Selbstverständlichen ... 12

Beschäftigung
Auf dem Weg zum globalen Arbeitsmarkt ... 22

Elite
Über Solidarität und Ungleichheit ... 35

Erlebnis
Beliebigkeit als Gesellschaftsfundament? ... 44

Europa
Das Besondere und das Allgemeine ... 50

Familie
Erosion und Etikettenschwindel ... 56

Identität
Das Basteln von Zugehörigkeiten ... 65

Machbarkeit
Politische Gestaltung und Verzweiflung ... 73

Medien
Die Illusionen der Illusionsfabrikanten ... 77

Multikultur
Die Vereinbarkeit des Unvereinbaren? ... 84

Parteien
Die Unverzichtbarkeit der Dinosaurier ... 91

Politik
Zwischen Autismus und Postmoderne ... 101

Religion
Blühende Vielfalt im Unsichtbaren ... 108

Risiko
Die Verwissenschaftlichung von Ängsten ... 119

Solidarität
Sanierungsarbeiten in der Großgesellschaft ... 127

Sozialstaat
Die Kalkulierbarkeit des Mitleids ... 135

Stadt
Der Verlust der Lebensräume ... 139

Wähler
Die vergebliche Suche nach dem Staatsbürger ... 146

Wertwandel
Über imaginäre Postmaterialisten ... 151

Wissenschaft
Im Zirkus der Mandarine ... 155

Zukunft
Kein Ende der Geschichte ... 162

Anmerkungen ... 168

EINLEITUNG
Verwirrungen und Klärungen

Wir werden durch unsere Gesellschaft streifen, da und dort haltmachen, ein bißchen schauen und nachdenken. Die Absicht dieser Essays ist es, einige Problemfelder der Gegenwartsgesellschaft zu besichtigen. Sie können – in der beabsichtigten Kürze – keine vollständigen oder auch nur zureichenden Überblicke über Probleme liefern, die dem an gesellschaftlichen Problemen interessierten Zeitgenossen[1] ohnehin in allen Zeitungen und Zeitschriften begegnen. Es soll sich ja um kein populäres Lexikon der Gegenwartsgesellschaft, ihrer Freuden und ihrer Krisen, handeln. Aber vielleicht gelingt es uns, einige Selbstverständlichkeiten aufzustören: Feststellungen zu erschüttern, die im gängigen Vokabular des quasi-intellektuellen, journalistischen und feuilletonistischen Getriebes gerne formuliert werden. Nicht immer ist das, was alle für selbstverständlich halten, wahr. Wir wollen deshalb Urteile über die Probleme der modernen Gesellschaft, die manchen allzu rasch von der Zunge gehen, zur Hand nehmen und ein wenig hin und her wenden. Vieles wird bekannt sein, manches vielleicht eine ungewohnte Färbung erhalten. Es sind Essays von bewußter Aspekthaftigkeit; sozialwissenschaftliche Miniaturen, keine weitgespannten Ortsbestimmungen der Gegenwart; weder präzisionsorientierte Wissensübersichten noch großangelegt-pathetische Epen; vielmehr Mosaikstücke, soziale Graffiti, die diese bald bunte, bald triste Gesellschaft beschreiben.

Es wird kaum der Versuch unternommen, „Lösungen" anzubieten. Wenn man Turbulenzen, ja Krisen beschreibt, drängt sich das Thema, wie man sie bewältigen könnte, natürlich auf. Aber wir treiben hier keine Lebensberatung, Leserberatung oder Politikberatung. Wir reihen uns auch nicht unter die Trend-Gurus ein, wie sie so gerne auf Managerseminaren auftreten, bei denen sich der Grad der Banalität dessen, was sie zu verkünden haben, nicht selten proportional verhält zu jenen Honoraren, die für ihre prognostischen Ergüsse flüssig zu machen sind. Die „richtigen Zukünfte", für die wir zu sorgen hätten, wären ein anderes Thema. Es soll den Lesern und Leserinnen nicht gesagt werden, wie sie leben sollen. Es soll den Politikern nicht gesagt werden, was sie tun sollen. Es

7

soll den Journalisten nicht gesagt werden, was sie schreiben sollen. Wir bescheiden uns mit der Beschreibung und Deutung dessen, was der Fall ist: was sich vor unseren Augen tut. Das ist manchmal schwierig – und strittig – genug.

Die Essays zielen auf ein breiteres Publikum. Sie enthalten Materialien, die in den letzten Jahren in verschiedenen Zeitungen und Zeitschriften gedruckt worden sind, oder die verschiedentlich publizierten Artikel wurden zumindest als Ausgangstexte für eine weitere Bearbeitung genommen – und damit ergibt sich auch der Zusammenhang mit der Kleinen Zeitung-Edition. Die Texte sind allerdings anders komponiert, überarbeitet und durch wenige Literaturangaben ergänzt. Es wird hier eine intellektuelle, aber keine wissenschaftsinterne Sprache gepflogen, eine Sprache, die sich aus hochabstrakten Reflexionen hinausbegibt und auf eine flüssige und pointierende Lesart achtet, ja manchmal sogar einen polemischen Stil erlaubt.[2]

Die Essays streifen durch verschiedene Territorien der modernen Gesellschaft. Wir bündeln viele der Phänomene, die wir beobachten, in dem griffigen Wort von der *McGesellschaft*. Dies entspricht nicht nur verlegerischen Wünschen nach einem Begriff, der Aufmerksamkeit bei potentiellen Leserinnen und Lesern heischt; das Etikett läßt sich auch wirklich gut anwenden auf zahlreiche Erscheinungen in unserer Gesellschaft, in der Individualisierung und Vermassung zur gleichen Zeit zu beobachten sind. Inspiriert ist die Wortschöpfung natürlich von George Ritzers Buch über die *McDonaldization of Society*.[3] Ritzer hat an vielen Erscheinungen des täglichen Lebens zu zeigen versucht, daß die bekannte Hamburgerkette nicht nur für eine bestimmte Sorte von faschierten Laibchen in weichen Brötchen steht, sondern auch als Symbol genommen werden kann für Entwicklungen in vielen Lebensbereichen, die mit der effizienten Nahrungsaufnahme nichts zu tun haben. Kriterien wie Effizienz, Kalkulierbarkeit, Vorhersehbarkeit und Kontrolle bestimmen in zunehmendem Maße Kultur, Politik, Alltagsleben, Gesundheit, Bildungswesen, Fernsehen und vieles andere. Wir übernehmen aber in den folgenden Essays nicht das Ritzersche Modell; denn mit Recht ist bekrittelt worden, daß eindeutige Trends zur Konvergenz von Kulturinhalten nicht zu verzeichnen seien, daß es vielmehr um Ambivalenzen und Dialektiken gehe.[4] Die *McGesellschaft* steht also eher für eine Reihe von Assoziationen, die sich beim Begriff des „fast food" einstellen: Wir sind Zeugen einer *„fast foodisierung aller Lebensbereiche"* – allenthalben das Angebot der schnellen

Bissen, die mit zunehmender Freude und Behendigkeit konsumiert werden; der Ersatz geordneter (Essens-)Abläufe durch die raschen Häppchen, und das wirklich in vielen Bereichen des alltäglichen Lebens. Keine mühsamen Bildungsprozesse, sondern schnelle Informationshappen, weil die dynamische Gesellschaft keine Menschen mehr braucht, die etwas *wissen*. Keine langwierigen politischen Argumentationen, vielmehr zählen der rasche Sager, das hübsche Bild, die undurchdachte Idee. Keine schwierigen persönlichen Beziehungen, die entwickelt werden und an denen gearbeitet wird, sondern rasche Begegnungen und Verbindungen, die jederzeit wieder gelöst werden können. Keine Dauerhaftigkeit und Langsamkeit, sondern Flüchtigkeit, Unverbindlichkeit und Beschleunigung. Keine reifenden Identitäten und Persönlichkeiten, sondern heitere Kompositionen von Unvereinbarem, „außengesteuerte" Menschen, die sich je nach Gelegenheit anders darstellen. Keine Muße, sondern Hektik. Kein Ringen um Erkenntnis, sondern Bemühung um das Erregen von Aufmerksamkeit. Keine Aussagen, sondern Gags. Keine dingfest zu machende, einzuklagende Solidarität, sondern flüchtige, luftige Betroffenheit. Keine ernsthaften Bekenntnisse, sondern eventhafte Deklamationen. Kein gelingendes Leben, sondern bestenfalls gelingende Momente. Das und anderes suggeriert die *McGesellschaft*, die nicht als stringente theoretische Konzeption zu betrachten ist, sondern als Bündelung der geschilderten Assoziationen.

Mit dem Wort von der *McGesellschaft* sind also nicht nur Gleichschaltung und Vereinheitlichung, die Standardisierung von Brötchen und Fernsehsendungen angedeutet; vielmehr sind die Gegentendenzen inbegriffen. Vor allem wird der Gedanke von vielen akzeptiert, daß die moderne Gesellschaft als eine *individualistische Gesellschaft* zu beschreiben ist, als eine *Gesellschaft der Individuen* – ein Untertitel, der natürlich von Norbert Elias' gleichnamigem Buch angeregt ist.[5] In ihr bestehen weit geringere Zwänge zu sozialem Wohlverhalten als in früheren sozialen Ordnungen und weit größere Wahlfreiheiten der einzelnen über Lebensläufe und Lebensstile: Individualisierung als Prozeß der Herausbildung von Fähigkeit, Freiheit und Notwendigkeit zur eigenen Entscheidung. Dieser Gedanke zieht sich durch die Geschichte der Sozialwissenschaften seit dem Eintritt in die Neuzeit. Durchwegs haben Sozialwissenschaftler, Sozialphilosophen, Gesellschaftstheoretiker und nachdenkliche Zeitgenossen Sorge darüber geäußert, wie die Gesellschaft zusammengehalten werden könne, wenn vereinheitlichende Werte und Haltungen aufgelöst werden; und sie haben sich den Kopf darüber zerbrochen, wie und wodurch der Zerfall integrativer Weltorientierungen aufgehalten oder aufgewogen werden könnte.[6] Sie haben in ihrer Sorge um die soziale Stabilität meist die Anpassungsfähigkeit der Gesellschaft und ihrer Mitglieder unterschätzt. Aber vieles spricht dafür, daß dieser Prozeß in den letzten Jahrzehnten in den modernen Industriegesellschaften eine unerhörte Dynamik erfahren hat, und dies verleiht der Fragestellung, woher eine integrierende Gemeinsamkeit der Menschen in diesen Sozialordnungen kommen könnte, eine immer größere Berechtigung.[7] Ist die *McGesellschaft* überhaupt eine „Gesellschaft" oder nur noch eine Anhäufung von Einzelmenschen? Gibt es noch etwas anderes als *vereinzelte* Menschen, die immer ratloser durch die kühlen Räumlichkeiten des sozialen Gebäudes irren? Wenn es für sie keine *Heimat* mehr gibt, fangen sie an, über *Netzwerke* zu reden. Wenn es keine *Familie* mehr gibt, sprechen sie von *Beziehungen*. Wenn sie merken, daß sie *allein* sind, fangen sie an, im Dunkeln zu pfeifen und loben die *Autonomie*. Die Individualisierungsthese sollte als relativ zuverlässig angenommen werden können.[8]

Ein weiterer Gedanke, der sich durch die folgenden Essays zieht, ist jener einer *Öffnung* der Gesellschaft, hin zur *Multikulturalisierung* und zur *Globalisierung*. Die weitgehend geschlossenen oder doch segmentierten Ordnungen, in denen Menschen zu leben gewohnt waren, lösen sich auf. Wir leben im „globalen Dorf". Wir sind nicht nur tagtäglich mit allen Nachrichten aus aller Welt konfrontiert, mit allen Katastrophen und Revolutionen, Wahlen und Aufständen, Stürmen und Epidemien, die sich an den Ecken und Enden dieser Welt abspielen. Die Kulturen verschmelzen auch miteinander, trotz aller Gegenbewegungen. Es gibt Tendenzen zu einer Welteinheitskultur. Es gibt globale wirtschaftliche Verflechtungen. Die Kleider, die wir tragen, die Geräte, die wir benutzen, die Filme, die wir sehen – sie haben weite Reisen hinter sich. Einwanderer pochen an die Türen Europas, und fremdenfeindliche Aktionen machen in vielen europäischen Ländern Schlagzeilen. Die Kellner in den Gasthäusern, die Arbeiter auf den Baustellen, die Zeitungsausträger und die Portiere – sie sind anders, ungewohnt, schwer zu verstehen. Europa selbst befindet sich auf dem Weg zu seiner Einigung, zur Auflösung der Grenzen zwischen den Staaten, und so verfließen aneinander grenzende Kulturbereiche. Aber auch die Welt ist kleiner geworden, und es kollidieren Kulturkreise, die viel weniger gemeinsam haben; es bilden sich neue Kombinationen, neue Subkulturen, neue Kultursynthesen. Es ist in der Tat eine neue Welt, in der

wir uns zurechtzufinden haben. Und es ist schwierig, sich in ihr zurechtzufinden.

Das also ist die Ausgangslage für die *McGesellschaft*: In den folgenden
Essays werden aus den Befunden Schlußfolgerungen gezogen. Denn es ist
eine Sache, beispielsweise einen *allgemeinen Individualisierungsprozeß* mit
weitausholender theoretisch-historischer Geste zu behaupten, eine andere, die Folgen für eine Reihe von *Lebensbereichen* – zumindest illustrierend
– in nachvollziehbar-plausibler Weise darzustellen.[9] Was wir in der Folge
zu bieten haben, sind einige Mosaiksteine, Blitzlichter auf die moderne
Gesellschaft. Wenn die Ausführungen über diese Gesellschaft und ihre
zukünftige Entwicklung nicht von allzu großer Fortschrittsgewißheit
geprägt sind, so ist an den österreichischen Ökonomen und Soziologen
Joseph A. Schumpeter zu denken, der 1946 einen Satz geschrieben hat, der
durchaus als Vorgriff auf die Gegenwart gelten darf. „Freimütig auch
unheilschwangere Tatbestände aufzuzeigen, war noch nie so nötig wie
heute", so notierte er, „denn es scheint, wir haben den Escapismus, die
Flucht vor der Wirklichkeit, zu einem Denksystem entwickelt."[10] Gleich-
wohl soll nicht von der Krise um der Krise willen geredet werden – weil
dies nun einmal das Geschäft der Sozialwissenschaftler belebt. Aber die
einfache Erfahrung, daß uns vieles zu entgleiten scheint, macht jeder von
uns in diesen Jahren, und über diese Sorge soll man reden dürfen, ohne in
die pathetische Geste des Propheten zu verfallen.

Auf der Grundlage verschiedener Materialien sind Teile dieses Buches
in einem Forschungsjahr an der Harvard University, Cambridge, Massa-
chusetts, ausgearbeitet worden; dies wurde durch eine von der
Schumpeter-Gesellschaft geförderte Gastprofessur ermöglicht, für die ich
sehr dankbar bin. Meiner Frau Roswitha danke ich für sorgfältige Lektüre
und zahlreiche Diskussionen über verschiedene der angesprochenen
Themen. Mein Kollege Helmut Kuzmics hat das gesamte Manuskript
gelesen und – neben pauschaler Ermutigung – zahlreiche ergänzende
Hinweise geliefert. Ich bedanke mich beim Buchverlag Styria und bei der
Kleinen Zeitung, insbesondere bei Michael Fleischhacker, der in einem
zufälligen Geplauder Interesse an dem Buch gefunden hat. Ich danke
allen, die mir Arbeitsmöglichkeiten geboten haben.

Graz, im Juni 1998   Manfred Prisching

ALLGEMEINBILDUNG
Das Verschwinden des Selbstverständlichen

Der Bildungspolitik ist ihr Objekt diffus geworden. Die Verwirrungen, in welche sie gerät, klingen an, wenn man nach dem Ziel der staatlich organisierten Bildungsprozesse fragt. Was sollen Schulen und Universitäten leisten? Am ehesten könnte man sich noch auf die nüchterne Formulierung verständigen, daß bestimmte *Grundqualifikationen* zu vermitteln sind und daß die Schulen qualifizierte und konkurrenzfähige *Arbeitskräfte* hervorbringen sollen. Lesen, Schreiben und Rechnen wäre nicht schlecht, und Qualifikationen können wir in der globalisierten Welt immer brauchen. Zuweilen wird von diesen Einrichtungen auch noch erwartet, daß sie einen Hauch von *Erziehung* vermitteln mögen. Am schwierigsten ist es aber wohl, wenn wir auf den Gedanken verfallen, der Schule die Aufgabe zuzuweisen, *Allgemeinbildung* zu produzieren; oder noch deutlicher: „gebildete Menschen" hervorzubringen. Ohne Stolpern bringen wir es kaum noch über die Zunge: Unsere Schulen, die höheren allemal, sollen „gebildete Menschen" hervorbringen? In diffuser Weise, und man hat beinahe den Eindruck: mit zunehmend schlechtem Gewissen, wird dieser Anspruch in den Bildungseinrichtungen noch aufrechterhalten. Er gibt freilich langsam nach, weicht zurück vor der handfesteren Argumentation mit den zu erobernden Arbeitsplätzen. Bildung ist Pathos, Arbeitsplatz ist Geld. Aber noch ist der Bildungsanspruch deutlicher Bestandteil der Festreden und undeutlicher Bestandteil des Selbstverständnisses. Aber was wäre das denn: ein „gebildeter Mensch"? Einer, der mit dem „europäischen Bildungsgut" vertraut ist? Und was hieße das in einer Gesellschaft, in der so viele Gemeinsamkeiten kontrovers geworden sind?[11]

Wer solche Fragen aufzuwerfen pflegt, der weiß, daß ihm eine heiße Diskussion blüht.[12] Wie sollte man sich in einer pluralistisch-individualistischen Gesellschaft auf einen gemeinsam verbindlichen Bildungskanon einigen können? Er ist ja nicht durch das „Nützliche", das unmittelbar einsetzbare Wissen, zu definieren; darauf könnte man sich in einer Gesellschaft, die bei immer mehr Aktivitäten die Frage stellt, was sie denn

„bringen", gerade noch verständigen. Wenn aber bei der Rede über Bildung ein Hauch des „Unnützen" mitschwingt, wie das allemal der Fall ist, wird es erst recht schwierig, den Begriff einzugrenzen: Es kann sich ja auch nicht um das per definitionem „unnütze" Wissen handeln, das wir gerade wegen dieser Eigenschaft schätzen: Aber gehen nicht die Schulreformbestrebungen immer wieder dahin, Lehrpläne von allem „unnützen Ballast" zu befreien? Oder reden wir aneinander vorbei? Von welchem „Nutzen" und „Unnutzen" ist denn eigentlich die Rede?

Zur *Allgemeinbildung* gehören kulturelle Selbstverständlichkeiten, der unverzichtbare Überlieferungsbestand der Gebildeten – dieselben Bücher, dieselbe Musik, dieselben Kunstwerke, die Kenntnis derselben Grundideen in Philosophie und Naturwissenschaft. Schwierig wird es bei der Operationalisierung dieser allgemeinen Idee, bei den praktischen Fragen, bei den Details: Wer war Walther von der Vogelweide? Muß man noch den „Faust" lesen oder tut es die „Mutter Courage" auch? Ist die Geschichte der Nachkriegszeit wichtiger als ein paar mittelalterliche Könige? Wozu Geschichte überhaupt: Sind nicht Staatsbürgerkunde, Informatik, Elektrotechnik, die Fähigkeit, ein Testament verfassen zu können, wichtiger? *Non scholae, sed vitae discimus* – muß ein Akademiker diesen Satz noch verstehen? Wie aktuell oder aktualisiert läßt sich Bildung verkaufen? Gehören intellektuelle Modeströmungen zur Allgemeinbildung: die raschen Bestseller, Sloterdijk, „Gödel, Escher, Bach"? Wird das Mittelalter über Umberto Eco transportiert, und muß man seinen dritten Roman auch noch lesen? Oder läuft man damit jeder Gefälligkeit hinterher, baut man Ruinen kurzlebiger geistiger Moden? Hält man sich an die Bestseller-Listen des Spiegel oder der New York Times? An Michael Crichton, wegen der größeren Verkaufserfolge? Ist es nicht gescheiter, die Schüler über Drogen aufzuklären als über Napoleons Kriegszüge? Ist es für ihr Leben nicht wichtiger, ihnen die Führerscheinprüfung mitzugeben als Kenntnisse über Gneis und Quarz?

Was als „Bildung" definiert wird, ist kein Zufall. Die englische Gesellschaft, die ein Kolonialreich zu verwalten hatte, suchte Führungsfiguren auszubilden, denen Gehorsam geleistet wird; auf den Universitäten wurde nicht so sehr der Geist als vielmehr eine bestimmte Lebenshaltung und ein bestimmter sozialer Verhaltensstil geschult.[13] Das deutsche Bürgertum war seiner politischen Wirkungsmöglichkeit beraubt, und es flüchtete in den Idealismus, in die „Tiefe"; es meinte sich durch seine geistigen Bestände über eine Aristokratie zu erheben, die ungerechtfertigt Vorteile genoß. Wenn schon keine *politische* Macht ausgeübt werden kann, so hat man wenigstens die *Definitionsmacht* über das *Gute und Schöne*, und man kann sich – im Stillen – als der Bessere dünken. Diese Bedingungen sind in einer individualisierten Gesellschaft nicht mehr gegeben. Die kulturellen Gemeinsamkeiten werden aufgestört. Eine gemeinsame Kultur zeichnet sich durch *Fraglosigkeit* aus: dadurch, daß vieles *nicht* hinterfragt wird, weil es eben *selbstverständlich* ist. Kulturelle Bestände zählen, sobald sie diskussionswürdig werden, nicht mehr zu jenem Fundament, auf das man sich verlassen kann. Sie haben ihre Selbstverständlichkeit verloren, können jederzeit in Frage gestellt werden, und sie haben deshalb nur noch eine bedingte Gültigkeit. Alles, worüber man redet, „hält" nicht mehr. Man muß es „ausdiskutieren". Aber man kann es gar nicht *aus*diskutieren, denn die Diskussion kann auch immer wieder aufgenommen, die Gültigkeit der Einigung immer wieder in Frage gestellt werden. Man kann immer anderer Meinung sein, und es gibt kein Kriterium für die Beurteilung von Meinungen mehr; Kennerschaft ist undemokratisch. Jede Meinung gilt gleich viel, wenn es nur darum geht, ob man sich von einem Kulturgut „angesprochen" fühlt oder nicht.

Die „Gesellschaft der Individuen" ist der Auffassung verpflichtet, daß jeder einzelne eine unverwechselbare Persönlichkeit zu entwickeln hätte, ein spezifisches Design seiner Person, das ihn von den anderen unterscheidet: Er muß sein eigenes Profil entfalten, seine eigenen Interessen verfolgen. Bildung ist dann kein unhinterfragter, gemeinsamer geistiger Bestand, sondern ein breites Angebot, aus dem der einzelne zu wählen hat: ein kultureller Supermarkt, aus dem man sich seinen eigenen Einkaufskorb zusammenzustellen hat. In der McGesellschaft grapscht man nach jenen Bildungshäppchen, die man mag. Aber der Bildungsmarkt zeichnet sich dadurch aus, daß es keine souveränen Konsumenten gibt. Was will man? Wie kann man wählen, wenn doch die Wahl einen selbst verändert? Jede Entscheidung aufgrund gegebener Präferenzen ändert diese Präferenzen. Wir kann ich mich für zukünftige Präferenzen, die ich noch nicht nachempfinden kann, entscheiden? Der Geschmack an klassischer Musik kommt nicht von selbst; man muß viel klassische Musik gehört haben, um Geschmack daran zu finden. Jemand, der bestimmten Bildungsgütern ausgesetzt war, wählt in der Folge andere Bildungsangebote, als er gewählt hätte, wenn er sie nicht schon in einer Grunddosis konsumiert hätte – wenn er allenfalls nicht mit der Nase auf sie gestoßen worden wäre. Die Autonomie des in sich ruhenden Konsumenten ist eine

Fiktion; es geht um eine „Bildungsgeschichte", um Geschmacksent-wicklung, um Persönlichkeitsveränderung. Persönlichkeit und Bildung hängen miteinander zusammen. Wie kann ich *vorher* vernünftig über meine Bildung „entscheiden", wenn ich nicht weiß, wie ich *hinterdrein* gewählt hätte?[14]

Zur Bildung gehört Wissen, aber sie erschöpft sich nicht in enzyklopä-discher Anhäufung. Oft wird bei Diskussionen ein *Lagerhaus-Modell* unterstellt: Das abendländische Wissen füllt die weitläufigen Hallen eines Lagerhauses, dort ist es in Kisten und Säcken gestapelt, in ziemlichem Chaos. Manches verschimmelt und verkommt, anderes wird vergessen und wiederentdeckt, wieder anderes wird permanent verwertet. Vor allem aber sind Brigaden von Wissensproduzenten damit beschäftigt, immer neue Materialien heranzuschaffen und aufzuhäufen. Sie verstellen zum Teil den Blick auf die alten Güter. Neue Lagerhallen werden hinzu-gebaut, in aller Eile: Denn wir leben ja in einer *Informationsgesellschaft*, einer *Wissensgesellschaft*, einer *verwissenschaftlichten Gesellschaft*, einer *Kommunikationsgesellschaft*. Immer mehr Stapel, immer weitere Fußwege durch all die Lagerhallen, immer mehr Atemlosigkeit, um dies und auch das noch mitzubekommen. Bildung ist Lagerhaltung: Da man über alles nicht mehr Bescheid wissen kann, was in den Speichern verfügbar ist, kann es nur darum gehen, eine Auswahl zu treffen. Was pflückt man sich heraus? In der McGesellschaft schrumpfen jene Bestände, die von allen zu akquirieren sind. Vielmehr holt sich der eine eine Kiste Rosinen, der andere eine Kiste mit Videorecordern. Der eine mag eben Mona Lisa, der andere Bon Jovi. Der eine liebt postmoderne Architektur, der andere Heil-kräuter. Der eine liest, der andere schaut, der dritte gähnt. Auch Gähnen ist Selbstentfaltung. Die Überforderung wandelt sich in Indifferenz.

Natürlich verstellt dieses Lagerhaus-Modell den Blick auf alles, was man herkömmlicherweise unter Bildung verstanden hat. Gerade die Unterscheidung von mehr oder weniger Bildung ist in den quantitativen Kategorien von Bildungsbuchhaltern nicht zu fassen. Bildung ist nicht die Verfügbarkeit eines bestimmten Anteils am wachsenden gesellschaft-lichen Gesamtwissen; sie ist auch nicht das Ergebnis von Programmier- und Einspeicherungsarbeit nach dem Vorbild technisch-elektronischer Verfahrensweisen. Solche Vorstellungen, die manchen Forderungen nach einer Verlängerung der Schuljahre oder einer Vermehrung der Schul-stunden zugrundeliegen (weil es ja immer mehr Wissen gibt und deshalb auch die Zeit des Wissenserwerbs steigen muß), sind bildungspolitischer

Irrsinn. Die explosive Vermehrung des Wissens kann niemals durch eine entsprechende Ausdehnung von Wissensvermittlungsprozessen eingeholt werden. Sie kann auch nicht dadurch bewältigt werden, daß man radikal auf das Wissen verzichtet – etwa indem man sich auf „Projekte" stürzt, die sich dadurch auszeichnen, daß Dilettanten einander ihre Vorurteile erzählen und Informationsfetzen auf Plakate schmieren.

Die Polarisierung zwischen „Materialschauflern" und „Projektemachern" ist absurd; mit Recht vermerkt Hartmut von Hentig: „Der Gegensatz, die Ausschließlichkeit, mit der die eine Schule meint, das notwendige Wissen und Können, die Welt der Kulturgüter vermitteln zu sollen, und die andere Schule entschlossen ist, die Person zu stärken, sich entfalten und erproben zu lassen, ist falsch – ist unbegründet, sachwidrig und verführerisch einfach. Sie erlaubt beiden, mit der anspruchslosen Erfüllung ihres jeweiligen Prinzips vorlieb zu nehmen: *hier* Enzyklopädismus und Intellektualismus, *da* Einseitigkeit und Formlosigkeit."[15] Man braucht beides, aber nicht in Anhäufung – auch zur Hälfte Material zu schaufeln und zur Hälfte Projektgequatsche zu betreiben, ist nicht die Lösung. Beides ist anders zu machen, und damit fängt die Herausforderung erst an.

Ein völlig anderer Maßstab wird eingeführt, wenn das Ausmaß der Bildung durch ihre vermutete *Rentabilität* gerechtfertigt werden soll. Freilich sind solche Rentabilitätsberechnungen auf individueller Ebene nicht selten, etwa bei den Bildungsanbietern, die ihre höchstpersönlichen „Klasseninteressen" als Wissensverkäufer am besten dadurch befördert sehen, daß sie immer mehr Bildung für immer mehr Menschen verlangen: mehr Schule, mehr Kurse, mehr Wahlfächer, mehr Fortbildung, mehr Erwachsenenbildung, mehr Umschulung; alles natürlich tunlichst durch den Staat bezahlt. Wenn schon nicht unmittelbare Erträge abgeschätzt werden können, so müsse Bildung wenigstens wegen ihrer vermuteten *Umwegsrentabilität* gefördert werden. Das Argument mit der Umwegsrentabilität ist richtig: Es gibt nichts Engstirnigeres als die sorgfältige Fach- oder Arbeitsmarktorientierung unter Ausschaltung von allem, was darüber hinausreicht. Borniertheit ist noch lange keine Strategie zur Effizienzsicherung. Enge Horizonte beweisen nicht hohe Fachqualifikation. Bildungsvermeidung ist nicht per se ein Ausbildungsvorteil. Aber Umwegsrentabilität ist auch ein Blankoscheck für Bildungsanbieter, die der Überzeugung sind, eine Überdosis an Bildung könne es gar nicht geben.

In einer beschränkt meritokratischen Gesellschaft, in der viele Positionen nach den erworbenen Bildungszertifikaten zugeteilt werden, trifft das steigende Bildungsangebot auf eine steigende Nachfrage: freilich eine Nachfrage, die weniger auf den Bildungs- als auf den Zertifikatserwerb zielt, eine Nachfrage, die das Ziel eines „Berechtigungsscheins" mit einem minimalen Aufwand zu erreichen trachtet. Ein „Schein" muß her: etwa ein Maturazeugnis irgendeiner Art. Was das Söhnchen oder Töchterchen kann, ist irrelevant; der „Schein" verleiht, gerade in Österreich, Berechtigungen, etwa die Berechtigung, jede Art von Studium zu beginnen. Aber der „Schein" ist oft nur Schein, der Zettel Illusion. Das Scheitern kommt hintennach. Doch wir leben in der *credential society*.[16] Selbst Eltern der oberen Mittelschicht, die beschwerdebereit und durchsetzungsbewußt Front machen gegen eine „repressive" Schule, verschleiern gerne mit quasipädagogischen Argumenten ihr strategisches Kalkül, den durch eigene Schuld mißratenen Nachwuchs bis zu den einschlägigen Zertifikaten, die bessere „Einstufungen" für das berufliche Fortkommen ermöglichen, durchzuboxen.[17] Politiker, die ihre Bildungsstatistiken aufbessern wollen, machen dabei gerne mit; sie schaffen „vereinfachte" Zugangswege zu Bildungsstufen, die alle vorher noch „störenden" Selektionsmechanismen umschiffen, und ereifern sich hinterdrein, wenn auf den höheren Stufen Überforderung auftritt oder hohe drop-out-Raten zu verzeichnen sind. Echte Bildungsfreiheit ist ihres Erachtens erst erreicht, wenn jede Art von Selektion beseitigt wurde. Dann ist jeder zu allem berechtigt, die meisten sind überfordert, Unterrichtsressourcen werden vergeudet – aber in den Statistiken macht sich alles das als „Erweiterung von Optionen", als „Aufblühen der Bildung" und als „Steigerung der Effizienz" geltend. In der McGesellschaft muß alles schnell gehen: Matura am besten mit 15, Studienabschluß mit 19 – man möge nur die vielen herandrängenden Genies nicht behindern. Die Lehrenden – etwa in den höheren Schulen – vermögen das in ihrem Alltag nicht gerade als das dringendste Problem zu identifizieren.

Den gemeinsamen Interessen von Anbietern und Nachfragern auf dem Bildungsmarkt (die Anbieter wollen mehr Zertifikate loswerden, die Nachfrager wissen, daß sie unbedingt welche erwerben müssen) steht die nüchterne Perspektive der allgemeinen Rentabilitätsrechner gegenüber: Bildung koste Geld, und die hiefür erforderlichen Ressourcen seien sorgsam – das heißt mit dem Blick auf die *Verwertbarkeit* dieses Wissens – einzusetzen. Individuen, die intellektuell dazu nicht in der Lage seien, sollten nicht mit Bildung traktiert werden, was ohnehin nur zu ihrer „Halbbildung" führe, die nutzlos, aber zugleich gefährlich sei, weil sie allerhand Flausen in verwirrte Köpfe praktiziere; und durch eine verallgemeinerte Bildung werde ein akademisches Proletariat produziert, dessen Ansprüche von der Gesellschaft nicht erfüllt werden könnten. Alle diese Argumente beziehen sich im Grunde nicht auf „Bildung". Sie verstehen unter der Bildung eine Vorbereitung auf den Arbeitsmarkt, bei der sich das gesammelte Wissen günstig verkaufen läßt: Es herrschen (berufliche) Verwertbarkeitskriterien vor – und damit ist im Grunde nicht von „Bildung", sondern von einer knapp zugeschnittenen „Ausbildung" die Rede, und zwar von einer schlechten.

Das 19. Jahrhundert hatte noch weniger Probleme. Bildung hatte mit dem *Menschsein* statt mit dem *Gelderwerb* zu tun. Zu jenen Zeiten, als die sozialdemokratische Bewegung noch etwas von der Bildung hielt, wollten sich auch die Arbeiterbildungsvereine den bürgerlichen Kulturbestand „erobern". Mit dem Fortschrittsoptimismus ist die Auffassung dahingeschwunden, daß es von Vorteil sei, so viel Bildung wie nur möglich zu haben. Wenn man – in einer Massenwelt der flüchtigen Bilder – nicht mehr weiß, wo es langgeht, hält man sich gerne an Handfestes, und das Handfesteste ist nun einmal die *Verwertbarkeit* des Wissens. Bildungsmodelle geraten in den Sog nüchterner Kalkulationen. Die kosten-nutzenkalkulierende Gesellschaft verschmäht das „Überflüssige" – oder was sie dafür hält. *Lean education* bedeutet: Der Kern der schulischen Erziehung hat sich an seiner *Karrieredienlichkeit* zu bewähren, und der Rest ist Freizeitgestaltung – ob jemand nun CDs sammelt, surfen geht oder Museen abklappert.

Es ist ein traditioneller, im Verwertungszeitalter freilich ganz unpassender Bildungsgedanke, der als Anspruch an die Bildungseinrichtungen aufrecht bleiben sollte. *Bildung* bedeutet: Formierung einer persönlichen Identität, Bewußtsein vom eigenen Denken, nachdenkliche Selbstreflexion. Dies ist durch jene Strategien, die in diesem Zusammenhang gerne diskutiert werden, nicht zu erreichen: Erstens ist es nicht zu erreichen mit der Vermittlung von Kenntnissen über den effizienten Zugriff auf Datenbanken (mehr „Elektronik" in die Schule – was natürlich aus anderen Gründen nötig ist, aber nicht als modernistische Bildungsgarantie verstanden werden darf). Wer nicht weiß, was er in Datenbanken suchen kann, wer vor allem keine intellektuelle Motivation hat, dies zu tun, wird auch weltweite Kommunikationsfülle verschmähen. Wer keine gescheite Frage stellen kann, wird keine gescheite Antwort finden. Schließlich haben wir uns mittlerweile auch von der Vorstellung verabschiedet, daß die Verfügbarkeit von mehr Fernsehprogrammen zu einer ungeheuren geistig-kulturellen Bereicherung der Menschen führen werde. Auch durch die weltweiten Datenbanken zu „browsen", wird nicht mehr zur generellen Bildung beitragen als die Möglichkeit, durch dreißig oder zweihundert Fernsehkanäle zu hüpfen.

Persönlichkeitsbildung ist zweitens nicht zu erreichen mit provinzialisierter Bildung: mehr „Heimisches" im Unterricht, mehr Lebensalltag – die Menschen dort abholen, wo sie sind, und ihnen das mitgeben, was sie in ihrem Leben wirklich brauchen. Denn dann sind wir beim Kochunterricht, bei der Wasserhahnreparatur, beim Führerschein und beim Ausfüllen von Bankformularen als den essentiellen Bildungsbeständen angelangt. Aber es kann nicht das ganze Leben – Essen und Spielen, Kranksein und Sport, Freundschaft und Liebe – zum Unterrichtsgegenstand (oder zum Unterrichtsprinzip) werden, im künstlichen Gehäuse der Schule, zum Ausbügeln der Nichtbewältigung des Lebens in der „Wirklichkeit". Das Ausfüllen von Volkszählungsformularen muß ebensowenig Gegenstand des Schulunterrichts sein wie das Schreiben eines Testaments.

Bildung als Identitätsgewinn ist drittens nicht zu erreichen mit einer schicken Bildungsemphase: mehr Zeitgeist in die Klassenzimmer. Die Gesellschaft leidet nicht an zu wenig, sondern an zu viel „Zeitgeistigkeit". Auch wenn man an ihren Erfahrungshorizont anknüpfen muß, um überhaupt verständlich zu sein, wird man doch ständig versuchen müssen, die Menschen von dort fortzulocken. In diesem Sinn ist Bildung „heuchlerisch": Sie versucht, an die Geschmäcker des Interessenten anzuknüpfen, und sie versucht zugleich, diese Geschmäcker zu ändern – was nicht ohne Durststrecken, ohne ein bißchen Druck geht. Sie wird in Zukunft noch viel mehr versuchen müssen, die intellektuellen fast food-Konsumenten zu Gourmets zu machen – wenn sie denn gegen den Geist der Zeit anrennen will, auch gegen den funktionalistischen Blick auf die Gesellschaft, der sich mit der *Aus*bildung bescheidet.

Bildung heißt nach wie vor: *Nach-Denken der grundlegenden Fragen von Denkern aus Jahrhunderten.* Bildung soll zur Schaffung eines Weltbildes dienlich sein, welches das Gefüge der geschichtlichen Welt durchschaubar macht, und sie soll zur richtigen Plazierung eines identitätsbewußten Subjekts in diesem Weltbild beitragen.[18] Die Bildungsideale verändern sich im Laufe der Zeit, sie können ritterlich oder asketisch, literarisch, gymnastisch-musisch oder gentleman-like sein.[19] Das deutsche Bildungsideal des 19. Jahrhunderts, das noch heute in Gymnasien und auf Universitäten in diffus-verwehten Anklängen nachwirkt, hat Elemente der Aufklärung, des Humanismus, des Idealismus und des Liberalismus vereint. Aber nachdem diese Bestände aus ihrer Selbstverständlichkeit aufgestört worden sind, ist es in einer *weltbildhaft heterogenen Gesellschaft* schwierig zu bestimmen, was den Grundbestand allgemein verbindlich zu machender Bildung und den zusätzlichen Wissensbestand „gebildeter Menschen" ausmacht. In einer *relativistischen* Gesellschaft kann man immer dagegen protestieren, daß irgend etwas in den Bildungskanon gehört. Noch schwieriger wird dies in einer *multikulturellen Gesellschaft*, wie sie durch Migrationsprozesse zustande kommt; es liegt allzu nahe, sich gegen die Dominanz der abendländischen Kultur aufzulehnen und eine gleichrangige Behandlung anderer, etwa afrikanischer und asiatischer Kulturen zu verlangen. Europäischer Geschichtsunterricht gerät in den Ruch des „Repressiven". Und natürlich wird die Beliebigkeit des Jonglierens mit Kulturbeständen dem Bewußtsein der Individuen durch die *Massenmedien* eingebrannt, die fortwährend eine Mixtur sämtlicher Kulturbestände anbieten – wo doch die Bildung eine eigentümliche, aber eben nicht beliebige Mischung von Kulturspezifischem und Kosmopolitischem ausmacht. Kurz gesagt: Alle die geschilderten Verwirrungen werden sich verstärken.

Dazu kommt eine Komponente, die in der individualisiertrelativistischen Gesellschaft nur zaghaft angeschnitten wird: das Problem einer *sittlichen Erziehung*, der Erwerb von zentralen Werten einer freien Gesellschaft. In der amerikanischen Tradition ist es eine Selbstverständlichkeit, daß Erziehung und Demokratie verbunden sind – wobei es eben nicht um das Wissen darüber geht, wie viele Abgeordnete im Nationalrat sitzen, sondern um die Einübung von Verpflichtung und Verantwortung. Bei dieser Entwicklung des Charakters geht es um Prinzipien der folgenden Art: Du hast deine Impulse und Emotionen im Umgang mit anderen zu kontrollieren, statt sie jederzeit nach Belieben auszuleben; behandle andere so, wie du selbst behandelt werden willst; du fühlst dich besser, wenn du deinem Gewissen folgst, statt einen momentanen Vorteil ausnutzt; mache deine Arbeit ordentlich, denn letztlich lohnt sich das auch in einer ungerechten Welt; engagiere dich jenseits deiner unmittelbaren Interessen und Vorlieben; achte die Auffassungen und Verhaltensweisen anderer, solange sie mit grundlegenden moralischen Prinzipien verträglich sind; entwickle deine Fähigkeit, Belastungen und Streß auszuhalten.[20] Wenn es nicht mehr möglich sein sollte, einen derartigen Grundbestand an Haltungen als Erziehungsprinzipien zu formulieren, könnten wir im Grunde nicht mehr von einer Gesellschaft reden, in der wir gemeinsam leben.

Der moralische Aspekt der Bildung trifft ins Mark der Gesellschaft, die sich als individualistisch-pluralistische ohnehin so schwer tut mit sich selbst. Aber die sachliche und entschiedene Feststellung Hartmut von Hentigs ist zutreffend: „Die Antwort auf unsere behauptete oder tatsächliche Orientierungslosigkeit ist Bildung – nicht Wissenschaft, nicht Information, nicht die Kommunikationsgesellschaft, nicht moralische Aufrüstung, nicht der Ordnungsstaat."[21]

BESCHÄFTIGUNG
Auf dem Weg zum globalen Arbeitsmarkt

Ein neues Schlagwort ist unterwegs: *Globalisierung*.[22] Es sagt nicht viel Neues: im Grunde nur, daß sich bei offenen Grenzen und besseren Verkehrs- und Kommunikationswegen die Konkurrenz um Standorte und Produktionen territorial immer weiter ausdehnt, letztlich bis über die ganze Welt.[23] Das ist schon immer so gewesen; aber jetzt wird es umbruchartig Wirklichkeit. Die Welt wird ein Dorf, nicht nur im Fernsehen, das uns an die letzten Enden des Planeten führt. Sie wird auch ein einheitlicher Markt: für Kapital, für Arbeitskräfte, für Standorte. Das ist eine Chance für die Entwicklungsländer. Aber was für einige von ihnen eine Chance sein mag, das wird für die Industrieländer zum Alptraum. Was tun, wenn *alle* Jobs abwandern, dorthin, wo mit einem Bruchteil der Kosten produziert werden kann? Was tun, wenn der technische Fortschritt nur noch ein paar *high-tech*-Jobs übrigläßt? Wir sind auf Arbeit angewiesen: Die „Utopie der Arbeitsgesellschaft" geht noch lange nicht ihrem Ende entgegen[24], und auf das „Goldene Zeitalter der Arbeitslosigkeit", in dem wir glücklich sind, uns ein bißchen mehr auf die faule Haut legen zu dürfen[25], freuen sich in Wahrheit die wenigsten. Wir haben Angst um Jobs.

Die Märkte sind erst in den letzten Jahren wirklich zu Weltmärkten geworden. Die *Globalisierungsthese* macht den weltweit verstärkten Wettbewerb dafür verantwortlich, daß der Lebensstandard seit geraumer Zeit nicht mehr steigt: Wenn die Grenzen geöffnet werden, dann werden die Industrieländer mit ihren qualifizierten Arbeitskräften jene Güter exportieren, die technologisch entwickelter sind, und sie werden jene Güter importieren, die in Billiglohnländern mit unqualifizierten Arbeitskräften hergestellt werden können. Die einfachen, importierten Güter werden deshalb in den Industrieländern billiger werden: die Fotoapparate aus Taiwan und die Jeans aus China, das Spielzeug aus Chile und die Hemden aus Pakistan. Aber auch die Löhne für unqualifizierte Arbeitskräfte werden in den Industrieländern fallen, wenn die Nachfrage nach ihnen sinkt.[26] Unqualifizierte Arbeitnehmer stehen immer mehr in Konkurrenz zu den Arbeitskräften in der Dritten Welt und zu deren Halb-Dollar-die-Stunde-Jobs.

Der Welthandel hat sich in den letzten Jahrzehnten ausgeweitet. Die protektionistischen Praktiken wurden zugunsten liberaler Außenhandelsprinzipien geändert; manche Entwicklungsländer haben Exportkapazitäten aufgebaut; und Transport- und Kommunikationspreise sind deutlich gefallen. Transport- und Kommunikationskosten wirken nicht mehr als natürliche Barrieren, durch die monopolartige Positionen in Produktion und Beschäftigung aufrechterhalten werden können. In den Vereinigten Staaten hat demzufolge schon seit den siebziger Jahren eine Auseinanderentwicklung der Löhne begonnen: Die obersten 20 Prozent der Einkommensbezieher sind die Gewinner, die Mittelklasse sackt ab, und ganz unten fallen die Löhne überhaupt auf das Existenzminimum. Die *working poor* können sich trotz eines verfügbaren Arbeitsplatzes nicht mehr selbst erhalten.

Die *global hiring hall* scheint Wirklichkeit zu werden, nach Arbeitnehmern wird auf der ganzen Welt Ausschau gehalten.[27] Es sind genügend Arbeitskräfte um einen halben Dollar Stundenlohn zu finden, nicht nur für die Produktion von Textilien und Autos, sondern auch für Elektronik. Man findet gute Leute nicht nur für den Produktionsbereich, sondern auch für die Dienstleistungen, zunehmend sogar für qualifizierte Dienste. Auch die qualifizierteren Arbeitnehmer geraten deshalb in Konkurrenz mit den Arbeitskräften aus der Dritten Welt. Vor Jahren hätte man noch auf die *Dienstleistungsgesellschaft* gebaut, um sich in Anbetracht einer möglichen Abwanderung von Jobs zu beruhigen: Dienstleistungen seien allgemein im Aufschwung, sie benötigten immer mehr hochwertige Qualifikationen, und sie seien zudem nicht ins Ausland verlagerbar. Das hat eine Zeitlang gestimmt, aber es stimmt nicht mehr. Erstens entwickelt sich ein weiter Bereich von unqualifizierten Dienstleistern, und die neuen Technologien ebenso wie die neuen Sitten machen eine Dequalifizierung in manchen Wirtschaftsbereichen möglich – der *fast food*-Verkäufer ist das beliebteste Beispiel. Dazu kommen andere Gastronomiebereiche, die in den Industrieländern bleiben, weite Bereiche des Handels, Firmen zur Haushaltsreinigung und Gärtner. Viele von ihnen sind den anderen, den hochqualifizierten und deshalb gut bezahlten Arbeitskräften, die unter zunehmender Zeitknappheit leiden und „bedient" werden wollen, zu Diensten; so ist beispielsweise der Trend zu Haushaltsformen, die mehr von diesen persönlichen Diensten nachfragen (Haushalte mit erwerbstätigen Frauen und Single-Haushalte), unbestritten.[28] Diese kundennahen Dienstleistungen – oft als „gebundene Dienstleistungen", welche die gleichzeitige Anwesenheit von Produzent und Konsument an einem Ort voraussetzen – bleiben im Lande, und deshalb wollen wir daran nicht herumnörgeln, auch wenn es sich nicht immer um die tollsten Jobs handelt. Zweitens aber werden „ungebundene" Dienstleistungen, zu denen auch sehr qualifizierte gehören, so wie bisher nur manche Produktionsprozesse über die Grenzen verlagert, und auch das ist durch die neuen Transport- und Kommunikationssysteme möglich geworden.[29] Programmier-Jobs wandern nach Indien, Versicherungsformulare werden in Irland ausgefüllt und Telefondienste können überall auf der Welt durchgeführt werden. Über das Internet findet man die reichhaltigsten Buchhandlungen, die man sich vorstellen kann; man kann sich gleich über Rezensionen und Kommentare informieren, man kann nach artverwandten Büchern suchen; das Bestellen geht auf Knopfdruck, und bezahlt wird über die Kreditkarte. Unterhaltung und Erholung finden teilweise ohnehin im Ausland statt; der Verfall der Flugpreise läßt die konventionelle Sommerfrische trübe aussehen. Auf den Dienstleistungssektor kann man sich daher als heimische Jobmaschine nicht mehr verlassen.[30]

Freilich ist die Globalisierung eine typisch modische Entdeckung, ein intellektueller „Gag" der letzten Jahre. Längst noch ist sie nicht so weit gediehen, wie die Panikmache glauben läßt. Vorderhand hat die EU einen Leistungsbilanzüberschuß, die Direktinvestitionen gehen stärker als früher in EU-Länder, und die Industrieländer untereinander sind stark verflochten – wirklich globalisiert sind nur die Finanzmärkte. Die Bedrohung durch globalisierte Märkte hat eher, wie Gunther Tichy vermerkt, die „Funktion einer Vogelscheuche": „Sie sieht bedrohlich aus und soll dadurch abschrecken, vor allem Forderungen im Verteilungskampf zwischen Arbeit und Kapital; sie hat jedoch keine Substanz."[31] Ein bißchen argumentative Substanz freilich läßt sich aus den liberalisierten Finanzmärkten gewinnen, die mehr an Globalisierung bewirken, als den schlichten Daten der Handelsströme zu entnehmen ist. Denn der Druck der Kapitaleigner, entsprechende (und rasche) Gewinne zu erwirtschaften, ist gestiegen, und damit wird den Forderungen nach einer besseren Ausschöpfung aller Gewinnmöglichkeiten (auch zum Nachteil der Arbeitnehmerschaft) Nachdruck verliehen. Globalisierung heißt nicht nur, daß die billigen Textilien aus Asien kommen; Globalisierung heißt auch, daß das Kapital blitzartig dorthin fließt, wo weltweit die größten Gewinne zu erwirtschaften sind. Diese hohen Gewinnspannen werden als Vorgaben immer mehr Unternehmen auferlegt, und die internationalen Konzerne sehen sich dem Druck am stärksten ausgesetzt. Das kann die Manager von Unternehmen, die auf ihre Kapitalgeber angewiesen sind, ziemlich in Bedrängnis bringen, egal wie hoch ihre Exportquote ist, und deren Verhaltensweisen und Argumente werden auch von Unternehmen übernommen, die in Wahrheit auf die Reaktionen der Finanzmärkte nicht angewiesen sind. Die Vogelscheuche ist wirksam.

Der Trend geht zudem auf lange Sicht natürlich in die Richtung von Märkten, die räumlich weiter verflochten sind. Die Globalisierung kommt erst. Was heute in mancher Hinsicht noch voreilige Feststellungen sind, das werden in Zukunft immer wahrheitsnähere Feststellungen. Allerdings gibt es auch Ausgleichsmechanismen: nicht nur der oft beschworene Kompensationseffekt, daß reicher werdende Entwicklungsländer auf den Märkten der Industrieländer einzukaufen beginnen, sondern auch gegenwirkende Effekte über die Währungsrelationen. Wenn ein Land zu den bestehenden Wechselkursen alle Güter billiger herstellen könnte, so würde dies dazu führen, daß sich alle Industrien dort ansiedeln, so daß in der Folge zunächst ein wachsender Außenhandelsüberschuß und sodann ein Aufwertungsdruck für die Währung entstehen, – dadurch würde der Preisvorteil zunehmend aufgehoben. Viel von der Globalisierungsdiskussion lebt also von Übertreibungen: Unter den österreichischen Importen kommen etwa drei Prozent aus den dynamischen asiatischen Volkswirtschaften, die gerne als Bedrohung angesehen werden, und die österreichischen Direktinvestitionen im Ausland sind noch nicht über 1,2 Prozent des Bruttoinlandsprodukts hinausgekommen.[32]

Einstweilen dient der Verweis auf die Globalisierung eher legitimatorischen Zwecken, nämlich der Rechtfertigung des härteren Windes, der auf den Arbeitsmärkten zu wehen beginnt. Selbst in jenen Fällen, in denen Unternehmen anderswohin abwandern, sind es nämlich oft nicht die geringeren Lohnkosten, welche die entscheidende Motivation darstellen, sondern andere Ziele: beispielsweise die Wahrnehmung besserer Chancen zum Markteintritt oder die räumliche Annäherung an Zulieferindustrien und Kompetenzcluster in ihren speziellen Marktbereichen.[33] Aber die „psychologische Globalisierung" dient dazu, die inländischen Lohnkosten zu drücken und flexiblere Arbeitsmärkte zu schaffen. Es gibt keine Diskussion, bei der nicht alle nachdenklich mit dem

Kopf zu nicken beginnen, wenn festgestellt wird, der Supermarkt an der nächsten Straßenecke müsse im Zeitalter der Globalisierung wohl länger offenhalten, wenn er überleben will.

Auch die Technikentwicklung verändert den Arbeitsmarkt, und diese Entwicklungen sind viel eher Gegenwart als die Globalisierungsprozesse. Die *Technologie-These* behauptet einen *skill-mismatch:* Die angebotenen Qualifikationen stimmen mit den nachgefragten nicht mehr überein. Die konventionellen gutbezahlten Produktionsjobs, die „mittlere" Qualifikationen benötigt haben, fallen weg. Zwei Sozialwissenschaftler, Piore und Sabel, haben schon vor Jahren in ihrem Buch über das *Ende der Massenproduktion* jenen Arbeitnehmer skizziert, der den Bedingungen der *flexiblen Spezialisierung* entspricht: hochqualifiziert, mit breitem Wissen und Überblick, innovativ und anpassungsfähig.[34] Zwei andere Sozialwissenschaftler, Kern und Schumann, haben die Veränderungen der Produktionsprozesse nach dem *Ende der Arbeitsteilung* – hin zu einem ganzheitlicheren Aufgabenzuschnitt und zu einer breiteren Verwendung von Qualifikationen – beschrieben.[35] Beide Studien sehen den Wandel als positiv an: Die „hirnlosen" Jobs werden mit „Hirn" angereichert. Der unqualifizierte Fließbandarbeiter sieht mit einem erweiterten Aufgabenspektrum und Verantwortungsbereich wieder Sinn in seiner Arbeit. Es wird ihm etwas abverlangt.

Ideengeschichte ist manchmal lustig: Was in den sechziger und siebziger Jahren in linken Streitschriften dem kapitalistischen System vorgeworfen wurde – die Reduzierung sinnerfüllter Arbeit auf einseitige Verrichtungen –, das wird nun abgeschafft; was seinerzeit als Akt der Emanzipation und Demokratisierung gefordert wurde, nämlich die Anreicherung der Arbeit, die partielle Aufhebung der Arbeitsteilung und damit der Entfremdung, die Rückgabe von Verantwortung an die Produzierenden – das wird nunmehr von den Management-Lehrbüchern mit dem Brustton der Überzeugung als neueste Erkenntnis für die Reengineerer der Unternehmungen vorgeschrieben. Die Vorschläge, die einst zur „neomarxistischen Utopie" gehört haben, sind zur neuesten Managementlehre geworden. Die Systemkritiker, die ihre kritische Position behaupten wollen, müssen deshalb die Kurve kratzen: Jetzt gilt die neue Managementphilosophie als ausbeuterisch und repressiv, weil hiermit der „ganze Mensch" bis in seine letzten Fähigkeiten hinein unterjocht und ausgebeutet wird. *Job rotation* und *job enrichment* waren deshalb einst progressiv, ja beinahe systemsprengende Vorschläge; jetzt gelten sie als repressiv, als umfassend-subtile Ausbeutungsmethoden, mit denen der krisenhafte Kapitalismus einmal mehr seine Repressionsspirale weiterdreht. Aber den Kritikern aus dieser Ecke hört heute ohnehin kaum noch jemand zu.

Jedenfalls stellt sich mit dem Blick auf ansteigende Arbeitslosenzahlen die Frage, wie viele der hochqualifizierten Steuerungsexperten, die uns als Hauptarbeitnehmerschaft der Zukunft dargestellt werden, benötigt werden. Nicht alle konventionellen Facharbeiter werden aufgewertet: deswegen, weil nicht alle gebraucht werden, und deswegen, weil es manche intellektuell nicht schaffen. Die high-tech-Verfahren brauchen beides: den hochqualifizierten Arbeitnehmer ebenso wie unqualifizierte Hilfskräfte; aber gerade die mittleren Qualifikationen – zum Beispiel die Schlosser, Schweißer und Dreher – werden fast überflüssig. Da sitzt der Computerexperte in seinem technologieüberladenen Steuerungszentrum und regelt die ganze Fabrik, und im Lager braucht man noch den Staplerfahrer. Dazwischen ist nicht mehr viel. Die alte These von der *Polarisierung*, über die viel gestritten wurde, scheint letzten Endes Wirklichkeit zu werden.[36]

Die Polarisierung besagt: Es werden nur noch hochqualifizierte und unqualifizierte Mitarbeiter, aber keine mit „mittleren" Qualifikationen benötigt. Diese Entwicklung gilt nun vielfach auch für Dienstleistungen. Die Sekretärin muß mit einer Fülle von technischen Geräten umgehen lernen, sie wird vielseitig und hochqualifiziert, und sie ersetzt mehrere weniger qualifizierte Typistinnen. Für die telefonische Beratung und Bestellung bei Versandunternehmen braucht man keine Personen mehr, denn diese Routinearbeiten werden zunehmend vom sprechenden Computer erledigt, und der Sachbearbeiter, der viel mehr wissen muß als früher der Angestellte für den einfachen Telefondienst, ist nur noch für die kniffligen Fälle da. Tatsächlich muß man sehen, daß technologische „Sprünge" *sowohl hochqualifizierte als auch unqualifizierte Arbeit* erfordern. Der Computer *dequalifiziert* Jobs zu bloßen Routineaufgaben: Da ist die Angestellte an der Kasse des Supermarkts, die nur noch Waren einscannen, aber über sie nichts mehr wissen muß, und die nicht einmal 5 und 5 zusammenzählen können muß, weil das alles von der „Kasse" erledigt wird. Die *McJobs* gibt es wirklich, und es gibt immer mehr. Den neuen Flexi-Arbeitsmarkt muß man nicht nur bejubeln: „Seit wir jünger geworden sind, sind wir leistungsfähiger. Kaum einer von uns, der nicht die Kraft für fünf McJobs hätte! Alle tragen in der Früh um fünf fünf

Zeitungen aus, führen danach fünf Hunde Gassi, braten danach halbtags Hamburger, helfen danach zur anderen Hälfte des Tages im Bioladen aus oder in einer chemischen Reinigung, bevor sie abends noch kellnern gehn. Die Dienstleistungsgesellschaft erhält uns eben alle jung. Wer nicht flexibel ist und keine vier Beine hat, hat die Dollarzeichen der Zeit einfach nicht verstanden. Selber schuld, Alter!"[37]

Der Computer *qualifiziert* aber gleichzeitig bislang wenig anspruchsvolle Jobs zu Tätigkeiten, die Qualifikationen erfordern: die Fähigkeit, unklare Daten zu klassifizieren, ein rasches Erfassen von Problemen, persönliche Reife, das Vermögen, mit abstrakten Beziehungen umzugehen. Bankangestellte werden zu Kreditbetreuern, insoweit die Routinearbeit auf die Kunden (durch Selbstbedienungsautomaten oder durch vernetzte Kontoführung) abgeschoben werden kann. Daten belegen, daß trotz des relativen Lohnverfalls unqualifizierter Arbeitskräfte der Anteil qualifizierter Mitarbeiter in beinahe allen Produktionsbereichen zugenommen hat, ja daß die Nachfrage nach qualifizierten Arbeitskräften deutlich schneller gestiegen ist als das Angebot.[38] Es handelt sich auch nur zu kleinen Teilen um Verschiebungen der Branchenstrukturen und der Berufsstrukturen innerhalb von Wirtschaftsbereichen; der wesentlichste Faktor sind in der Tat Veränderungen der Qualifikationsanteile innerhalb der einzelnen Berufsabteilungen.[39]

Nun ist es freilich übertrieben, dem Marktsystem allein eine derart bestimmende Rolle für die Qualifikationsverteilung zuzumessen. Konsumenten können Wert auf qualifizierte Handwerker oder Verkäufer legen, aber sie können sich auch mit unqualifizierten Diensten zufriedengeben. Es ist jedoch schwer, Qualifikation aufrechtzuerhalten, wenn sie Geld kostet und die Vermutung besteht, daß man mit weniger qualifizierten Leuten auskommt. Wenn sich schlechtbezahlte und schlechtqualifizierte Verkäufer anbieten, bringt dies einige Unternehmer auf die Idee, sich aus diesem Personalreservoir zu bedienen, und qualifizierte Verkäufer werden in der Folge aus den Geschäften vertrieben: Denn Konsumenten lassen sich dann im Fachgeschäft von den qualifizierten Verkäufern über Photoapparate oder Haushaltsgeräte beraten, kaufen aber beim Diskonter um die Ecke, wo es viel billiger ist. Das können sich die Fachhändler nicht lange leisten, und sie bedienen sich fortan ebenfalls aus dem Reservoir der unqualifizierten Verkäufer, um Lohnkosten zu sparen; das senkt wiederum die Standards der Konsumenten, die sich daran gewöhnen, daß sie schlecht behandelt und gar nicht mehr beraten werden. Zuweilen werden

Beratungsleistungen dann an den Schalter mit den *consumer services* delegiert, wo es die letzte Nische für wenige qualifizierte Angestellte gibt, oder es entwickeln sich spezialisierte Unternehmen, bei denen die „Beratungsaufgabe" gegen zusätzliche Kosten erledigt wird.

In manchen Ländern bringen zusätzlich ausländische Arbeitskräfte, die mit minderen Qualifikationen auf den Arbeitsmarkt strömen, die unteren Einkommensschichten in Bedrängnis. Untersuchungen, in denen gefragt wurde: Gibt es in echten Einwanderungsgebieten einen stärkeren Lohndruck? Gibt es für Arbeitsmärkte, die nach Qualifikationen segmentiert sind, unterschiedliche Auswirkungen einer Einwanderung?, kommen generell zum Ergebnis, daß es in der Tat eine bescheidene Auswirkung der Zuwanderung auf die heimischen Lohnverhältnisse gibt. Es ist also kein Zufall, daß schlechter qualifizierte Arbeitnehmer eine besondere „Fremdenfeindlichkeit" entwickeln. Die Einwanderer stellen eine „postindustrielle Reservearmee" dar – nicht mehr eine „industrielle Reservearmee", denn zunehmend sind sie in schlecht bezahlten Dienstleistungsberufen tätig. Jene Inländer, die sich um diese Jobs raufen müssen, sind die ersten, die den Konkurrenzdruck spüren. Sie übertreiben ihn allerdings oft. Einwanderer sind (zumindest für Länder wie Österreich) bislang der kleinere Teil des Problems; nur durch ihre Häufung in bestimmten Regionen oder Stadtbezirken fallen sie überhaupt auf.

Für einige spezielle Märkte gilt schließlich die These von der *winner-take-all society*.[40] Für die Spitzenleute auf bestimmten Märkten weitet sich das Geschäftsfeld aus: Der beste Rechtsanwalt in Los Angeles kann sehr rasch auch zum besten Rechtsanwalt in Paris, Bombay und Moskau werden. Unternehmer können leichter zu *global players* werden. Der „Beste" verdient Unsummen, weil die Kunden bereit sind, für den „Weltstar" so viel zu zahlen, und für den Rest der Rechtsanwälte, die vielleicht nur wenig schlechter sind oder jedenfalls nicht über den „Ruhm" der Stars verfügen, bleibt weniger. Auch kleinere Unternehmen können zu Mitspielern auf dem Weltmarkt werden, aber nur, wenn sie erstklassige, jedenfalls „unnachahmliche" Produkte liefern. Selbst kleine Unterschiede im Können oder im Produkt werden auf dem globalen Markt in riesigen Einkommensunterschieden spürbar. Am Beispiel von Fußballspielern oder Operntenören lassen sich die neuen Spielregeln am einfachsten erläutern. Die „Spitzentenöre" sausen um die Welt, von einem Opernhaus zum anderen, und sie kassieren beachtliche Gagen; für andere Sänger bleibt weniger Nachfrage übrig, und sie bekommen auch deutlich weniger. Ein Tennisspieler auf Platz 20 der Weltrangliste spielt ziemlich gut, ja ist nur unmerklich schlechter als der erste; aber er wird dennoch kaum noch Werbeeinnahmen bekommen können, während die allerersten Millionen scheffeln. Der Nobelpreisträger ist weltberühmt; den zweiten kennt niemand. Wer nur um ein Geringes hinter den Besten zurückfällt, fällt auf globalisierten Märkten weit zurück. Die Einkommen entsprechen nicht der Leistung, sondern dem Bekanntheitsgrad – berühmt sind eben nur wenige, und den Standard setzt der Berühmteste. Damit muß die allgemeine Ungleichheit auf den Arbeitsmärkten steigen. Die Besseren bekommen unglaublich viel, die anderen unglaublich wenig; denn die Besseren sind umso begehrter, je stärker der Konkurrenzdruck spürbar wird.

Welche Abwehrstrategien gegen das Schwinden der Arbeitsplätze, gegen Lohndruck und steigende Ungleichheit stehen den Industrieländern offen? Es stehen vier Strategien zur Verfügung: Aber keine der Strategien bietet einfache Lösungen.

Erstens: *Kostensenkung.* Unternehmer erleben den Preisdruck unmittelbar. Wie sollen sie produzieren, wenn sie mit 20 oder 30 Dollar Stundenlohn (einschließlich aller Zusatzkosten) kalkulieren müssen, aber der Konkurrent in den USA nur die Hälfte oder der Konkurrent im fernen Asien überhaupt nur einen halben Dollar ansetzen muß? Es ist kein Wunder, daß sie nach Lohnzurückhaltung und nach der Verringerung der Lohnnebenkosten rufen. *Jobless growth* resultiere aus überhöhten Arbeitskosten. So wird vorgeschlagen, die Lohnnebenkosten zu senken und die Einnahmenausfälle durch eine Besteuerung von Energien und Ressourcen hereinzubringen. Arbeit würde durch diese ökologische Steuerreform vergleichsweise billiger und stärker nachgefragt. Eine Entlastung der Arbeit könnte auch durch eine Verlagerung der Steuern auf Maschinen („Maschinensteuer") erfolgen, allerdings mit ungeklärten Wirkungen auf die Investitionsbereitschaft.

Aber alles das sind bestenfalls Verzögerungsstrategien: Sie erleichtern den momentanen Druck, verhindern vielleicht im Moment das eine oder andere Abwanderungsprojekt. Während in dieser Situation „Lohnzurückhaltung" sicher angemessen ist, wird es nicht viel Sinn machen, in echte Lohnsenkungswettläufe einzutreten. Das heißt keinesfalls, daß eine Entlastung von Lohnnebenkosten, insbesondere im Zuge einer ökologischen Steuerreform, nicht sinnvoll ist. Aber sie löst das Problem nicht. Auch ein Lohn, der von 25 auf 20 oder 15 Dollar gesenkt wird, ist meilenweit von dem halben Dollar entfernt, mit dem man anderswo rechnen kann. Auf der Kostenseite ist der Wettlauf letzten Endes nicht zu gewinnen. „Im Extrem", so sagt der Direktor des Instituts für Weltwirtschaft in Kiel, „kann einfache Arbeit in Deutschland nicht höher entlohnt werden als in Tschechien, auf Dauer auch nicht höher als auf dem indischen Subkontinent."[41] Das aber wollen die meisten nicht, und man kann es verstehen.

Zudem ist das ricardianische Argument von der kostengünstigsten Verteilung der Produktionen über die ganze Welt sicher nicht die ganze Wahrheit – sonst müßten beinahe alle Industrien längst abgewandert sein. Aber die Verlagerung der Produktion und eine dislozierte Produktion bringen Transaktionskosten mit sich; es sind andere intangible Vorteile der Produktion in Industrieländern – Kultur, Know-how, politische Stabilität – zu berücksichtigen; allein schon die Produktivitätsunterschiede (etwa im Vergleich zwischen west- und osteuropäischen Ländern) sind in vielen Fällen beachtlich. Anders wäre der vergleichsweise geringe Anteil an Direktinvestitionen in Billiglohnländern nicht erklärbar.

Zweitens: *Beschleunigung des Wachstums.* Es gibt bestimmte Job-Kategorien, die aus den Industrieländern nicht abwandern können: die hochqualifizierten Jobs in den Zentralverwaltungen der Konzerne (während Routineaufgaben aus den Stäben durchaus verlagert werden können); die staatlichen Bürokratien und Serviceeinrichtungen; und Produktionen und Dienste für den lokalen Bedarf (von den Handelsketten über die Gastronomie bis zur Massage). Für alle anderen Jobs gibt es keinen Grund, auf Dauer *nicht* ausgelagert zu werden (oder zumindest keinen Grund, der sich in den festen Kategorien der Ökonomie ausdrücken ließe; viel eher mag es um „Fühlungsvorteile" und „kulturelle Vorzüge" gehen). Auch die neuen Forschungslabors der großen Konzerne werden in Indien oder Taiwan gebaut.

Die Industrieländer müssen also ein derart hohes Wachstum erzielen, daß sie nicht nur wie bisher die üblichen Produktivitätsgewinne[42] kompensieren, sondern zusätzlich auch die Abwanderung von Produktionen und Diensten ersetzen. Es ist ein Leck im Topf, und deshalb muß mehr nachgegossen werden. Wenn Produktionspotential abwandert, muß das heimische umso stärker zunehmen. Insbesondere – und darin besteht allgemeiner Konsens – müssen wir in hochtechnologischen Bereichen, die wegen der Arbeitskräftequalifikationen nicht so leicht abwandern

31

können, nach Innovations- und Wachstumschancen suchen, und in Bereichen, in denen sich so hohe Gewinne machen lassen, daß man sich die hohen Einkommen bzw. Arbeitskosten in den Industrieländern leisten kann.

Der Schönheitsfehler: Es ist schwer vorstellbar, daß sich ein derart hohes Wachstum (sagen wir: von real zumindest vier oder fünf Prozent) auf Dauer realisieren ließe – ein Wachstum, bei dem letztlich immer mehr Menschen in den hochqualifizierten Forschungs- und Lenkungsbereichen und in den niedrigqualifizierten Dienstleistungsbereichen tätig sind, also in den Konzernverwaltungen und ihrem Service. Da blieben der Manager und sein Gastronom, der Generaldirektor und sein Masseur, der Forscher und sein Portier, der Journalist und der Servicetechniker für seinen Computer. Natürlich gibt es hübsche Nischen: etwa den Markt für die Persönlichkeitsentfaltung verkorkster Manager, an dem nur verblüffend ist, mit welcher Naivität und intellektueller Bescheidenheit sich robuste Manager teuren Unsinn verkaufen lassen. Aber das sind keine Massenmärkte. In Frage steht ja eher, was man jungen Leuten raten soll, die nach einigermaßen aussichtsreichen Berufen Ausschau halten: Man kann ihnen kaum vernünftige Ratschläge geben.

Alles in allem: Daß die Arbeitsteilung globale Dimensionen annimmt, heißt (etwas übertrieben) im Grunde, daß den ehemaligen Industrieländern die Verwaltungsstellen der Wirtschaft bleiben, während die Produktion in der ehemaligen Dritten Welt stattfindet – eine extreme Form der Arbeitsteilung, aber möglicherweise mit zu wenig übrigbleibenden Jobs in der entwickelten Welt. Keiner kann – bei so vielen Effekten, die in unterschiedliche Richtungen wirken – zuverlässig sagen, wie die Entwicklung wirklich sein wird.

Drittens: *Qualifikationsoffensive.* Wenn sich die Jobs in den Industrieländern in weit höherem Maße auf hochqualifizierte Tätigkeiten konzentrieren, so bedeutet dies, daß ein großer Bereich von wenig oder mittel qualifizierten Personen qualifikatorisch aufzurüsten ist. Sie müssen jene Geschicklichkeiten erwerben, die in der modernisierten Arbeitswelt gefragt sind. Denn der Zugang bzw. Abgang beim Arbeitskräftepotential beträgt jährlich nur zwei bis drei Prozent; aber alljährlich verschwinden bzw. entstehen etwa zehn Prozent aller Arbeitsplätze, viele davon mit veränderten, viele neuerdings mit erhöhten Qualifikationsanforderungen. Es gibt gegen diese Perspektive jedoch einen kleinen Einwand und ein großes Bedenken.

Der kleine Einwand ist, daß unser Bildungssystem dafür noch nicht geeignet scheint. Zwar wird seit Jahrzehnten vom *lifelong learning* und von der *recurrent education* geredet, aber de facto ist, von den Umschulungsprogrammen der Arbeitsmarktverwaltung abgesehen, nicht viel geschehen. Verschiedene Erwachsenenbildungsinstitutionen machen ein Geschäft damit, Bildungs-Zertifikate zu verkaufen; aber dabei geht es mehr um das Geschäft mit teuren Kursen, während die Abschlüsse meist nicht belegen, daß entsprechende Qualifikationen erworben wurden. Bei der lebenslangen Ausbildung ließe sich manches verbessern.

Gewichtiger ist das große Bedenken: Sind die gewünschten Qualifikationen in beliebiger Weise „produzierbar"? Es ist nicht selbstverständlich, daß eine technisch-organisatorisch gewünschte Qualifikationsverteilung nach Belieben hergestellt werden kann. Ist es nicht ein Machbarkeitswahn, der nach den Erfahrungen der letzten Jahrzehnte bereits überholt sein sollte, anzunehmen, man könne jedem Menschen mit geeigneten Methoden alles beibringen, was gewünscht wird oder erforderlich ist? Wenn wir annehmen, daß Intelligenzquotienten (und eine bestimmte Streuung bei den Fähigkeiten gibt es nun einmal) Normalverteilungen folgen[43], würden die „angemessene" Schulung und Arbeit für die meisten Menschen in jenem „mittleren" Bereich liegen, welcher gerade der strukturellen Auszehrung anheimfällt. Es ist auch eine Zukunft vorstellbar, in der ein beträchtlicher Teil der Bevölkerung nicht mehr beschäftigbar sein wird, weil er schlicht nicht in der Lage ist, sich dem raschen Wandel anzupassen. Es mag zu viele Leute geben, die nicht über die angeborenen oder anerzogenen Geschicklichkeiten verfügen, die in der neuen Arbeitswelt verlangt werden. Freilich können sie für unqualifizierte Arbeitsplätze weiterhin Verwendung finden: als Portiere und Dienstboten, als Parkplatzwächter und Straßenreiniger. Aber die Löhne können vermutlich nicht so weit sinken, daß notwendigerweise alle eine Beschäftigung finden können.[44]

Viertens: *Festungsbau.* Die Vorstellung eines Konkurrenzkampfes, der gegen Arbeitskräfte der Dritten Welt geführt werden muß, verursacht den europäischen Gewerkschaften Alpträume. Deshalb beginnen sich auch in Europa[45] protektionistische Gedanken zu regen: Vorstellungen von einer *Festung Europa*, in der man sich gegen die unerwünschte, aber auch uneinholbare Konkurrenz jener Länder abschottet, die ihre billigen Produktionskosten mit Hungerlöhnen und Versklavung, Ausbeutung und ökologischer Vernichtung erkaufen. Die Festung soll zum einen gegen Arbeitskräfte, die sich dem Zug vom Süden in den Norden anschließen wollen, schützen, und deshalb haben viele Industrieländer ihre Einwanderungsgesetze verschärft. Zum anderen denkt man an „feindliche", weil billige Güter: Wenn man Barrieren gegen Produkte errichtet, die mit seltenen Hölzern aus dem Regenwald hergestellt sind, um den Regenwald zu schützen, und gesetzliche Handhaben gegen Güter erwägt, die durch Kinderarbeit produziert worden sind; warum sollte man nicht auch Zollschranken gegen Produkte einsetzen, deren niedriger Preis nur möglich war, weil er auf Hungerlöhnen und Umweltvernichtung gründet? Auf jene Ära, in der die unterentwickelten Länder die Industrieländer eingeholt haben werden und damit wieder ausgeglichene Konkurrenzbedingungen bestehen, wollen die meisten doch nicht warten – zumal sich das Problem zu jener Zeit nicht mehr stellen dürfte, weil unsere Erde eine so große Anzahl wohlhabender Emittenten und Ressourcenverbraucher ohnehin nicht tragen kann. Allerdings haben wir es vorderhand mit einer Asymmetrie von Wirtschaft und Politik in Europa zu tun: mit einer sehr engen wirtschaftlichen Verflechtung bei einer noch lange nicht erreichten gemeinsam-europäischen Handlungsfähigkeit. Wenn es um gemeinsame wirtschaftliche Vorteile geht, könnte Europa immerhin schneller reagieren als bei anderen Themen: Die europäische Festung ist wieder zu einer Möglichkeit geworden, und sie wird ohne Zweifel mit einer Fülle humanitärer Gründe gerechtfertigt werden.

ELITE
Über Solidarität und Ungleichheit

Über Eliten zu reden, ist in einer gleichheitsorientierten Gesellschaft ein Risiko. Insbesondere können wir uns des Gefühls nicht erwehren, daß die Begriffe von Elite und Solidarität nicht unbedingt zusammengehören, ja daß sie möglicherweise miteinander in Konflikt stehen: Solidarisch ist man unter Gleichen, und die Eliten unserer Geschichte haben sich nicht unbedingt durch ihre Solidarität ausgezeichnet. So könnten Menschen, die der Elite angehören, bestenfalls solidarisch sein, *obwohl* sie Elite sind. Oder noch besser: Wir könnten auf die Elite überhaupt verzichten.[46]

Unsere Gesellschaft ist egalitätsbewußt und populistisch. Da muß der Begriff der *Elite* mit Mißtrauen betrachtet werden, und es wird gemutmaßt, jemand, der sich für die Elite ausspricht, rechtfertige soziale Hierarchie, Ungleichheit und Ausbeutung. Elite wird assoziiert mit Überheblichkeit und Arroganz, mit prestigegesicherter Dummheit und mit wertgesicherten Pfründen. Alles das ist ja wohl oft auch nicht unberechtigt. Jene „da oben" müssen sich an schärferen Kriterien messen lassen, und allzu oft genügen sie ihnen nicht. Wie viele Minister sind in den letzten zwanzig Jahren von Gerichten verurteilt worden? Wie viele Unternehmer sind in der betrügerischen Krida gelandet, und wie viele andere hätten es verdient, vor die Gerichtsschranken gezerrt zu werden? Verdienen alle hohen Beamten, alle Notenbank- und Sozialversicherungsfunktionäre ihr beträchtliches Monatseinkommen? Ist das Berufsethos gut dotierter Spitzenjournalisten wirklich so intakt, daß sie selbst jene hehren Werte leben, die sie in ihren Kommentaren darbieten und von anderen einfordern?

Aber wir können natürlich gleichermaßen über die *Nicht-Elite* herziehen: über jene, denen es niemals auch nur im Traume einfallen würde, jene Ansprüche an sich selbst zu stellen, an denen sie ganz selbstverständlich die anderen messen; das Nur-Publikum, die Claqueure, die Nachfolger und Nachläufer, die Zuseher und die Ignoranten, die Unqualifizierten und Großmäuligen, die Indifferenten und Verantwortungslosen.

Sie haben die Mehrheit. Sie haben immer die Mehrheit. Sie stehen für das gesunde Volksempfinden, das weiß, daß es nur sinnvoll ist, sich zu drücken, wo immer es geht; herauszuholen, was herauszuholen ist; nicht blöd zu sein ...

Mit einer solchen Schimpferei ist es da wie dort nicht getan. Wir können auch für die *Nicht-Elite* bessere Attribute finden: Bilder eines durchschnittlichen, mündigen Staatsbürgers, der sich seiner Verantwortung gegenüber Familie und Gesellschaft bewußt ist, anders als unzuverlässige Ideologen aus der Intellektuellenszene, die ihm gerne vorerzählen, was er tun sollte; Bilder eines bescheidenen Menschen, der seinen Platz in der Gesellschaft ausfüllt und seine Arbeit mit Sorgfalt und Pflichtbewußtsein erledigt; der mit Überlegung zur Wahl schreitet und mit jenem *common sense* ausgestattet ist, den Intellektuelle nicht immer aufweisen. Und andererseits gibt es wohl auch *kulturelle, kreative Eliten*, Werteliten, Intellektuelle im guten Sinn, gegenwärtige oder zukünftige „Führungskräfte" dieser Gesellschaft, die geistige Blüte, die Bestqualifizierten, die Dynamischen, die Einfallsreichen; jene, die unersetzbare Funktionen innehaben, jene, die gesellschaftliche Werte fördern, aufrechterhalten und weitergeben. Formulieren wir drei einfache Bedingungen: *Eliten müssen gebildet sein. Sie müssen Führungskraft aufweisen. Sie müssen Verantwortung beweisen.*

Erstens: Welche Art von *Bildung* Eliten aufweisen sollen, darüber könnte man natürlich endlos streiten. Die abendländische Bildungstradition hat einen *universalistischen* Anspruch, und tatsächlich braucht gerade die postmoderne Gesellschaft eine vereinheitlichende, integrierende Kraft, eine *Bildungselite*, der es gelingt, verschiedene Traditionen, Disziplinen und Wissensbestände in gemeinsame Auffassungen und Werte zusammenzuschmelzen. Auch multikulturelles Verständnis und Solidarität erwachsen nicht aus Ignoranz und Beliebigkeit, sondern aus einer tiefen Kenntnis zunächst der eigenen Kultur und dann aus einer zumindest im guten Sinne „dilettantischen" Kenntnis der anderen Kulturen und Ethnien – Dilettantismus hier gemeint als verständige und kompetente Liebhaberei.

Natürlich ist zu fragen, ob unsere Schulen und Universitäten das leisten – oder ob sie Elite nicht eher unterbinden, durch Überforderung oder durch Unterforderung oder durch falsche Forderungen. Einerseits die *Überforderung*: Ist es sinnvoll, Individuen, die intellektuell nicht in der Lage sind, zu begreifen, was von ihnen verlangt wird, in höhere Bildungsgänge zu drängen und mit einer Bildung zu traktieren, die ihnen gleichgültig ist; Personen, die absolut keinen Drang verspüren nach intellektueller Bereicherung, sondern nur nach höherem Einkommen? Sie werden in „höheren" und „wissenschaftlichen" Institutionen mit nutzlosen Bildungsfetzen gequält und marschieren dann mit ihren Wissensbruchstücken in eine Gesellschaft, die nicht auf sie wartet, ausgestattet mit unrealistischen Vorstellungen über ihre Rechte aus erworbenen Zertifikaten. Sie kommen aus den Bildungsinstitutionen mit derselben Stumpfheit heraus, mit der sie hineingegangen sind: weil Bildung bei ihnen nicht „greift", nicht mehr greifen kann, ob aus angeborenen oder anerzogenen Gründen. Sie haben Diverses auswendig gelernt; man hat sie dafür scharf an der Kante durchgelassen; und nun stellen sie ihre überzogenen Ansprüche an das Leben und die Gesellschaft, die sie gefälligst weiter zu versorgen habe – und zwar „gut" zu versorgen hat, weil sie zertifikatsbewehrte Rechte besitzen.

Andererseits die *Unterforderung*: Spricht nicht einiges dafür, daß herausragende Leistungen an vielen Stellen unseres Bildungssystems gezügelt werden, beispielsweise deshalb, weil man sich dem „Klassendurchschnitt" anpassen muß, oder daß jedenfalls in Zeiten geburtenschwacher Jahrgänge auch die letzten Schüler in der Klasse noch mitgeschleppt werden müssen, weil die Arbeitsplätze der Lehrer gefährdet sind? Das läßt sich „theoretisch" allemal begründen: „Politisch-pädagogische Korrektheit" untersagt es ja heute, zwischen jenen zu unterscheiden, die hart arbeiten, und jenen, die faul sind – es gibt nämlich keine „Faulen" mehr; zwischen jenen, die Talent und Intelligenz besitzen, und jenen, die in ihrem ganzen Leben keinen klaren Gedanken fassen werden – es gibt nämlich auch keine „Dummen" mehr. Es gibt auch keine verhaltensgestörten Kinder mehr, sondern – ein jüngeres Fundstück aus einer Zeitung – nur noch *verhaltensoriginelle* Kinder. Es kann also auch keine Studierenden mehr geben, die zum Lernen nicht fähig sind, sondern nur noch solche, die *originelle Wege zum Wissenserwerb* einschlagen, die jedenfalls für das stupide Strebern nicht geeignet sind. Da es somit nur noch fleißige und gescheite Schüler und Studierende gibt, die allenfalls *wissensoriginelle* Wege einschlagen, Wege, mit denen verkalkte und repressive Professoren nicht mithalten können, sollten eigentlich auch alle durchkommen; sie sollten jedenfalls nicht mit autoritären Prüfungen belastet werden, schon gar nicht solchen, die der „Selektion" dienen. Bekanntlich seien viele Nobelpreisträger schlechte Schüler gewesen, also wäre es völlig verfehlt, wollte man es mit den „Leistungen" so ernst nehmen ...

Wenn Bildung zur Schaffung eines Weltbildes dienlich sein soll, welches das Gefüge der geschichtlichen Welt durchschaubar macht, und für die richtige Plazierung eines identitätsbewußten Subjekts in diesem Weltbild beitragen soll, so muß eingestanden werden, daß wir auch auf den Universitäten immer weniger Eliten in diesem Sinne produzieren – immer weniger Menschen, die sich mit wesentlichen geistigen Produkten unserer Zivilisation auseinandergesetzt haben müssen. Heute (und gerade in Zeiten von Sparpaketen, vergangenen und zukünftigen) geht der Trend zur *Verwertbarkeit* des Wissens. Bildung muß effizient und verwertbar sein. Am deutlichsten läßt sich das an den Studien ablesen, die immer stromlinienförmiger werden: von Reform zu Reform wird das „Unnütze" herausgestrichen, und unnütz ist alles, was nicht banales Fachwissen ist. Warum sollten Betriebswirte mit sozialwissenschaftlichen Fächern belastet werden, die doch so viel weniger handfest sind als Kostenrechnung? Warum brauchen Juristen Rechts*theorie*, wo sie doch mehr *Praxis* wollen? Natürlich gilt deswegen noch lange nicht das Umgekehrte: Alles, was unnütz ist, ist Bildung. Natürlich brauchen wir Bildung *und* Ausbildung. Aber das Schwergewicht verlagert sich in der Studienreformdiskussion auf die eine Seite, auf jene der Ausbildung: Akademiker brauchen keine Bildung, sie sollen gute Juristen, Ingenieure und Steuerberater sein. So sind es vielfach eben keine Akademiker mehr, sondern nur noch *Experten*: Leute, die sich auf den Finanzmärkten zurechtfinden, und andere, die Gesetzestexte auf der CD-ROM finden können. Das ist sehr wichtig und nützlich, aber es hat nicht allzuviel mit einem „geistigen Leben" zu tun, auch nicht mit dem, was man unter einer Elite versteht. Die Universität produziert immer stärker *intellektuelle Facharbeiter*, für deren Freizeitgestaltung das österreichische Fernsehen genügt: *Pseudo-Eliten.*

Allerdings gibt es – ebenfalls auf der Universität – auch eine andere Variante: ein verdächtiges Absinken des „Expertentums" zugunsten des richtigen *selbstentfaltenden Engagements.* Man stürzt sich auf bestimmte feministische und ökologistische Lehrveranstaltungen, auf Randgruppen und exotische Länder, in manchen zeitgeschichtlichen Quartieren am liebsten auf den alles beherrschenden Faschismus in der österreichischen und globalen Gesellschaft. Alles das ist oft eher als Gratispsychotherapie oder Psychohygiene für die Teilnehmer zu verstehen und nicht als Gelegenheit, an einem wissenschaftlichen Problem zu arbeiten: Seminare in der Funktion von Stammtischen, als Gelegenheit zur wechselseitigen

Bekundung der richtigen Gesinnung. Auch dort sind die *Pseudo-Eliten* zu Hause, die sich gegenseitig ihren politisch korrekten Elitismus – wider eine unverständig-feindliche Umwelt – bestätigen.

Zweitens: Eliten müssen *Führungskraft* haben. Es gibt „unternehmerische" Menschen und andere. Eliten, wenn sie denn ihre Elitenposition rechtfertigen wollen, sollen zu den unternehmerischen Menschen gehören. Wir haben freilich oft Schwierigkeiten, über „Führung" und „Führungskraft" zu reden; wir tun uns im deutschen Sprachraum insbesondere mit der Forderung: Wir brauchen „Führer", ein bißchen schwerer als beispielsweise die Amerikaner, die ohne Bedenken *leader* und *leadership* fordern. Das gilt in den USA nicht nur für den politischen Bereich; auch kein Schuldirektor läßt sich das Bekenntnis entgehen, daß es Ziel jeder Erziehung sei, *leaders* hervorzubringen. Kennedy war es. Martin Luther King war es. Ein *leader*. Man streitet darüber, ob auch Bill Clinton einer ist.[47]

Führungskraft heißt nicht: den besseren Gag haben; die besseren Informationen haben; mehr Wissen haben. Führungsfähigkeit ist nicht so leicht zu lernen, wie dies Universitätsseminare, Managementinstitute und Bestseller versprechen. Aber sie ist auch nicht unerreichbar. Führungskraft bedeutet: eine Botschaft haben, etwas machen wollen, Unternehmungsgeist besitzen; Komplexes erkennen und vereinfachen können; und es bedeutet vor allem: Urteilsfähigkeit entwickeln. Führungskraft wird überall benötigt: auf Universitäten und in Kirchen, in Verbänden und Parteien, in Behörden und im Parlament, in Unternehmen und Gewerkschaften.

Österreich strotzt nicht vor *führungskräftigen* Menschen. Zu lange war es ein feudalistisch-absolutistisches Land, zu sehr sind alle an Obsorge und Schutz des Staates gewöhnt, in einer josephinistisch-sozialdemokratischen Variante. In Österreich, mit seinem Paternalismus, Protektionismus und mit seiner staatlichen Verteilungsgesellschaft, krempelt man angesichts eines Problems gar nicht erst die Ärmel auf, weil man ohnehin schon vorher weiß, daß es nicht geht. Der Österreicher glaubt nicht an wirtschaftliche Eliten, politische Eliten oder Leistungseliten.[48] Er gewöhnt sich ja auch daran (und applaudiert), daß erwünschte Bildungszertifikate ein bißchen billiger abgegeben werden: der gleiche Abschluß mit halbem Aufwand, der gleiche Titel in der halben Zeit. Das nennt man Bildungsreform. Alle sollen zur „Elite" werden können, und der Beweis für Elitenhaftigkeit ist ein Zeugnis. Sehr österreichische Tricksereien, kurzsichtig und letzten Endes *elitenfeindlich*.[49]

Dafür ist man sich nicht im klaren, mit welchen *hidden curricula* man Führungsfähigkeit erzeugen könnte; sicher nicht durch ein Schul- oder Studienfach „Führungsverhalten" oder durch ein entsprechendes Unterrichtsprinzip. Aber viel wissen wir nicht darüber; manches ist verwirrend. Auf der einen Seite: Warum sind junge Menschen begeisterungsfähig und willig, wenn sie in das Schulsystem hineingehen, und zynisch, ignorant und desillusioniert, ganz und gar nicht führungsoptimistisch und anfeuernd, wenn sie es verlassen? Auf der anderen Seite: Welche Führungseigenschaften wurden seinerzeit aus humanistischen Fächern (wie etwa Latein) gewonnen – jenem Fach, dem sich das humanistische Gymnasium des 19. Jahrhunderts mit solcher Unerbittlichkeit gewidmet hat? Damals, mitten im Modernisierungsprozeß, wurden Zeit und intellektuelle Kapazität für eine tote Sprache vergeudet, und die Universitäten waren Weltspitze. Inzwischen sind wir in der Schule und in der Ausbildung – ohne (viel) Latein – um vieles „effizienter" geworden, und das Ergebnis ist, daß wir keine Nobelpreisträger mehr haben. Derart simple Korrelationen sollen niemals als Beweis, wohl aber immer als Anlaß zum Nachdenken genommen werden, und natürlich sollen sie nicht als Appell zur Rückkehr in die Schule des 19. Jahrhunderts verstanden werden. Aber es stecken mehr Fragen als Antworten dahinter.

Auch politische Eliten, mit Sachverstand und Besonnenheit, haben wir bitter nötig; nicht die *Pseudo-Eliten* der Gaukler und Schmähführer. Wir brauchen echte Eliten: Wer will denn im Grunde von Leuten regiert werden, die so sind wie der Mann von der Straße? Muß es nicht jedem lieber sein, ein Politiker versteht etwas von der Zahlungsbilanz, als daß er ein Faß Bier richtig anschlagen kann? Ist es damit getan, daß Politiker in erster Linie menschlich, volksverbunden und lieb zu Kindern und Tieren sein sollen?

Über den Sachverstand wird, besonders in Österreich, nur selten geredet. Aber wenn (ob in ernsthafter Absicht oder nicht) Intelligenztests für Parlamentsabgeordnete gefordert werden, sieht man die Fundamente der Demokratie in Gefahr.[50] Wenn ein Spitzenpolitiker im Interview grantig ist, mißverstehen die Journalisten das als Führungskraft – und sind ganz beeindruckt. Wenn eine Oppositionspolitikerin im Interview hingegen den Sachverstand einmahnt, wird sie regelmäßig als „Oberlehrerin" abgekanzelt.

Von den geistigen Katastrophen im österreichischen Kultur- und Medienbereich wollen wir überhaupt schweigen. Manchmal und noch immer bezeichnet man Leute, die dort arbeiten, als *intellektuelle Elite*: Aber das trifft nur noch für einige Restexemplare zu. Um das Geschwätz der Nachmittags-Talkshows oder des Hauptabendprogramms abzusondern, braucht man zu keiner Elite zu gehören; um nach dem Vorbild der österreichischen Staatskünstler mit Vorliebe die Hand, die sie füttert, zu beißen, auch nicht. Die meisten, die in den Medien werken, arbeiten recht willig dem Triumph der Mittelmäßigkeit zu, mit dem guten Gewissen des vulgärdemokratischen und deshalb vorgeblich solidarischen Menschen, der jeder Dummheit das Recht zubilligt, in der Öffentlichkeit gleichermaßen vertreten zu sein. Der anti-intellektuelle Populismus, den es auch unter Intellektuellen gibt, feiert die ignorante Meinung und die undurchdachten Gefühle, die Stimmungen; denn das sei wahre Authentizität. Dort finden sich die wahren, authentischen *Pseudo-Eliten*.

Drittens: Eliten sind (als Führer) in erster Linie durch ihre *Verantwortung* (für das Gemeinwesen) definiert, nicht so sehr durch ihre *Rechte*. Das geht leicht von der Zunge, aber die Einlösung dieses Prinzips ist schwieriger. Eliten haben historische Pflichten. Die Elite ist den anderen Bürgern in ihrer Unverantwortlichkeit nicht gleichgestellt, in ihrem *freerider-Dasein*: in einem Leben, bei dem man selbst nicht verantwortungsbewußt sein muß, weil es genügend andere gibt, die es sind. Zur Elite gehören eben jene, die *trotzdem* Verantwortung tragen müssen. Das heißt nicht in erster Linie: befehlen können; sondern das heißt: sich verpflichtet fühlen. Und das heißt letztlich auch: solidarisch sein. Nicht Elite sein wollen, ist eine billige Ausrede. Sie erlaubt es, Verantwortung abzulehnen, sich auf dem Niveau moralischer Anspruchslosigkeit zu plazieren.[51]

Dies ist in eine Gesellschaft hineingesprochen, in der eine Lebensauffassung um sich greift, die in höherem Maße durch *Rechte* als durch *Pflichten* gekennzeichnet ist – in ein *age of entitlement*.[52] Gerade die jüngeren Mitglieder dieser Gesellschaft, die in sicheren und freien Zeiten aufgewachsen sind, weisen ein starkes Empfinden für die *befreienden Aspekte* der modernen und liberaldemokratischen Gesellschaft auf: ein Gefühl für die Optionen der Freiheit, für die Chancen der Selbstentfaltung, für die gebotenen Entscheidungsmöglichkeiten; für die Möglichkeit, tun zu können, was man will; für das Gefühl der Grenzenlosigkeit in dieser Gesellschaft.[53] Sie haben ein weit geringeres Empfinden für die *verpflichtenden Aspekte*, die mit diesen Haltungen einhergehen müssen: für den Umstand, daß das Prinzip von Freiheit und Selbstentfaltung für alle jedem einzelnen ein hohes Maß an Selbstdisziplin, Zurückhaltung und Verantwortung auferlegt und seine Freiheit rigide beschränkt. Die ältere Generation hat diese Verpflichtungen allerdings nicht immer in überzeugender Weise vorgelebt.

Aber auch und gerade den Eliten (und im besonderen den jüngeren oder künftigen Eliten) wird in diesem Lande in einem erstaunlich hohen Maße nicht mehr angesonnen, *solidarisch* zu sein. Ich rede nicht von Grenzsteuersätzen, die ohnehin hoch genug sind. Es fehlt vielmehr eine Sprache, in der beispielsweise SchülerInnen und StudentInnen gesagt wird, daß diese Gesellschaft für sie eine beachtliche Vorleistung erbringt, die es nur in wenigen Ländern dieser Erde gibt; daß ihnen grenzenlose Ausbildungsmöglichkeiten zur Verfügung gestellt werden; und daß sie deshalb der Gesellschaft, diesem Staat, dieser Gemeinschaft etwas *schulden*, daß sie ihm ihr Engagement schuldig sind, und daß sie *Zechpreller* sind, wenn sie ihre Schuld nicht einlösen.

Damit ist freilich nicht das kritische Engagement-Getue gemeint, das wir überall erleben. Es genügt nicht das „richtige Gefühl" für die gerechte Sache, besonders wenn sich damit keine wirkliche Emotion verbindet, die zum persönlichen Handanlegen führt. Eine entpersönlichte Verantwortung ist eine billige Ausrede: Die Bereitschaft, einen Protest zu unterschreiben, ist nett, und die Bereitschaft, an einer „Lichterkette" teilzunehmen, ist noch netter. Aber davon lebt keine demokratische Ordnung. Sie lebt vom wirklichen Engagement, das beispielsweise mit Wählen und politischer Informiertheit zu tun hat. Eliten müssen etwas „hineinstecken", beitragen, nicht sich möglichst viel „herausreißen". Sie fühlen sich *verpflichtet*, und das ist nicht dasselbe wie *entfaltet*: „Sich einbringen" ist eine psychologische Kategorie, sich „verpflichtet fühlen" ist eine moralische Kategorie. Das „Sich-Einbringen" bemißt sich am psychischen Wohlgefühl des „Einbringers", das „Sich-Verpflichtet-Fühlen" mag hingegen für den Akteur oft bitter sein, mag gar nicht zu seinem Wohlgefühl beitragen. Oft lassen sich die beiden Kategorien zur Deckung bringen, oft aber auch nicht.

Ignorante Privatheit widerspricht der Elite. *Demokratie* besteht nicht nur aus ein paar Spielregeln; es geht vielmehr um *civic culture*[54], um *civil commitment*, um „politische Tugenden". Der Begriff kommt einem kaum über die Lippen, so unmodern ist er.[55] Diese Tugenden leben nicht von selbst, sie müssen gelebt werden, und sie bedürfen der ständigen Wachsamkeit. Es gibt keine Rechtfertigung für die grassierende politische

42

Rundum-Verdrossenheit in einem Land, das zu den reichsten Ländern der Welt gehört und seine Bürger allenthalben zu versorgen trachtet. Die Politikbeschimpfung, die sich immer weiter, auf allen Stammtischen einschließlich der akademischen, verbreitet, ähnelt aufs fatalste der Politikbeschimpfung der zwanziger Jahre, und es ist kein Trost, daß der Sachverhalt heute ebenso oft in „linker" wie in „rechter" Sprache abgehandelt wird. Es gibt Eliten, die wir lieber nicht wollen, nicht noch einmal in diesem und auch nicht im nächsten Jahrhundert, ob „*pseudo*" oder nicht, nicht unter populistischem, nicht unter faschistischem und nicht unter „progressivem" Vorzeichen.

Ich fasse zusammen. Eliten schulden ihrer Gesellschaft etwas: Sie schulden ihr nicht nur Verständnis und Hilfe, sie schulden ihr auch *Urteilsfähigkeit*. Es ist nicht der Inbegriff der Demokratie, so zu sein wie alle und allen Leuten nach dem Munde zu reden. Und die Mehrheitsabstimmung ist – außer in der Vorstellung von Diskurstheoretikern – kein Weg zur Entdeckung der Wahrheit. Man landet dann nur allzu leicht in der Verwechslung von *Demokratie* und *Mediokrität*: in einer Situation, in der *solidarische Gleichheit* so verstanden wird, daß alle dem jeweils gegebenen Durchschnittsmenschen gleichen und seine Auffassungen teilen müssen; oder in einer Situation, in der *Toleranz* bedeutet, daß jede Idee gleichberechtigt sein muß, wie falsch sie auch sein mag. Wem davor nicht graut, dem ist nicht zu helfen. Solidarisch sein heißt aber in Wahrheit nicht, dem anderen gleichen zu müssen. Solidarisch kann man auch sein, obwohl und indem man *anders* ist.

Erlebnis
Beliebigkeit als Gesellschaftsfundament?

Die Weltanschauungen sind in der Krise, die klassischen Ideologien haben ihre Überzeugungskraft verloren. Wenn nichts mehr *gültig* ist und alles *gleich-gültig* geworden ist, dann ist die Moderne an ihr Ende geraten, und sie wird von der *„Postmoderne"* abgelöst. Tatsächlich ist an den großen Essays der postmodernen Theoretiker etwas dran: Sie treffen wesentliche Entwicklungen der modernen Welt. Die „großen Erzählungen", die Rahmenmythen der Moderne, verlieren ihre suggestive Kraft, sie können den Fortschritt, die Wissenschaft, die Rationalität nicht mehr legitimieren.[56] Die protestantische Ethik löst sich im psychedelischen Basar auf: Impuls und Lust, Spontaneität und Bedürfnis, Ausagieren statt Unterscheiden, Happening und Szene dringen in den Alltag ein.[57]

Die Avantgarde der Moderne hat bereits, mit einigem Erfolg, versucht, Gültiges – ja das Prinzip der Gültigkeit schlechthin – vom Tisch zu wischen. In der nachfolgenden Leere und Einfallslosigkeit, in der die Provokation, die seinerzeit das Unantastbare antastete, nur noch einer wohlwollend applaudierenden Ermüdung begegnet, bedient man sich zur Unterhaltung aus dem verfügbaren Repertoire der Geschichte, und so greift man auf alle Stilmittel und Ästhetiken zurück, die im Fundus zu finden sind. Alles wird benutzt, alles ist vereinbar, und im Zuge seiner Verwendung gerät alles in den Sog der Indifferenz. Selbst Avantgarde kann es keine mehr geben, weil niemand weiß, wo *avant* sein könnte; einschlägig definierte Festivals geraten denn auch ins Trudeln. Sie hegen und pflegen eine kritische Modernität, die niemanden mehr interessiert; die nicht mehr „kritisch" ist; und die nur die Allgegenwart jener Verzweiflung verrät, die aus dem Zusammenfallen von Originalitätsdruck und Einfallslosigkeit erwächst.

Mit der Erfindung der Postmoderne haben einige Schriftsteller, die des ewigen Kulturpessimismus überdrüssig waren, *aus der Not eine Tugend gemacht*. Sie nehmen alte Themen der Kulturkritik auf: den Zerfall von allem und jedem, insbesondere den Zerfall des gesellschaftlichen Basiskonsenses und der fundamentalen Ideologien. Das, was Kulturpessimisten seit mehr als einem Jahrhundert beklagen, wenden die radikaleren unter ihnen ins Positive. Zerfall ist nicht mehr *bedrohlich*, sondern er ist *erwünscht*. Zerfall bringt Freiheit. Je mehr zerfällt, desto besser. Aus der Verzweiflung allseitiger Destruktion marschiert man in die Illusion anarchischer Harmonie. Wenn die vollständige Befreiung schon nicht durch eine neue, utopische Ordnung möglich ist, dann wenigstens dadurch, daß man die Unordnung akzeptiert. Das umgewertete Chaos gebiert den neuen, freien Menschen.

Mit einem tüchtigen Schuß *Anarchie* lanciert man die *antiutopische Utopie* des Abstreifens aller materiellen und immateriellen Ketten. Denn natürlich weist die Gesellschaft der Postmoderne alle Kennzeichen klassischer Utopien[58] auf: Es gibt erstens die Annahme eines Endzustandes der Geschichte, einer Phase, in der die Geschichte an ein Ende gerät, in der die Entwicklung nicht mehr über sich hinaustreiben kann. Dieser Endzustand ist das Verwirrspiel, in dem alles Geistige flattert und flackert, glitzert und gleißt, in dem sich alles und nichts mehr verändert. Es gibt zweitens die Vision eines neuen Menschen, wieder einmal jene des endlich reifen, auch aus jeder geistigen Manipulation gelösten autonomen Menschen; jenes Menschen, den alle Utopien immer ersehnt haben; des endlich befreiten, über seine Begrenzungen und Unvollkommenheiten hinausgewachsenen Menschen; die Vision eines guten Menschen. Und es gibt drittens den Glauben an die beglückenden Wirkungen eines radikalen Egalitarismus; befreite Menschen entscheiden selbstbewußt-tolerant über ihr Leben und Denken, und sie fügen sich allesamt in ein harmonisches Miteinander. Der Gesellschaft ist endlich der ewige Frieden geschenkt.

Es ist aber eine Illusion zu glauben, mit einem *aufgewärmten vulgär-anarchistischen Modell* den Inkonsistenzen der modernen Welt beikommen zu können. Den Zerfall zu bejubeln, löst nicht die Probleme, die der Zerfall mit sich bringt. Sie werden in pointierten Etiketten sichtbar wie der *egozentrischen Gesellschaft*, der *narzißtischen Gesellschaft*, der *hedonistischen Gesellschaft*[59], der *Me-Decade*: Etiketten für jene Epoche, in der jeder nur noch an sich selbst interessiert ist.[60] Mit gutem Recht kann man die postmoderne Gesellschaft, die sich jeder Gültigkeit verweigert, als *relativistisch-nihilistische Gesellschaft* beschreiben, und dieser Nihilismus tritt in vielen Formen auf.[61]

Der postmoderne Befund des Zerfalls ist somit richtig: nur ist die Hoffnung verfehlt, in der romantisch-anarchischen Szenerie, in der hergebrachte Zwänge abgestreift sind, würden – nun endlich – Freiheits-und Glücksgefühle in Fülle gedeihen. Vielmehr wabern *inkonsistente Empörungsgefühle* durch die unübersichtliche Landschaft der modernen Welt, und sie lassen sich, selbstbewußt wie ihre Träger sind, umso leichter für beliebige Ziele instrumentalisieren. Ökonomischer Reichtum hindert nicht die Unzufriedenheit. Solange die Härte des Daseins nicht wieder dazu zwingt, die Realität zur Kenntnis zu nehmen, steht einer Verallgemeinerung des nihilistischen Illusionismus im nächsten Jahrhundert nichts im Wege.

Auch die Sozialwissenschaftler finden sich in dieser verwirrenden Szene nicht zurecht. Sie suchen nach Schlagworten, nach Etiketten, in denen die gesellschaftlichen Verwirrspiele auf den Begriff gebracht werden können. Eines der neueren Etiketten für die unübersichtliche Gegenwartsgesellschaft, angeboten von Gerhard Schulze, lautet: *„Erlebnisgesellschaft".*[62] Schulze versammelt kulturkritische Beobachtungen, die während des letzten Jahrhunderts angestellt wurden, und trifft notwendigerweise in vielem ins Schwarze. Das Hauptproblem der Gegenwartsmenschen ist seines Erachtens ein simples, aber gravierendes: Was macht man den ganzen Tag in Anbetracht eines Überangebotes an Möglichkeiten? So vieles wird angeboten, und man weiß nicht, was man will. Das Leben ist leicht geworden, und deshalb ist es schwer, ein sinnvolles Leben zu führen. Statt: „Wie erreiche ich dies oder jenes?" zu fragen, gilt es auszukundschaften: „Was will ich eigentlich?" Die heute angebotene und allseits akzeptierte Antwort ist: „Erlebe Dein Leben!" Möglichst viel erleben. Möglichst alles erleben. *Action.* Nichts auslassen. Aber wie macht man das, die „Fülle des Lebens" zu erleben? Es ist eine erlebnishungrige Gesellschaft. Ihre Mitglieder haben die Idee eines schönen, interessanten, lohnenden Lebens zu gestalten und umzusetzen. Sich spüren, sich erleben – darum muß es gehen.

Jedem einzelnen ist die Verantwortung dafür aufgeladen, daß sich in seinem Innenleben etwas tut. Wer in sich selbst nicht andauernd eine Serie von Sensationen wahrzunehmen vermag, der muß sich fragen, was denn mit ihm nicht stimme.[63] Für die Manager der eigenen Subjektivität wird das Vergnügen zur harten Arbeit. Einen Erlebnishappen nach dem anderen muß man sich „reinziehen". Denn die „Sensationen" sinnlicher Erfahrung werden in der McGesellschaft auch im Konkurrenzdruck des Freundeskreises eingefordert. Erlebnisse müssen vorgezeigt und erzählt werden können. Doch Erlebnisse lassen sich nicht auf Dauer stellen. Man muß für dauernden Nachschub sorgen. Produkte veralten. Langeweile stellt sich ein. Die Angst, etwas zu versäumen, läßt sich dauerhaft nicht bannen.[64]

Das Etikett der Erlebnisgesellschaft ist treffend. Ziel ist es, das Leben selbst zu einem großen Erlebnis werden zu lassen, alle erlebnisbedrohenden Verpflichtungen und Selbstdisziplinierungen abzuwenden. Das macht ungeheuer viel Arbeit. Der riesige Erlebnisapparat ist in Schuß zu halten. Zahlreiche Fertigkeiten sind zu erwerben: Schifahren reicht nicht mehr, auch Langlaufen und Snowboarden muß sein. Fußballspielen ist ganz nett, aber auch Tennis und Golf gehören ins Programm. Fernsehen ist unzureichend, auch das Internet gehört dazu. Nicht einmal bloßes Saufen reicht, man muß sich zum Weinkenner entwickeln. Kennen wir schon die neuesten Tänze? Schon in dem tollen italienischen Lokal gewesen? Haben wir den Film der Woche gesehen? Was, du warst noch nie bei einem Open-air-Konzert? Noch nie San Francisco besucht? Das gibt es ja gar nicht. Du weißt ja wohl, wie diese Farb-Tintenstrahldrucker, mit denen man gescannte Fotos ausdrucken kann, funktionieren? Stress, Stress, Stress. Denn das Gefühl, etwas zu versäumen, läßt sich nicht mehr abweisen, und es ist nicht einmal unberechtigt: Die Möglichkeiten explodieren, das Zeitbudget ist eine unbarmherzige Begrenzung. Es gibt immer mehr, was man versäumt, weil es immer mehr Optionen gibt. Der Prozentsatz von dem, was man erleben kann, schrumpft. Man muß sich immer mehr versagen von dem, was angeboten wird. Jede Entscheidung für das eine bedeutet schon den Verzicht auf so vieles andere. Man versäumt, versäumt, versäumt. Die *Erlebnisgesellschaft* ist eine *Versäumnisgesellschaft*.

In der Postmoderne muß das individuelle Leben nicht nur vom *excitement* profitieren, es muß als Kunstwerk gestaltet werden: um sich zu entfalten in tausenderlei Formen und Stilen, in der Einheit von Körper, Verhalten, Kleidung und Gefühlen. Damit berühren wir auch wieder die ökonomische Sphäre, denn wirtschaftliche Prosperität ist die Grundlage dafür, daß dies massenwirksam geschehen kann. Die Konsumgesellschaft stellt sich längst auf die Erlebnisgesellschaft ein: Sie bietet nicht mehr simple Produkte an, sondern verkauft *Lebensstile*. Daß Güter „Tauschwert" und „Gebrauchswert" haben, ist ein alter und trivialer Sachverhalt; aber ihr „Identitätswert", ihr Beitrag zur Persönlichkeitsinszenierung, ist eine dritte Kategorie, und diese wird immer wichtiger.[65] Das Leiberl hält nicht nur warm, und die Sportschuhe sind nicht nur bequem. Es muß das

Leiberl mit dem Krokodil oder der „Diesel"-Aufschrift, es muß die Levi's 501 sein, man muß Nike oder Adidas tragen – nicht weil diese Marken wärmer oder weicher oder haltbarer sind, nicht weil sie billiger sind (ganz im Gegenteil), sondern wegen ihres Erlebnis- und Identitätsgehaltes. Man fühlt sich ganz anders, und man signalisiert den *peers* etwas anderes. Mit Levi's 501 ist man ein anderer Mensch als ohne, locker, vif und fit, ohne Vorurteile, happy, lässig, cool. Es werden natürlich verschiedene Stile zur Auswahl gestellt: Was dem einen die weite Snowboard-Hose, ist dem anderen der Boutiquen-Anzug. Manche fühlen sich erst mit handgemachten Schuhen angezogen, und sie erzählen den Freunden von – du weißt schon – diesem Laden in London, wo ihr höchstpersönlicher Schuhleisten aufbewahrt wird. Manche sind erst mit einer Designer-Umwelt zufriedengestellt, weil sie den Drang verspüren, sich und ihre Umwelt zum Kunstwerk zu stilisieren. Andere wieder fühlen sich nur wohl, wenn sie ihren schwarzen Anzug mit dem schwarzen Hemd tragen, jene Künstler- und Architektenuniform, die trotz ihres beinahe lückenlosen Konformismus in einer bestimmten Szene als textile Dokumentation geistiger Unabhängigkeit gilt.

Für immer mehr Güter trifft es zu, daß ihre entscheidende Funktion darin gesehen wird, Persönlichkeit nach außen hin deutlich zu machen. Es gilt auch für Autos und Stereoanlagen, für Möbel und Bier. Es ist deshalb verfehlt, der Konsumgesellschaft vorzuwerfen, sie dressiere den Menschen auf blanken Materialismus. Die postmoderne Konsumgesellschaft macht im Grunde genau das Gegenteil: Sie vermittelt *Traumbilder*, mit Gütern als Anhängsel des Seins und als Vehikel des Andersseins. Sie forciert die Wünsche und die Illusionen. Sie ästhetisiert die Welt. Sie entrealisiert die Wirklichkeit. Sie spiegelt Erlebnisse vor. Der Materialismus der Konsumgesellschaft ist ein *erlebniszentrierter Illusionismus*. Die „Materie" verschwindet. Materialismus ist es nur insofern, als die Menschen – mangels anderer Ressourcen – auf Konsumgüter verfallen sind, um ihre Persönlichkeit zu formen, zu stützen und zu offenbaren. Der wahre Triumph der Konsumgesellschaft wird sich in jenen Gütern verkörpern, die das Individuum in das Reich der „virtuellen Realität" entführen. Dieser Prozeß, in dem die *Wirklichkeit* durch die *Vorstellung von der Wirklichkeit* ersetzt wird, könnte im einundzwanzigsten Jahrhundert so weit gediehen sein, daß wir ganz ohne Wirklichkeit auskommen: in einer *virtual society* leben. Dann können wir gleichzeitig alles erleben und alles versäumen, und man wird den Unterschied kaum merken.

Eine Einschränkung ist allerdings angebracht. Was in den *life styles* der Erlebnisgesellschaft zelebriert wird, ist nicht die Alltagswelt jener Mittel- und Unterschichten, die vorrangig immer noch mit dem Problem ihrer Lebenssicherung alle Hände voll zu tun haben.[66] Die freie Wahl von Erlebnissphären setzt eine gewisse Enthobenheit von materiellen Zwängen voraus, das Ringen um Selbstverwirklichung gedeiht am besten in der Verwöhnung. Aber gerade die Wichtigkeit, die dem Wissen um die richtigen Dinge beigemessen wird, erinnert an die Subtilitäten aristokratischen Gehabens in der höfischen Gesellschaft[67], in der „kulturelles Kapital"[68] zur entscheidenden Ressource im sozialen Regelwerk wird. Das heißt zum einen: *Life style* und *Zeitgeist* sind Kategorien der oberen Mittelschichten und Oberschichten, um sich in einer Gesellschaft, die von unterhaltsamen massenkulturellen Angeboten geprägt ist und in ihrer kulturellen Anspruchslosigkeit Kleinbürger und Proletarier vereint, von der „Masse" abzusetzen. Die „Masse" ist auch zeitgeistig, will das haben, was gerade *in* ist; aber dort geht es um den richtigen Spoiler für das Auto, um die neueste Videokamera, um den pornographischen Kick nachmittäglicher Talkrunden, um den stolzen Jahresurlaub auf Kuba – also schon auch um demonstrativen Konsum, aber nicht um die allesumfassende Gestaltung und Stilisierung der eigenen Person im Rahmen eines „Gesamtkunstwerks". – Zum anderen: Die geschilderte Lebenshaltung ist zentral für die postmoderne Gesellschaft, und sie ist dabei, wie dies beim Wandel von Kulturbeständen bisher normalerweise der Fall war, nach unten, in untere Sozialschichten, zu diffundieren. Ein neues Phänomen ist allerdings die Bereitwilligkeit, mit der auch kulturelle Flüsse in der Gegenrichtung aufgenommen werden. Die verzweifelte Suche nach Neuem führt nämlich immer mehr auch dazu, Stile der Unterschichten und der Unterwelt in hochgestochene Designer-Welten überzuführen: Die Randgruppenexotik – das Ringerl im Ohr, das schwarze Leder, die Unrasiertheit, ein Hauch von Prostitution – fasziniert immer mehr ein gelangweiltes bürgerliches Publikum, und ein Flair von Blut und Mord, Terror und Gewalt, Brutalität und Authentizität, Schweiß und Vergewaltigung gruselt die ermüdete Oberschichtenkultur so wohltuend. Alle diese Prozesse machen die Dynamik der Erlebnisgesellschaft – von oben nach unten und von unten nach oben – aus, denn gleichzeitig mit diesen Diffusionsprozessen wird auch mit immer neuen Differenzierungsmethoden versucht, die entgleitende Distanz zwischen den sozialen Schichten aufs neue sichtbar zu machen.

EUROPA
Das Besondere und das Allgemeine

Was aus Europa wird, läßt sich nicht absehen.[69] Dennoch dürfen die Europapolitiker jubeln. Überraschend gut ist der erste „Erweiterungsschub" der Europäischen Union über die Bühne gegangen, und über den nächsten wird geredet. Kommentatoren internationaler Zeitungen haben anerkennend ihre Köpfe gewiegt, als älpische Provinzregionen mit einer Entschiedenheit nach Brüssel strebten, die vermeintlich weltläufigere Länder in den letzten Jahren nicht bewiesen haben. Das Euro-Bekenntnis wiegt umso mehr, als gerade in kleinen Ländern wie Österreich oder Dänemark jene Ängste bestehen, die allenthalben diskutiert werden: Ängste vor der Überwältigung durch die europäische Bürokratie, vor der Nivellierung in der Euro-Einheitskultur, vor dem Hereinschwappen multikultureller Ärgernisse, vor dem Verlust regionaler Identitäten, vor der europaweiten Zentralisierung der politischen Entscheidungen. Die individualistisch-pluralistische Gesellschaft wird unter der Hand zu einer konformistisch-monokulturalistischen Gesellschaft. Wo bleibt die Vielfalt, wenn alles zusammenfließt? Wo bleibt die individuelle Gestaltung, wenn die transnationalen Bürokratien herrschen? Wo bleibt das Fremde, wenn alles im bekannten Einheitsbrei endet?

Einförmigkeit könnte sich innerhalb von Ländern und zwischen Ländern herstellen, und am Ende herrsche eine *Welteinheitskultur*. Das hat schon der Königsberger Historiker Johann K. F. Rosenkranz im Jahre 1872 befürchtet: „Noch hundert Jahre und der poetische Contrast der bunten Mannichfaltigkeit der Naturvölker wird von der Einförmigkeit der Civilisation auf unserem ganzen Planeten ebenso vernichtet sein, wie der Urwald durch die Pflugschaar, wie das Raubthier durch das Feuergewehr. Es wird nur noch Culturpflanzen, Culturthiere und Culturvölker geben. Wie die Naturvölker vor den Culturvölkern, so verschwinden die Nationaltrachten vor der allerdings wechselnden periodischen Einförmigkeit der Modetracht, in deren Form der Zeitgeist sich den Ausdruck seiner gerade herrschenden Stimmung gibt."[70] Angesichts solcher Vorhersagen,

50

deren Treffsicherheit uns heute imponiert, können wir uns das österreichische Beispiel mit Nutzen vornehmen, um Fragen der Identität und Individualität von Ländern und Regionen – und damit auch der Menschen, die in ihnen leben – unter den Bedingungen einer „Sogwirkung" europäisch-zentralisierender Strömungen zu diskutieren. Wir müssen zwei kontroverse und einander widersprechende Aussagen treffen.

Erstens, so können wir beruhigend versichern, *bleiben die regionalen und nationalen Identitäten bestehen*: Die Niederlande und Belgien haben ihre Grenzen seit Jahren geöffnet, und vom Identitätsverlust kann keine Rede sein. Die „Zillertaler Schürzenjäger", eine erfolgreiche und höchst eigenartige Mischung von ländlicher Kapelle, Austro-Pop und Schlagerband, wird es auch in den nächsten Jahren geben. Steirisches, kärntnerisches und tirolerisches Trachtengewand wird man bekommen, wenn es in hinreichender Menge gekauft wird, und wenn es nicht gekauft werden sollte, sind nicht die Brüsseler Bürokraten daran schuld, sondern die Nicht-Käufer. Wenn Identität auch heißt: eine unverwechselbare, stilgeprägte Umgebung, dann hat jeder Häuslbauer mit seinen Routinekästen aus der Hand einfallsloser Baumeister, die ihre Planungsberechtigung auch gegen „Europa" verbissen verteidigen, zur Anonymisierung der Landschaft in den letzten Jahrzehnten viel mehr beigetragen als ein paar (allenfalls ausländische) Zweitwohnungsbesitzer, die sehr häufig mehr Traditionsbewußtsein und Kulturgespür entwickeln als die Einheimischen. In der Tat haben die Österreicher noch nie ihre identitären Verwirrungen so gekonnt überwunden und noch nie so viel an Identität entwickelt wie in den letzten Jahren, als die Grenzen bereits weltoffen waren und die Wirtschaft international enger denn je verflochten war. Der Transitverkehr durch Tirol mag unangenehm sein, aber er ist kein Identitätsproblem. Der Kremser Veltliner und der steirische Welschriesling bleiben auf unseren Hügeln, und niemand kann die Österreicher hindern, ihn weiter zu trinken. Es ist keine Vergewaltigung des Konsumenten, wenn auch Valpolicella und Beaujolais in den Regalen stehen. Hat man genug Identitätsbewußtsein (und Geschmack), wird man den Welschriesling und den Weißburgunder nicht verschmähen, und wenn dennoch viele den Montepulciano d'Abruzzo kaufen, soll niemand über einen durch Brüssel induzierten Identitätsverlust klagen. Der Doppelliter wird auch bleiben, selbst wenn es um ihn nicht schade wäre. Identität kommt letztlich nicht von oben, sondern von unten: nicht von der Regierung, sondern von den Bürgern, den Konsumenten. Die Züge der

Österreichischen Bundesbahn werden auf absehbare Zeit weiter halb so schnell unterwegs sei wie die der Deutschen Bahn. Den Text der österreichischen Bundeshymne werden die Eingeborenen der Alpenregionen weiterhin gleich gut können wie bisher ...

Zweitens, so können wir mit gleichem Recht und in deutlichem Gegensatz zur ersten These behaupten, *verschwinden die regionalen und nationalen Identitäten ohnehin*: McDonald's- Filialen und Ristorantes strömen ins Land, mit der Europäischen Union oder ohne sie. Der Musikmarkt der Jugendlichen ist bereits amerikanisiert, und die Fernsehkanäle werden es immer mehr. Fußballspieler werden international hin und her verschoben. Versuche der französischen Regierung, ihre Sprache zu schützen, können nur mit gerührter Sympathie betrachtet, aber letzten Endes als hoffnungslose Versuche nationalistischer Halsstarrigkeit abgetan werden. Die Sache ist gelaufen; Englisch hat gesiegt. Die Blasmusik ist nicht durch die Europäische Union, sondern durch den vom Fernsehen propagierten Lifestyle gefährdet. Daß von „Kartoffeln" statt „Erdäpfeln" die Rede ist, ist ein regionaler Sprachverlust, der seit langem beklagt wird, aber viel schlimmer sind die „Fritten" und „Sahnetorten", die wir um den Wörthersee – bereits seit Jahren und ohne Brüsseler Direktiven – auf den Speisekarten finden. Wenn es die Grenzen zum großen Bruder nicht mehr gibt, dringen bundesdeutsche Eigenheiten noch schneller ins Land. Vor allem ist es der deutsche Medienmarkt, der die österreichischen Täler überschwemmt: die elektronischen Monopolversorger, die allen deutschsprachigen Sendern eine Sprache anzubieten haben, die – banal und keck gleichermaßen – alle regionalen Besonderheiten ausbügelt. Wenn Pink Floyd etwas mit Identität zu tun haben, dann mit einer grenzüberschreitenden, ja globalen. Die städtisch-architektonische Identität wurde zu großen Teilen schon in der Wiederaufbauzeit vernichtet, durch freiwillige Ignoranz von Bauherren, Stadtplanern und Politikern. Das Burgtheater ist nur noch eine von mehreren großen europäischen Bühnen, zufällig in Wien daheim, aber die Schuld am Verlust seiner Eigenart kann man beim besten Willen nicht der Europäischen Union zuschieben; das ist hausgemachte „sogenannte" Kulturpolitik.

Für beides, das Beharren auf der Identität und für ihre zügige Vernichtung, lassen sich viele weitere Belege finden. Eine These, die sich aus diesen Beispielen ergibt, aber ist: *Alles das läuft mit oder ohne die Integration Österreichs in Europa.* Kein Brüsseler Bürokrat schreibt vor, daß sich Süßwarengeschäfte zwingend als „Confiserien" und Fahrradläden als

„Bicycle-Shops" deklarieren müssen. Mit dem Blick auf die Europäische Union stellen sich aber auch Fragen der inneren Struktur der Gemeinschaft, die mit dem Schicksal von Identitäten verbunden sind, und die daraus abzuleitende These ist: *Auch im* brave new Europe *wird man regionale Identitäten – und Regionen überhaupt – nicht ignorieren können.* Dafür lassen sich Gründe anführen.

Erstens wird es ein wirklich zentralistisches Europa deshalb nicht geben, weil auch die hartnäckigsten Zentralisierer es nicht zustande bringen werden. Die *nationalen Beharrungsmomente* sind zu stark und die Interessen der Mitgliedsländer zu unterschiedlich. Die Briten werden bremsen. Auch andere Staaten werden skeptisch sein, solange die südlicheren Länder nur die Hände aufhalten. Von der Osterweiterung, die (jedenfalls jenseits der sich unmittelbar aufdrängenden und vergleichsweise unproblematischen Kandidaten) ein mühsamer Prozeß werden wird, wollen wir einmal gar nicht reden. Eifersüchteleien und Provinzialismen werden den Euro-Bürokraten schwer zu schaffen machen. Man vertraue auf nationale Dickschädel. Vielleicht gibt es eine Einigung in den Großregionen: Da mögen sich die Skandinavier zusammentun, um ihre Anliegen durchzubringen, die Mittelmeerländer, um die Hände gemeinsam aufzuhalten, selbst Mitteleuropa mag beschworen werden, um zuverlässige Fürsprecher für die Osterweiterung zu gewinnen. Aber Europa ist nun einmal ein zerklüftetes Gebiet, nicht nur im geographischen Sinn. Für die Brüsseler Spitzen sind nicht einmal die Sprachenprobleme in der Verwaltung gelöst; wie sollte sich eine „europäische Öffentlichkeit" konstituieren, die als Voraussetzung einer echten „europäischen Demokratie" unabdingbar ist? Deshalb ist auch die Aufwertung des Europäischen Parlaments nicht dringend, solange es keine europäische politische Diskussion gibt, und es wird ein weiter Weg dahin sein. Es wird viele vollmundige Deklarationen über europäische Zusammenarbeit geben, aber sie werden alle praktisch-politisch unterlaufen. Es wird aber mehr bürokratischen als politischen Zentralismus geben. Europa wird politisch weit hinter der routinierten Alltagsarbeit der Euro-Bürokraten einherhinken, aus deren Feder oder aus deren Tasten Verordnungen über Verordnungen strömen. Die nationalen Regierungen werden sie gar nicht wahrnehmen, doch letztlich werden sie praktisch wirksam. Nur die politische Einigung wird es nicht so bald geben: Der europäische Pluralismus läuft derweilen nur auf pluralistische Blockaden hinaus. Vertrauen wir auf die Hinterhältigkeit nationaler Interessenten.

Zweitens darf man sich die Europäische Gemeinschaft nicht als quasi-staatlich geordnete Struktur vorstellen. Sie wird ein fürchterliches Chaos sein, zumindest, etwas schöner formuliert, ein durchwegs *fragmentiertes Gebilde*. Es ist kein Haus mit wohlgeordneten Stockwerken. Da der Weg zu einer europäischen Demokratie weit sein wird, werden in Brüssel Lobbies unterschiedlichster Art vorstellig werden, um Einfluß auf die Administration und die Kommission zu nehmen: nationale Regierungen und regionale Einheiten, Unternehmerverbände und Gewerkschaften, konservative Familienbünde und grünalternative Weltenretter, Kirchen und Sportvereine. Es wird keine juristisch wohlgeordnete Struktur sein, sondern ein politisch-pluralistisches Durcheinander mit unterschiedlichsten Impulsen. Die Regionen werden ihre eigenen Süppchen kochen, und sie werden es müssen, sollen sich andere nicht vordrängen. Vertrauen wir also auf den Egoismus von Regionen und den Umstand, daß der Lobbyismus nicht zu zügeln sein wird.

Drittens werden Interessengemeinschaften am zuverlässigsten dann zusammengeschweißt, wenn *Gelder* winken, und das ist bei den Regionen der Fall. Allen Regionalchefs ist in den letzten Jahren das Wasser im Munde zusammengelaufen, als sie an die (vermeintlich) unermeßlich tiefen Finanztöpfe der Europäischen Union dachten. Jeder Bürgermeister sah schon das neue Feuerwehrgebäude vor sich, für das nun Euro-Gelder fließen sollten. Auch wenn er damit enttäuscht wird, so werden doch alle Regionsfunktionäre mit Feuereifer regionale Konzepte entwerfen, Gemeindeverbände werden sich zusammenschließen, grenzüberschreitende Regionskooperationen werden zustandekommen – alles im Dienste des gemeinsamen Ziels, Geld aus Brüssel locker zu machen. Vertrauen wir darauf, daß der geldwitternde Regionalismus lebt.

Freilich gilt es festzuhalten: Zuviel Regionalismus verspielt Chancen, die mit dem Weg nach Europa eröffnet wurden. Denn das ist ja wohl die eigentliche Triebkraft zum größeren Europa: daß immer mehr Probleme im nationalstaatlichen Rahmen nicht zu lösen sind, weil die Verflochtenheit politischer Maßnahmen zunimmt; daß es gar nicht darum geht, Kompetenzen, die man bislang innegehabt hat, abzugeben, sondern darum, *verlorengegangene politische Handlungsfähigkeit zurückzuerlangen*, indem man Probleme gemeinsam angeht. Regionalistischen und föderalistischen Bestrebungen darf es also nicht darum gehen, irgendwelche Rechte – egal welche – zu bekommen, um sich damit aufzuwerten und wichtig zu machen, alles unter dem Titel *regionaler Identität*. Rechthaberei auf einem

Territorium, das zwei Schritte in der einen und drei in der anderen Richtung mißt; das Aufleben stolzer ethnischer Gefühle in einem Land, das ein buntes Gemisch aus angrenzenden Völkerschaften darstellt; provinzielle Aufgeblasenheit von kurzsichtigen Funktionären, die alle glauben, sie seien der Nabel Europas, – alles das verleitet zur Ironie. Das ist die *Karikatur des Regionalismus*. Man muß, zumindest manchmal, so weit springen, daß man über seinen Schatten springt. Daß solche Sprünge prinzipiell nicht auszuschließen sind, haben jene kleinen Länder gezeigt, die den Weg nach Europa gewagt haben, und es beweisen jene postsozialistischen Länder, die sich in einer viel prekäreren Lage nicht abschrecken lassen, nach Europa aufzubrechen. Auch eine rasch einsetzende Euro-Verdrossenheit in jenen Ländern, die beigetreten sind, ändert an diesem Umstand nichts. Sie ist die normale Reaktion auf einen Illusionismus, der mit einer Fülle gebratener Tauben gerechnet hat. Die Illusionisten haben den Mund noch immer offen; aber nur noch aus Verwunderung, denn die Tauben sind ausgeblieben. Europa ist kein Märchen. Der Großteil der Bevölkerung ist pragmatisch: Man hat keine besondere Freude mit der ganzen Europa-Sache, aber wenn es alle machen, sollte man besser dabei sein als draußen. Eigentlich kommt man mit dem Schilling ganz gut zurecht, aber wenn der *Euro* kommt, gibt es keine Alternative. Ein bißchen Unbehagen ist dabei, aber auch die Einsicht, daß man mittun muß. Dem ist nicht viel hinzuzufügen.

FAMILIE

Erosion und Etikettenschwindel

Daß die herkömmliche Familie sich in rascher Auflösung befindet, ist keine neue Botschaft. Da helfen auch semantische Tricks zur Aufbesserung der Statistik nichts: indem man alleinerziehende Mütter mit Kindern oder homosexuelle Paare auch als „Familien" definiert. Jene Familie, die wir als „herkömmliche" bezeichnen, bestand aus zwei Personen unterschiedlichen Geschlechts, die üblicherweise einige Kinder miteinander zeugten und diese zu erziehen trachteten. Kurz: Trauschein, Verbindlichkeit, Dauer, Nachkommenschaft. Das mag bieder klingen; aber wir sind erst im Übergang zu einer Phase, in der man sich für diese Art von Biederkeit entschuldigen muß. Noch dürfen wir eine Familie eine Familie nennen.[71] Wenn wir umgekehrt, wie das vorgeschlagen wird, alles als „Familie" bezeichnen, ja von der „postfamilialen Familie" sprechen[72], kann es grundsätzlich keine Krise der Familie geben. Mit der Semantik ist das eine feine Sache.

Aber die Typenvielfalt im familiären Angebot steigt: Wir haben es in zunehmendem Maße mit Einpersonenhaushalten, kinderlosen Ehen, nichtehelichen Lebensgemeinschaften, alleinerziehenden Müttern und Vätern, Wohngemeinschaften und dergleichen zu tun.[73] Alle wollen sich gerne als „Familie" bezeichnen lassen. Die alte Form der Familie löst sich auf, sie reduziert sich jedenfalls auf ein Minderheitenprogramm. Zwar wächst heute noch die Mehrzahl der Kinder in diesen „alten" Verhältnissen auf; sie können sich auf einen Vater und eine Mutter verlassen und sie als Verhaltensvorbilder nehmen. Aber diese Normalität wird auf allen Seiten angeknabbert.[74] Nichts scheint mehr zu stimmen: weder die Rollenvorstellungen noch die Moralvorstellungen noch die Verpflichtungsgefühle.

Die *alten Rollenvorstellungen* – der Mann geht in die „Welt" hinaus, die Frau verbleibt am Herd – stimmen nicht mehr, wenn die „Hausfrau" zu einer verschwindenden Gruppe von Individuen gehört, deren Restexemplare mit wachsendem Erstaunen, ja mit Indignation zur Kenntnis genommen werden. Im Verhäuslichungsprozeß der modernen Welt ist die – zunächst „arbeitende" – Frau zur „Hausfrau-und-Mutter" gemacht worden[75], und nun findet sehr rasch der umgekehrte Prozeß, ein Entfamiliarisierungsprozeß, statt. Das ist sicher ein Prozeß der „Befreiung", aber auch ein Prozeß der Ablösung alter Zwänge durch neue Zwänge; ersteres wird allseits besprochen, letzteres ungern ins Auge gefaßt. Der „Haushalt" als „Betrieb", der gewissermaßen dauernd bestückt war, löst sich auf. Familie ist nicht mehr eine Gruppe von Leuten *that have to take you in when you need it*, denn dort ist niemand mehr. „Die effizienteste Familie", sagt Günther Nenning, nicht gerade ein biederer Familienmensch, zu Recht, „wurde die Nullfamilie: der Single, der sich mit hängender Zunge deppert verdient und alles Geld gleich wieder deppert hinaushaut."[76]

Die *alten Moralvorstellungen* – sexuelle Erfüllung in der Ehe und Treue bis zum Tode – stimmen nicht mehr in einer Welt, in der voreheliche Sexualität zu einer Selbstverständlichkeit und Scheidung zu einer Routine geworden ist.[77] Das rationale Kalkül, das die Gesellschaft prägt, kriecht unvermerkt auch in die Ehe hinein: 25 Prozent der Amerikaner sagen in einer Umfrage, daß sie ihre Familie für hinreichend viel Geld verlassen würden. (Sieben Prozent geben zu, sie würden jemanden töten, wenn sie genug dafür bezahlt bekämen.)[78] Auch wenn es im Normalfall nicht um so drastische Bewertungen geht, so unterliegt die eheliche Beziehung doch heute einer höheren „Rechenhaftigkeit": Der Stand der emotionellen Beziehungen wird bilanziert, abgeschätzt, gewogen – und wenn die Bilanz nicht stimmt, kümmert man sich um neue sexuelle „Anbieter", um eine persönliche Beziehung, deren Nettoertrag rentabler ist. Zwischen Kalkül und Moral ist aber ein Unterschied; das muß gesagt werden, weil es nicht mehr selbstverständlich ist.

Die *alten Verpflichtungsgefühle* schließlich stimmen nicht mehr in einer Welt, in der zwischenmenschliche Beziehungen als Grundlage des Überlebens abgelöst worden sind von kollektiven Institutionen, die Sicherheit in Krankheit und Alter bieten. Das Versprechen zweier erwachsener Menschen, einander beizustehen, ist in der modernen Welt weitgehend überflüssig geworden: Es gibt die zuständigen Ämter und Einrichtungen für Krankheit, Pflegebedürftigkeit, Alter und Tod. Die staatlichen Dienstleister stehen auch bereit, den Alleinstehenden anzuhören und ihm psychotherapeutische Betreuung zuteil werden zu lassen. Auch die Pflichten gegenüber den Kindern konnten wesentlich reduziert werden.

Der Staat ersetzt den Ehepartner, zuverlässig und lebenslang. Die Krankenkasse ist viel zuverlässiger als der Ehepartner.

Es bleibt als Grundlage der Ehe nur noch die *Liebe*. Das ist nicht wenig, und es ist schön. Aber Liebe ist auch in nichtehelicher Lebensgemeinschaft möglich, und umgekehrt steht auch in der „legalisierten" Beziehung die affektive und erotische Dimension im Vordergrund. Aber Gefühle schwanken mehr als manches andere, gerade in einer reichen und mobilen Gesellschaft wie dieser, in der dem mobilen Mitbürger viele andere attraktive Partner begegnen. Die Lebensgemeinschaft wie die Ehe ist eine instabile Lebensform mit jeweils unbestimmter Zukunftsperspektive. Beide Formen, besonders aber die Lebensgemeinschaft, fordern zur dauernden Reflexion, zur „Prüfung" der Beziehungen, auf. Kein Wunder, daß sich die meisten Jüngeren fragen, wozu sie denn überhaupt heiraten sollen: bestenfalls dann, wenn ein Kind erwartet wird, und dann auch nur aus dem Grund, weil der administrative Papierkram einfacher wird oder weil einige Verwandte mit veralteten Ansichten das gerne sehen. Selbst die Schwangerschaft ist für immer mehr Personen nicht unbedingt ein Grund, in den ehelichen Hafen zu streben. In Schweden wird bereits mehr als die Hälfte der Kinder unehelich geboren, in anderen Ländern sind die Raten stark im Steigen. Man hat einen Partner oder eine Partnerin, das reicht. Ohne Ehe ist der allfällige Wechsel einfacher.

Die Fassade der Ehe ist die gleiche, der stillschweigende *„Vertragsinhalt"* hat sich geändert. Die Ehe wird nicht mehr vollen Herzens als Versprechen, füreinander zu sorgen und treu zu sein bis zum Tode, eingegangen; das sind einige Phrasen, die man mitschleppt. Sie wird begründet als eine *relativ* dauerhafte Beziehung, die man – zumindest für einige Jahre – aufrechtzuerhalten sucht: ein Versprechen, die nächsten paar Jahre sein Bestes zu tun. Dies schließt nicht aus, daß man später einmal den Partner wechselt. Das Eheversprechen ist eine *Bemühungszusage*. Man bleibt beisammen, *solange es gut geht*. Denn durch die Verbindung mit dem Partner verzichtet man ja auch auf viel; die Bindungszusage mit langfristigen biographischen Folgen schließt eine Unzahl von Alternativmöglichkeiten, die in einer optionenreichen Gesellschaft allemal gegeben sind, aus.[79] Da man schon auf so viel verzichtet, möchte man sich einen kleinen Ausweg doch noch offenlassen – falls der strahlende Prinz oder die strahlende Prinzessin eines Tages einherkommt. Die letzte Wahl bleibt offen. Liebe heißt nicht Ehe, heißt nicht Kind. Ehe heißt nicht lebenslang. In Deutschland und Österreich wird jede dritte Ehe geschieden, in den USA rechnet man neuerdings mit der Hälfte. Mit der Ehe ist es also über mehrere Etappen abwärts gegangen: von der *religiös-sozialen Institution* zum schlichten *Vertrag* und von dort schon weiter zu einer bloßen *Bemühungszusage*. In der McGesellschaft ist alles vergänglich.

Man könnte annehmen, daß die Ehen brüchiger geworden sind, weil die Menschen von der Institution „Familie" allgemein weniger halten; aber paradoxerweise scheint es genau umgekehrt zu sein. In einer emotionell tristeren Umwelt wird die Ehe mehr geschätzt als früher. Das aber bedeutet, daß die Menschen mehr von einer Heirat erwarten und fordern, daß sie von der Beziehung eine Kompensation für alle Versagungen erwarten, die ihnen eine moderne Gesellschaft auferlegt. Man geht ineinander auf. Die Gefühle sind so wichtig, daß auch Enttäuschungen über Verhaltensweisen des Partners unglaublich wichtig werden. Angesichts der Vorgabe, daß die Ehe, soll es denn eine „richtige" Ehe sein, ein dauernd sensationeller Gefühlszustand zu sein hat, sind die Partner zwangsläufig enttäuscht und neigen dazu, eine Beziehung zu beenden, die, gemessen an bescheideneren Erwartungen früherer Zeiten, noch als erträglich betrachtet worden wäre.[80] *Die Ehe scheitert an der Überschätzung der Ehe.* Sie geht zugrunde, weil man von der *Alltäglichkeit* überrascht wird – und sie letztlich nicht erträgt.

Wachsende Scheidungsquoten haben einen eingebauten *Beschleunigungseffekt*, sie bewirken ein weiteres Anwachsen der Scheidungsquoten.[81] Einerseits führen sie zu einer höheren Akzeptanz der Scheidungen: Scheidung wird „normal", weil es „alle" tun. Sie ist nicht mehr diskreditierend. Alle lassen sich scheiden, warum also sollte man es nicht auch tun? Andererseits finden sich auf dem „Heiratsmarkt" mehr Kandidaten zum Zwecke der Wiederverheiratung; man bleibt nicht „sitzen", ist nach der Scheidung nicht zur Einsamkeit verdammt.[82] Deshalb ist es überlegenswert, einen zweiten Anlauf zu wagen: Männer, die Karriere gemacht haben, haben in mittlerem Lebensalter schon früher zur (sozial und altersmäßig) *attraktiveren Zweitfrau* gegriffen. Die erste Frau war ihnen nicht mehr standesgemäß, oder sie hatten plötzlich weit attraktivere Optionen als früher. Frauen, die selbstbewußter geworden sind, haben aufgeholt. Sie ergreifen jetzt zunehmend die Chance zur vermeintlichen *Selbstverwirklichung* – was unvermeidlich mit ihrer Berufstätigkeit und beinahe unvermeidlich mit einem neuen Mann verbunden ist.

Alles das bedeutet, daß die Kinder heute in eine ganz andere Institution hineingeboren werden als noch vor wenigen Jahrzehnten: Das Bild der Ehe hat sich geändert.[83] Man läuft nicht mehr in den „Hafen der Ehe" ein, wenn man die Ringe wechselt; eher begibt man sich auf eine Reise auf stürmischer See. Der Streß fängt erst an. Zu den Besonderheiten gehören die folgenden.

Erstens: Die Ehe ist eine *unbeständige Institution* geworden. Kinder können sich nicht darauf verlassen, mit denselben Erwachsenen aufzuwachsen. Die Wahrscheinlichkeit steigt, daß das „Personal", das die Familienpositionen besetzt, wechselt. Das war auch in früheren Jahrhunderten so, als damit zu rechnen war, daß die Mutter im Laufe zahlreicher Geburten das Leben einbüßte, und als zur „Familie" ohnehin auch Neugeborene und Gestorbene, neue Ehefrauen und Ehemänner, Verwandte und Gesinde, Lehrlinge und Gesellen, Dienstboten, Kinderfrauen und Hauslehrer gehörten. Die Märchen sind voll von „bösen Stiefeltern".[84] Diese *Fluktuation der Personen* kehrt wieder. Die Kinder werden in Zukunft mit einem Personenkreis Kontakt haben, für den uns die Verwandtschaftsbezeichnungen fehlen: die erste Frau des Vaters und seine Kinder aus erster Ehe; der neue Partner der Mutter und die Kinder, die er mitgebracht hat; das uneheliche Kind des Vaters; die Ex-Schwiegereltern und die Verwandten des gegenwärtigen Partners; die Freundin des Halbbruders der Mutter ... Die Kinder leben nicht mehr in einem Gefüge, in dem die Plätze wohldefiniert sind, sondern in einem Geschehen, in dem Positionen immer neu besetzt werden, in dem sie selbst mit gespaltenen Loyalitäten leben müssen. Die Akteure wechseln. Zuverlässig ist nur noch, wer die Mutter ist – so daß, was Feministinnen mit Freude vermerken, die matrilineare Abstammungslinie an Bedeutung gewinnen muß. Ansonsten gibt es „Verschiebungen" in alle Richtungen; die Familie ist immer für Überraschungen gut. Was das für die Kinder bedeutet, ist kaum abzusehen; erste Untersuchungen deuten darauf hin, was auch der Alltagsverstand weiß: Besonders gut ist es für ihre Entwicklung nicht.[85] Aber viele Jugendliche wissen bereits, was sie erwartet; sie sehen ihrer Partnerschaft mit Sehnsucht, aber ohne Illusionen entgegen. Selbst wenn sie die Scheidung der Eltern gut überstehen, haben sie gelernt: Man mache sich auf den Verlust gefaßt. Man lerne, was Verlassenwerden und Abschied bedeutet. Liebe währt nicht ewiglich. Trennung ist normal. Wenn es in der eigenen Beziehung so weit ist, darf man nicht überrascht sein.[86] Allerdings: Wenn man mit dieser Erwartung startet, stehen die Chancen gut, daß sie erfüllt wird.

Zweitens: Die Beziehungen zwischen den Mitgliedern der Familie werden auf ein *niedrigeres Intensitätsniveau* zurückgeschraubt. Man hat einfach weniger Zeit füreinander. Die Zeitrhythmen passen nicht zueinander, insbesondere durch die Berufstätigkeit der Frauen, die in dieser Hinsicht ihren „Rückstand" wettgemacht haben. Es ist eine „Terminkalender-Familie". Die beiden Elternteile, sofern vorhanden, sind berufstätig; im Beruf fließen Einkommenserzielung und Konsum, Eigenständigkeit und Selbstverwirklichung zusammen, und es bleibt weniger Raum für den Partner, der eigene Vorstellungen über seine Lebensgestaltung hat und eigenen Zwängen aus seiner Lebenssphäre ausgesetzt ist. Die Lebensarrangements stoßen an die Grenze der Gestaltbarkeit. Wenn die beruflichen Anforderungen, gerade in bezug auf Verfügbarkeit und Flexibilität der Leistungserbringung, zunehmen, lassen sich die Lebenskreise kaum noch koordinieren. Darüber hinaus werden alle vom „Freizeitstreß" geplagt. Die Kinder werden von frühen Jahren an von professionellen Betreuern versorgt, beide Elternteile sind abwesend und selten ansprechbar.[87] Die Lücken werden vom Fernseher, dem beliebtesten Ruhigstellungsinstrument, gefüllt. In den verbleibenden Abendstunden und am Wochenende treibt das schlechte Gewissen die Eltern freilich zu einer intensiveren Befassung mit den Kindern;[88] aber dann sind diese immer schwerer vom gewohnten Fernseher wegzubekommen. Die schwindenden Kontakte führen nicht nur zu der Schwierigkeit, daß die Kinder ihre Vorbilder – und *welche* Vorbilder! – nur noch aus den elektronischen Medien entnehmen können; auch die Eltern werden an den Umgang mit den Kindern nicht mehr gewöhnt. Wenn sie mit ihnen hautnah konfrontiert sind, gehen sie ihnen zunehmend auf die Nerven. Deshalb werden sie auch in der verfügbaren Zeit, etwa im Urlaub, in Ferienlagern deponiert und professionellen Betreuern – zum Schifahren- oder Schwimmenlernen oder einfach zur Unterhaltung – übergeben. Das ist erholsamer, schließlich haben sich auch die Eltern ihren Urlaub verdient, und wenn man sich zum Abendessen trifft, hat man „mehr Kraft füreinander". Ansonsten wird die Kindererziehung mit großer Erleichterung dem „zugekauften Dienstpersonal" übertragen: dem Schilehrer und dem Animateur, der Horterzieherin und der Ballettlehrerin.

Drittens: Die Kinder *emanzipieren* sich. Es gibt verschiedene Leitbilder der Familiengestaltung, aber die Tendenz ist klar. Ideale der Selbständigkeit und Gleichberechtigung drängen die elterliche Autorität zurück. Eine elterliche „Begründungsrolle" tritt an die Stelle der „Befehls-" und

„Vorbildrolle". Die Verschiebung der Machtbalance zwischen Eltern und Kindern führt zu einem kommunikativen Verhältnis zwischen den Generationen; es zeigt sich an den Umgangsformen, dem Bedeutungsverlust von Strafpraktiken, den zunehmenden Einfühlungsversuchen von seiten der Eltern gegenüber ihren Kindern. Den Kindern bleibt vielfach freilich auch gar nichts anderes übrig, als früh Selbständigkeit zu entwickeln: Denn die um sich greifende *Erziehungsverweigerung* – begründet mit falsch verstandenen Parolen einer laissez-faire-Pädagogik, aber vor allem dienlich der elterlichen Entlastung – hat die Kinder alleingelassen; sie mußten die Spielregeln anders lernen, als dies der Fall gewesen wäre, wenn sie in den Genuß einer gehörigen Erziehung gekommen wären. Sie mußten alle Regeln entdecken, die schlichte Information darüber wurde ihnen verweigert. Mehr als die Hälfte der Eltern weisen, wie Untersuchungen zeigen, gegenüber ihren Kindern ein gleichgültiges oder ein laissez-faire-Verhältnis auf (beide Varianten verweigern die Erziehung, die ersteren ohne, die letzteren mit emotionellem Rückhalt).[89] Forderungen werden nur in den seltensten Fällen gestellt; bürgerliche Tugenden haben an Bedeutung ohnehin verloren. Kinder sind selbstbewußter, sie distanzieren sich früher von der Familie; was keineswegs heißt, daß sie als Jugendliche von zu Hause früher ausziehen: gerade die Emanzipation hat die Bequemlichkeit, die das elterliche Heim mit sich bringt, wieder attraktiver werden lassen. Viele bleiben also zu Hause, um Essen, Wäsche und Luxus zu genießen, *weil* ihnen die Eltern ohnehin nichts mehr dreinreden.

Viertens: Die *Öffentlichkeit* kehrt zurück in die Familie. Während die dörflich-traditionelle, aber auch die kleinstädtische Familie der dauernden Kontrolle der Gemeinschaft unterworfen war, hat die moderne Familie Privatheit kultiviert und Mauern gegenüber der „Öffentlichkeit" aufgebaut. Nun kehrt die Öffentlichkeit auf drei Wegen zurück. Der eine Weg ist der Bedeutungsgewinn der Gleichaltrigengruppen. *Peer-groups* nehmen – so wie in den früheren Dorfgemeinschaften – die Jugendlichen immer mehr in Beschlag, und sie sind als Vergleichsmaßstab allgegenwärtig, bei Entscheidungen über Kinobesuche, Taschengeld und Kleidung. Die expandierende Kinderkonsumkultur hat ihre eigenen Spielregeln: Entweder man hat die Sportschuhe von der „richtigen" Firma, oder man hat die „falschen". Peers können unnachsichtig sein. Der zweite Weg ist der Bedeutungsgewinn *öffentlicher Einrichtungen*: vom Kinderhort über den Kindergarten bis zu den schulischen Institutionen. Die Dauer

der „verschulten Zeit" hat sich wesentlich gesteigert, Ganztags-
schulsysteme sind auf dem Vormarsch. Die „Arbeitszeit", die Kinder
dafür aufwenden, steigt. Institutionelle Verflechtungen – von Elternaben-
den bis zu fixierten Freizeitverpflichtungen – nehmen zu. Der dritte Weg
ist der Bedeutungsgewinn *öffentlicher Hilfsangebote:* Vom Säuglings-Paß
über Psycho-Tests bis zur Eignungsberatung, von der Familientherapie
bis zur Erziehungsberatung setzt sich eine medizinische, psychologische
und pädagogische Kontrolle der Heranwachsenden – zu ihrem Wohle
selbstverständlich – durch. Kinder wurden niemals so genau durch-
kontrolliert wie heute.

Eine Familienpolitik, die bestimmte dieser Tendenzen zu fördern und
anderen Widerstand zu leisten versucht, hat im Grunde keine Chance. *Sie
macht immer alles falsch,* nicht weil es eine dumme Politik ist, sondern weil
das in Anbetracht der Trends nicht anders sein kann. Wenn sie versucht,
die traditionelle Familie zu stützen, wirft man ihr – nicht zu Unrecht –
Diskriminierung, Frauenfeindlichkeit und Hartherzigkeit vor. Denn die
Bevorzugung der traditionellen Familie bedeutet eine Benachteiligung
jener Notlagen, die in dieses Schema nicht passen; und mit Recht kann
argumentiert werden, daß etwa alleinerziehende Elternteile besonderer
Hilfe bedürfen. Wenn die Politik hingegen versucht, für jene Härtefälle
vorzusorgen, die durch den Zerfall der traditionellen Familie entstehen,
wird ihr – nicht zu Unrecht – vorgeworfen, zur Beschleunigung ihrer
Erosion beizutragen. Denn dann macht sie eine Situation attraktiver, in
der nicht nur jene, die unvermutet und unverschuldet in sie geraten, nach
kollektiver Hilfe suchen, sondern die auch für jene, die sie kalkuliert
ansteuern, eine mögliche Lebensoption darstellt. Gibt sie den Familien
wenig Geld, schafft sie soziale Notlagen und trägt zur Senkung der
Geburtenrate bei. Honoriert sie die reproduktiven Leistungen durch ein
„Erziehungsgeld", zerrt sie die letzten sozialen Bereiche in den Sog einer
Vermarktlichung und fördert eine Gesellschaft, die selbst privateste
Lebensfunktionen nur noch gegen Bezahlung erledigt. Es kann deshalb
keine Familienpolitik geben, die den Wünschen der Wähler Rechnung
trägt; ja nicht einmal eine Familienpolitik, die man ohne Zwiespältigkeit
fordern, unterstützen, durchführen oder gutheißen könnte.

Vielleicht löst sich die Sache von selbst. Wenn man alles durchprobiert
hat, kommt man vielleicht wieder zum „reaktionären Modell" zurück: zu
jenem reaktionären Modell, in dem Kinder Anspruch auf Eltern haben; in
dem Partner auf Treue bauen; und in dem man damit rechnet, daß es sich

bei einer Heirat um eine dauerhafte Beziehung handeln könnte. Die Familie als Notgemeinschaft in einer globalisiert-flexibel gewordenen und brutalen Ökonomie? Möglich; aber gar so schnell wird das sicher nicht gehen. Eine andere Variante ist die ironische Einholung der Nicht-Ehe durch die Ehe: Zunehmend wird für die Lebensgemeinschaft an Rechten gefordert, was bislang nur für die Ehe gegolten hat – etwa in Sachen Vormundschaft, Erbrecht, Wohnrecht ... Schrittweise wird der Lebensgemeinschaft, weil man sie ja nicht „benachteiligen" dürfe, zugebilligt, was der Ehe vorbehalten war. Zunehmend wird damit aber auch die Lebensgemeinschaft rechtlich „eingefangen", wird in jene Bande verstrickt, denen die Lebenspartner durch die Vermeidung der Ehe auszuweichen vermeint hatten. Die Lebensgemeinschaft auf dem Weg zur Normalehe, mit den meisten Attributen der Ehe – eine unvermutete Lösung, die Schadenfreude auslöst. Aber auch auf deren Stabilität sollte man eher nicht bauen.

IDENTITÄT

Das Basteln von Zugehörigkeiten

Themen, die man verschwunden wähnte, die man nur noch als nette
Fundstücke für ideengeschichtliche Archivare ansah, gewinnen zuweilen
eine überraschende Renaissance. So ist es mit den Problemen von Nation
und Identität. Neuerdings suchen Politiker, Sozialwissenschaftler und
Feuilletonisten wieder nach der Identität des neuen, starken Deutschland;
die amerikanische Identität soll in Anbetracht ethnischer Verschiebungen
neu bestimmt werden; die französische versucht man in regelmäßigen
Intervallen durch atomares Muskelspiel zu regenerieren; die österreichische war ohnehin immer prekär; die schweizerische der Zukunft ist noch
nicht gefunden; ganz zu schweigen von den nationalistischen Strömungen in den postsozialistischen Ländern und der Tragödie am Balkan.

Die Diskussion über Nation und Identität löst zwiespältige Gefühle
aus. *Zum einen* deshalb, weil mit großer Unbeschwertheit festgestellt wird,
daß „Patriotismus" gut und „Nationalismus" schlecht ist, daß wir „Identität" wollen und die „Nation" distanziert betrachten, daß wir die „Heimat" schätzen, aber auch „Kosmopoliten" sein wollen. Die semantischen
Territorien sind nicht scharf abgegrenzt, und manche spielen virtuos in
diesem unsicheren Szenarium. Wo ist die Grenze zwischen „Patriotismus" und „Nationalismus" zu ziehen? *Zum anderen* stößt man rasch auf
die Erkenntnis, daß es gar keinen Sinn hat, das ausfindig machen zu wollen, was in diesen Diskussionen als existierendes oder anzustrebendes
Phänomen vorausgesetzt wird: eine „wahre" und eindeutige Identität
von Gruppen, Völkern und Nationen. Die Sache ist immer zu kompliziert,
als daß sie sich beschreiben ließe. „Identität haben" heißt, gelassen, ja
selbstverständlich hinnehmen, wie man ist. *Identität hat man nur im
Schweigen.* Sobald man darüber zu reden beginnt, verstrickt man sich in
Widersprüche. Die persönliche, regionale oder nationale Identität besteht
aus unterschiedlichen und widersprüchlichen Potentialen, die aus verschiedenen Daseins- und Entwicklungsschichten des gesellschaftlichen
Umfeldes und des Individuums stammen. Sie lassen sich kaum voneinander trennen. Auf solche Überlagerungen und Schichtungen, Verwerfun-

gen und Verzerrungen, denen Selbstdeutungen ausgesetzt waren und sind, stoßen wir mit umso größerer Notwendigkeit, wenn das Gemeinsame und das Differente in der Identität benachbarter Völker und Regionen zur Debatte steht. Versuchen wir, uns dem Problem in einigen Schritten zu nähern.[90]

Erstens: Anläufe, die deutsche, die österreichische, die tschechische oder die serbische Identität zu beschreiben, zeigen immer wieder, daß in der Beschreibung der Identität wesentliche Elemente ausgeschlossen werden. Sobald man über Identität spricht, melden die Historiker ihre Vorbehalte an. Man hat keine andere Chance, als über Identität zu lügen. Die Beschreibung hat nur den einen Sinn: daß ihr Scheitern deutlich wird und daß aus dem Scheitern Toleranz erwächst. In bestimmten Phasen macht dies Sinn: Gerade im Triumph nationalistischen Hochgefühls werden dominierende Charakteristiken einer Identität betont, seien es die Religion, ein historischer Mythos oder die Sprache. Doch in einer besonnenen Betrachtung gehört eine unendliche Vielfalt von Gegenständen, Kenntnissen, Erfahrungen, Stilen, Moden, Landschaften und Gefühlen zu dem, was Identität ausmacht. Kollektive Identität, wie sie sich im Begriff der „Nation" in den beiden letzten Jahrhunderten am deutlichsten manifestierte, will im Idealfall Kultur (vor allem die Sprache), Volk (die ethnisch-rassische Abgrenzung), Staat (die politische Einheit) und Bewußtsein (von der historischen Schicksalsgemeinschaft) zur Deckung bringen.[91] Das gelingt üblicherweise nicht. Aber es geht auch nicht um ein präzises Modell der Identität, um eine wissenschaftlich konsistente Beschreibung einer Gruppe; in den Zusammenhängen, in denen von Identität meist gesprochen wird, geht es in erster Linie um Gemeinschaftsbildung, um die Teilhabe an einer Gruppe, für die man einzustehen bereit ist. Dafür genügt es, *einige* dieser Potentiale *bewußt* zu machen – und sei es, indem man ein tüchtiges Stück *ideologischer Konstruktionsarbeit* leistet.[92]

Freilich wird der Grad der identitären „Unordnung" in jedem Fall zunehmen. Auch wenn nationalistische Strömungen auf die Deckung identitätsstiftender Größen – Sprache, Ethnie, Kultur, Staat – hinarbeiten, so gilt doch zugleich, daß eine solche Deckung in der realen Welt illusionär ist – und im Fortgang der Entwicklung zunehmend illusionärer wird. Die „reinen Inseln" bestehen nicht. Eric Hobsbawm hat ganz richtig festgestellt: „Ein ethnisch und/oder sprachlich begründeter Nationalismus, der für jede ‚Nation' einen eigenen souveränen Staat anstrebt, ist als allgemeines Programm nicht praktikabel, ist für die politischen und selbst für die ethnischen und sprachlichen Probleme der Welt am Ausgang des 20. Jahrhunderts irrelevant und hat mit hoher Wahrscheinlichkeit schlimme Folgen, wenn tatsächlich der Versuch unternommen wird, ihn in die Praxis umzusetzen."[93] Denn die trennscharfe Auszeichnung der nationswürdigen kulturellen Segmente muß im allseitigen Konflikt münden, weil jede Gruppe die Grenzen anders zieht. Die Verflechtungen moderner Gesellschaften über die Grenzen hinweg, die doch immer dichter werden, lassen ohnehin jede Nationalstaatlichkeit herkömmlicher Art obsolet erscheinen.

Zweitens: Historisch-biologisch sauber abgrenzbare Populationen gibt es fast nirgends – Ethnien sind „geworden". Und ethnisch homogene Gesellschaften gibt es selten. Viel eher handelt es sich um Gesellschaften, in denen ethnische Subgruppen zusammenleben; das können Einwanderergesellschaften wie die USA sein, Gesellschaften, in denen territorial konzentrierte und bewußte Minderheiten bestehen, wie in Spanien, Italien oder Österreich, oder Gesellschaften, die mehrere unterschiedliche Teilgruppen erheblicher Stärke umfassen, wie Belgien oder Kanada. Für Mehrheitsgruppen wie für Subgruppen und Minderheiten (in letzteren werden nationalistisch-regionalistische Potentiale oft noch deutlicher als im Identitätsstreben von Mehrheitsgruppen) gilt aber, daß das nicht gelingen kann, wozu die Identitätssuche verführt: nach dem *innersten Kern* von Individuen oder Gruppen zu suchen, nach dem Eigentlichen unter der Oberfläche, nach dem Bleibenden im historischen Wandel, nach dem zutiefst Eigenen. So werden auf der Suche nach der Identität kräftige ideologische Zuschreibungen vorgenommen und mythische Wesenheiten beschworen. Robert Michels vermerkt: „Die Völker tragen Ewigkeitsbewußtsein in sich. Daher die Entstehung zweier vaterländischer Mythen: eines Mythus des Woher, durch den sich die Völker ihren Ursprung von sagenhaften Helden oder schwach erkennbaren historischen Figuren ableiten, sowie eines Mythus des Wohin, der in der kollektiven Überzeugung einer besonderen göttlichen oder menschlichen kulturellen Mission wurzelt, welche das Volk den übrigen Völkern gegenüber zu erfüllen habe. Jedes Volk glaubt irgendein Primat zu besitzen."[94]

Was nicht in das vorgestellte Schema paßt, wird verdrängt oder ausgesperrt. Man bastelt sich die Geschichte zurecht. Geschichtliche Ergebnisse, ja Zufälle der Entwicklung werden in eine ferne Vergangenheit zurückprojiziert, um die erwünschte Gegenwart als ursprünglich gewesene Naturgegebenheit vorzustellen und sie so mit der Weihe der Historie, vielleicht gar eines Ursprungsmythos, zu versehen. Im Vergleich mit diesem Mythos ist die Gegenwart immer ein Sündenfall, und es gilt dem Ursprung wenigstens näherzukommen. Völker, Stämme und Rassen haben jedoch keinen unantastbaren, kristallklaren „Kern"; sie sind überall Mischphänomene. Serben und Kroaten beispielsweise sind kulturell und ethnisch eng verwandt, doch in historischer und religiöser Hinsicht haben sie unterschiedliche Erfahrungen gemacht: Bei den Serben sind Bezugspunkte das eigene Reich, die türkische Herrschaft, der Abwehrkampf, die orthodoxe Kirche, bei den Kroaten die ungarische und habsburgische Herrschaft und der Katholizismus. Der serbische Nationalismus, so wird vermerkt, „ist eine unentwirrbare Mischung aus Träumen von einstiger Größe, dem Mythos einer Opfernation sowie der realen Erfahrung mit einem Genozid."[95] Die Tatsache, daß sich Verhältnisse untrennbar mischen, trachten bestimmte Varianten einer Identitätssuche, besonders politisch-strategisch instrumentalisierte und emotionell aufgeputschte Strömungen, zu verschleiern. Wenn man aber ernsthaft identitätsstiftende Charakteristiken zusammensucht, so tut man gut daran, Abschied vom Prinzipiellen zu nehmen.[96]

Drittens: Identität ist in konzentrischen, aber auch einander überschneidenden Kreisen situiert. Es handelt sich um *abgestufte Identitätspotentiale*, die zu einem Ganzen sich erst fügen: Solidarisch sind wir mit unseren Familien, den Hausbewohnern, dem Bezirk, der Gemeinde; dazu fügt sich die Identität des Stadtbewohners, der Region, die Identität des Mitteleuropäers, des Europäers – nicht nur zwei, viele Seelen wohnen in unserer Brust. Es wären unterschiedliche Ebenen eines Hauses oder konzentrische Kreise, in denen sich diese Überlagerungen metaphorisch vorstellbar machen ließen.

Aber die Situation ist noch komplizierter, denn die Bindungen reichen, je nach Lebensbereich und kultureller Zugehörigkeit, unterschiedlich weit. Die Architektur der Budapester Innenstadt oder die Strandszenerie Abbazias wecken bei einem Österreicher heimatliche Gefühle. Treue Sommerurlauber fühlen sich aber auch in Lignano oder Grado zu Hause. Das kulturgesättigte Triest entzückt die Österreicher. Wissenschaftler oder Künstler sind auch in „ihren" Milieus in Berlin, Paris oder Boston heimisch, manche viel eher als in einem heimischen Dorf, und sie beschreiben ihre individuelle Identität auch in den Kategorien jener Milieus, in denen sie Verständnis finden und Dinge diskutieren, die sie interessieren. Opernsänger fühlen sich wohl im Ensemble ihrer Kollegen, auch wenn sie von New York nach Zürich, von London nach Wien pendeln, und sie fühlen sich ganz und gar nicht „ident" mit den Kulturbanausen ihrer eigenen ethnisch-kulturellen Herkunft.

Viertens: Der Abschied vom Prinzipiellen in der Identitätsdiskussion wird dadurch erleichtert, daß Identität ohnehin im Grunde *nicht zu beschreiben* ist. Befunde aus der Nationalismusforschung und der Rassenforschung zeigen, daß Versuche, zu haltbaren Abgrenzungen aufgrund „objektiver" Indikatoren zu kommen, scheitern. Die geschichtlich erschließbaren Tatsachen der Herkunft widersprechen den Geschichtslegenden, die sich Völker über ihre Abstammung und Herkunft erfinden. Die Beschreibung des „Wesens" der Völker ist also nicht an „objektiven" Tatsachen festzumachen. Bei den gruppenbildenden Gefühlen handelt es sich meist um Mystifikationen, um Zuschreibungen, die als Wir-Gefühl handlungsmächtig werden. Soziale Einheiten dieser Art sind zu einem großen Teil *„gedachte Identitäten"*. Sie beruhen auf Vorstellungen. Auch die „Nation" beruht im Grunde auf einer sozialen Konstruktion. Die *imagined communities* beschreiben ihre Gemeinschaft deshalb als eine zeitlos existierende, um ihr dadurch unangefochtene Legitimität zu verleihen. Aber diese Zeitlosigkeit ist höchst zeitgebunden, sie ist eine Konstruktion des Willens: Die „Nation" ist in der Tat ein *tägliches Plebiszit*. Das heißt natürlich keineswegs, daß Nationen nach Belieben geschaffen werden können. Es muß viel vorhanden sein, auf dem man aufbauen kann; aber man muß eben auch „bauen". Ist das „Material" widerspenstig, gelingt die Nationsbildung nicht: Belgien ist zu keiner wirklichen „Einheit" gewachsen.

Das Wesen der Nationalität, die nationale Eigenart, verweigert sich der Mitteilbarkeit: Es wäre nötig mitzuteilen, was sich nicht mitteilen läßt. Sprachlich ist dies schon deswegen schwierig, weil die Worte leicht ins Pathetische geraten; aber auch wegen der Unvergleichbarkeit dessen, was verglichen werden müßte. *Man weiß um das Besondere, solange man nicht gefragt wird.* Gerade dieser Umstand macht es freilich auch wieder möglich, Gemeinschaftlichkeit zu inszenieren, wo dürftige Grundlagen dafür bestehen; denn es bedarf geringer Anknüpfungspunkte, um Gemeinschaft in Ritualen und Festen, Gesängen und Denkmälern zu feiern.

Fünftens: In modernen Gesellschaften werden *Identitäten aufgelöst*, ja diese Gesellschaften erheben sogar den Anspruch darauf, sich vorgegebenen Identitäten nicht beugen zu müssen. Während in traditionellen Gesellschaften Identitäten durch stabile Lebensverhältnisse verfestigt sind und soziale Milieus lebensprägende Kraft besitzen, sind diese Kräfte in modernen Gesellschaften *verflüssigt* und *aufgelöst*, sie werden in kommunikativen Prozessen reproduziert und modifiziert. Diskursiv und medial vermitteltes Wissen wird ein Faktor in der Bestimmung solcher Zugehörigkeit. Dazu kommt der für die Moderne typische Anspruch, Identitäten *wählen* zu können. Es werden Ansprüche auf die Realisierung unterschiedlicher Lebensstile und auf den Entwurf von Strategien der Selbstentfaltung artikuliert.[97] Der Prozeß der *Individualisierung* ist kritisch auch häufig gleichgesetzt worden mit Bindungsverlust und Werterosion, mit Egoismus und Subjektivismus, mit Orientierungsunsicherheit und Relativismus. Damit wiederum verbindet sich eine Abkoppelung der Menschen voneinander, eine Lockerung der Verbindungen zu wertgebenden Herkunftsgemeinschaften.[98] Die Auflösung der persönlichen Identität und der Verlust der Gemeinschaft sind zwei Erscheinungsformen desselben Phänomens.

Dem Sachverhalt der Identitätsverflüssigung und dem Anspruch auf Identitätsgestaltung steht auf der anderen Seite die unstillbare Sehnsucht nach einer Zugehörigkeit gegenüber, die nicht zur Disposition steht, bei der die eingeforderte Wahlfreiheit suspendiert ist, bei der es um eine sich aufdrängende „Unterwerfung" geht. Zu den modernen Bewegungen gehören deshalb immer auch die *Gegenbewegungen*, und zu diesen zählen nationalistische und regionalistische Bewegungen, die Identität und Gemeinschaft neuerlich zu stiften versuchen. Die Bindung an die nationale „Schicksalsgemeinschaft" wird, wenn der Druck, eine „europäische Identität" zu entwickeln, zunimmt, insofern verstärkt, als die Identität des Neuen Europa keine wirklich lebensweltlich spürbare Fundamentierung aufzuweisen hat.

Der Rückgriff auf primordiale Faktoren wie Ethnie und Kultur, die Gemeinschaft stiften sollen, bedeutet allerdings nicht, daß der Gedanke der Zukunftskonstruktion wirklich zugunsten der Übernahme vorgegebener Muster der Vergangenheit aufgegeben wird. Idealbilder der Vergangenheit fließen vielmehr mit Idealbildern der Zukunft zusammen. Schon deshalb ist die nationalistisch-regionalistische Propaganda keine rückwärtsgewandte, reaktionäre Ideologie; sie ist gleichermaßen zukunftsorientierte, utopische Verkündigung: Das Ideal der erstrebten Zukunftsgemeinschaft wird aus fiktiven Bausteinen einer vorgestellten Vergangenheit gemauert. Dabei kann man sich aus einer Vergangenheit, die auch schon als unrealistische Beschreibung konzipiert ist, ungeniert bedienen.

Sechstens: Der *konstruktive Aspekt* der Identität verstärkt sich in der modernen Welt. Identität entspricht nicht mehr sozialen Verhältnissen, sondern erhält *reflexiven Charakter.* Nation erweist sich auch in jenen Fällen, in denen die Ideologisierung primordialer Faktoren – wie Sprache oder Herkunft – dominiert, als soziale Konstruktion: trotz aller Bekundungen, an Vorgegebenes, dem Willen der Menschen Entzogenes anzuknüpfen. Sie ist *nicht nur* reiner Willensakt und *nicht nur* Vorgegebenheit: Sie konstituiert sich in einem kulturell-politischen Prozeß, in dem es der Trägergruppen und der politischen Führer bedarf: Die kulturelle Intelligenz wirkt als „Sprachrohr" des Volkes, und „politische Entrepreneure" formen den Volkswillen. Zugehörigkeitsgefühle wachsen, wie geschichtliche Beispiele zeigen, nie von selbst; allenfalls bilden sich Gruppensolidaritäten in unmittelbaren Lebensbereichen von Familie und Stamm, nicht aber in größeren sozialen Einheiten. Im Kontext eines Staates oder einer größeren sozialen Gruppe entstehen sie durch politischen Willen: durch eine Führerschaft, die vorhandene Elemente, ob Rasse, Religion, Geschichte oder andere, als Identitätsgrundlage und Mobilisierungsfaktor verwertet.

Ernest Renan bringt es auf den Punkt: „Das Wesen einer Nation ist, daß alle einzelnen vieles gemeinsam und daß sie alle vieles vergessen haben."[99] Die Gemeinschaft der Nation ist Idee und Hoffnung, sie bedeutet Aufbruch und Erneuerung, sie verspricht Rettung und politische Gestaltung. Nationalismus und Regionalismus sind oft Bewegungen „von oben", die dazu verwendet werden, wirtschaftliche Prosperität und politische Demokratie zu ersetzen, im Sinne einer neuen Legitimierung der politischen Klasse. Zugespitzt heißt dies: Zugehörigkeitsideologien sind den Zugehörigkeiten im allgemeinen prioritär. *Der Nationalismus kommt vor der Nation.*[100] Nationalismus und Regionalismus offerieren „veranstaltete Begeisterungschancen".[101]

Daß Identitäten und Gemeinschaften *geschaffen* werden, dessen waren sich schon die Romantiker bewußt, die eine Gegenbewegung zur analytischen Aufklärung in massenpädagogischer Absicht ins Leben zu rufen trachteten: Es gelte eine Nation zu schaffen, sonst verliefen sich die Menschen in dieser unübersichtlichen Welt. So etwa Herder: „Das Vorurteil ist gut, zu seiner Zeit: denn es macht glücklich. Es drängt Völker zu ihrem Mittelpunkte zusammen, macht sie fester auf ihrem Stamme, blühender in ihrer Art, brünstiger und also auch glückseliger in ihren Neigungen und Zwecken."[102] Die Nation ist eine „vorgestellte politische

Gemeinschaft – vorgestellt als begrenzt und souverän."[103] Freilich: Gerade daran, an den fiktiven Abgrenzungen, mag man, eben deswegen, weil sie zu wirklichen werden, etwas Gutes finden. Der Sinn einer Nationsbildung besteht dann trotz ihrer „Beliebigkeit" darin, daß sie differenzierende Wirkungen aufweist: daß sie die Vielfalt menschlicher Daseinsmöglichkeiten auslotet.

Siebtens: Identität ist als soziale Konstruktion *handlungsträchtig* und *lebenswirksam.* In einer postmodernen Gesellschaft findet eine „Entdinglichung des Sozialen" statt.[104] Konkrete gesellschaftliche Handlungssituationen und sich darauf beziehende symbolische Strukturen fallen immer weiter auseinander. Lebenspraxis und Weltdarstellung driften voneinander. Die Welt drängt sich nicht mehr auf, sie muß gemacht werden. Welten, die gedacht werden, treten in die Wirklichkeit. Vorgestellte Identitäten werden zu Realitäten.[105] Gerade in Phasen der Verunsicherung, in denen die Lebensverhältnisse nicht mehr gewiß sind und nicht mehr unproblematisch weitergegeben werden können, sind Gemeinschaften dazu gedrängt, sich ihrer Einheit zu vergewissern und diese symbolisch zu repräsentieren, ja allenfalls eine verlorengegangene Einheit wieder zu generieren. Die Nationalismen der Gegenwart lassen sich denn auch unschwer als Verunsicherungsphänomene verstehen.

Wenn dies der Fall ist, liegt die Reaktion nahe, Nationalismen als irrelevante Phänomene abzutun: als unbegründete Fiktionen, als Hirngespinste verwirrter Menschen. Aber das wäre voreilig; denn es gibt sie nun einmal, und ihre destruktiven Kräfte sind bekannt. Der sozialwissenschaftliche Nachweis, daß es sich um Illusionen handelt, reicht nicht aus, um die Kraft nationalistischen Denkens zu brechen. Begriffe können zum politisch-ideologischen Verhängnis werden. Wenn das Repertoire der Variablen, aus denen sich nationalistische Propaganda munitionieren läßt, in das Denken der Menschen eingesickert ist, prägt es deren Sicht der Wirklichkeit. Fiktionen sind genauso handlungswirksam wie Interessen. Meist aber sind nationalistische Strömungen ohnehin unterfüttert durch ökonomische und politische Interessen, und darin findet die Wirklichkeitssicht eine zusätzliche Abstützung. Das Gemisch aus Realität und Fiktion, in welcher Gemengelage auch immer, setzt den Rahmen, in dem sich die Wirklichkeit dem Beschauer darbietet; es lenkt die Forderungen und Proklamationen; es heizt die Aufmärsche und Demonstrationen an; es gibt Übergriffen und Gewalttaten ihre vermeintliche Rechtfertigung. Wir mögen an Identität nicht glauben; aber wir müssen sie ernst nehmen.

MACHBARKEIT

Politische Gestaltung und Verzweiflung

Seit den siebziger Jahren sind die Industrieländer in eine *Krise der Machbarkeit* getaumelt. Die hehren Visionen der Technokraten werden nicht mehr geglaubt. Es ist gar nicht so lange her, als man dachte, man hätte die Wirtschaft (und die ganz Kühnen meinten: bald auch die ganze Gesellschaft) im Griff. Noch lagen die mitteleuropäischen Städte in Trümmern, da ließen sich die Menschen vom Siegeroptimismus anstecken, da waren sie, aus dem Traum germanischer Größe eben erwacht, froh, sich dem *american dream* hingeben zu dürfen, demzufolge die Welt wieder in Ordnung war. Man begann den Schutt wegzuräumen, aufzubauen, wiederherzustellen, sich das Leben neu zu arrangieren; man begab sich auf den Weg in die *Wohlstandsgesellschaft*, in die *Konsumgesellschaft* und in die *Dienstleistungsgesellschaft*.[106] Daniel Bell prägte in seiner Analyse der fortgeschrittensten kapitalistischen Formation den zusammenfassenden Begriff für die neue Wirtschaftswunderwelt: jenen der *postindustriellen Gesellschaft*.[107] Dies sollte eine *Bildungs-* und *Wissensgesellschaft* sein, mit Wissen als axialem Prinzip und mit qualifizierten Experten als neuen Eliten.

Das Modell paßte zu den Erfahrungen der Menschen, die sie, kaum der Nachkriegszeit entronnen, selbst mit Verwunderung zur Kenntnis nahmen: Die Wirtschaftsstatistiken bewiesen den steigenden Anteil des tertiären Sektors[108]; die sechziger Jahre brachten den Konsumgenuß; und die technischen Wunder – wie Jurij Gagarins Weltraumflug – begeisterten die Menschen. Mit Recht wähnten sie, noch einmal davongekommen zu sein. An das Vergangene wollte man am besten nicht denken. Von Politik und Ideologie hatten sie zunächst einmal die Nase voll, und so sollte die postindustrielle Gesellschaft eine entideologisierte, technokratische Gesellschaft sein. Mit Befriedigung nahm man Kenntnis vom *Ende der Ideologien*.[109]

Auch als die ideologischen Winde in den Sechzigern wieder heftiger zu brausen begannen, blieb man im Grunde technokratisch. *Die postindustrielle Gesellschaft ist die optimistische Inkarnation einer Technokratie.* Die Experten waren dabei, eine neue Gesellschaft aufzubauen, eine flexible

73

Gesellschaft, denn die tiefgreifenden Zerstörungen des Anfangs boten genügend freien Raum. Man begann aus Notwendigkeit, und der Erfolg ließ die Überzeugung wachsen, daß man nun tatsächlich die Gesellschaft im Griff hatte. Die Technokraten, besonders jene aus dem wirtschaftlichen Ressort, rühmten sich ihrer Leistungen, und der Erfolg schien ihnen wohl recht zu geben. Wachstum, Fortschritt, Lebensstandard, Reichtum ...

Natürlich war die Behauptung von der weitsichtigen Gestaltung der Gesellschaft im ganzen und der Wirtschaftspolitik im besonderen schon damals ein *Mythos*. In einem Rückblick auf diese Jahre schreibt der OECD-Experte Peter Sturm, „daß entscheidende und weitreichende Maßnahmen der Wirtschaftspolitik in der Mehrzahl nicht unter weiser Voraussicht der kommenden Ereignisse getroffen wurden, sondern unter dem Druck der (oftmals unerwarteten) Entwicklung". Die geschichtliche Entwicklung beweise, „daß die Antwort der Wirtschaftspolitik (und der Politik im allgemeinen) auf aktuelle Krisensituationen nicht unbedingt konstruktiv zu sein braucht: Wirtschaftspolitiker haben die Möglichkeit, Fehlentscheidungen zu treffen, und die Vergangenheit lehrt uns, daß sie davon reichlich Gebrauch machen".[110] Was allerdings eine Fehlentscheidung war, das wußte man immer erst viel später. In der aktuellen Situation war man jeweils davon überzeugt, das einzig Richtige zu tun.

Die technokratischen Überschwenglichkeiten sind im Strom der Geschichte versunken, das Selbstbewußtsein der Technokraten hat den wirtschaftlichen Turbulenzen der siebziger Jahre nicht standgehalten. *Linke* und *rechte* Technokraten sind gleichermaßen in Verwirrung geraten.[111] Denn auch die revoltierenden Studenten rund um das ominöse Jahr 1968 waren im Grunde sehr technokratisch, auch wenn sie dies niemals zugestanden hätten: in dem Sinne nämlich, daß sie meinten, eine neue Gesellschaft auf dem Reißbrett entwerfen zu können. Sie zweifelten wohl am Willen, nicht aber an der Fähigkeit des kapitalistischen Staates, eine „bessere Gesellschaft" gestalten und steuern zu können. Also waren auch die *„progressiven Technokraten"* von jedem Zweifel an den menschlichen Gestaltungsfähigkeiten frei, während die *„etablierten Technokraten"* – die im *Establishment* saßen, wie es nun hieß – im Vergleich mit ihnen geradezu bescheiden waren: Denn diese gestanden sich immerhin nur die Fähigkeit zu, die vorhandene gesellschaftliche Maschinerie zu steuern und zu verbessern, und sie waren natürlich mit dieser Maschinerie – und ihrer eigenen bevorzugten Stellung in ihr – im großen und ganzen sehr zufrieden. In der Macherperspektive waren sich jedoch beide einig, und beide waren von Hybris gekennzeichnet.[112] Was ein historischer Zufall war, das hielten sie für ihre eigene Leistung.

Mittlerweile sitzen die linken *und* die rechten Politikmacher ernüchtert und desillusioniert zwischen allen Stühlen: Nicht nur Allmachtsphantasien und Geschichtsmystiken sind dahingeschwunden, auch das handfest-technokratische Selbstbewußtsein ist schwer erschüttert. In der Mitte der siebziger Jahre geriet die wohlgeordnete Welt aus den Fugen: Die Ölkrise stürzte die Industrieländer in Turbulenzen, und die Versprechen der Jahre zuvor waren nichts mehr wert. Die Arbeitslosigkeit stieg, und niemand hatte ein Rezept dagegen. Der Club of Rome simulierte in seinen Modellen die Grenzen der menschlichen Existenz auf dem Raumschiff Erde, und die drohende Apokalypse wurde zu einem denkbaren Szenarium. Vielen Menschen wurde bewußt, was die „Macher" alles übersehen hatten. Aus der Euphorie wurde Angst. Und die Experten hatten keine Lösungen anzubieten.

Die „Macherperspektive" hat an Reputation eingebüßt. Wohl werden politische „Macher" eingefordert, doch schwebt immer schon die Einschätzung im Hintergrund, daß sie es ohnehin nicht schaffen. Wohl muß man in einer so komplizierten Welt auf die „Experten", die das ungetüme Vehikel steuern, vertrauen, doch hegt man dabei schon immer das Mißtrauen, es gehe einem die Selbstbestimmung verloren. Das Nachkriegsgefühl, schicksalhaft noch einmal davongekommen zu sein, wird von dem Unbehagen ersetzt, die Apokalypse erst vor sich zu haben. Das Vertrauen, daß die Zukunft einen immer höheren Lebensstandard bringen werde, ist vom Zweifel angekränkelt. Die Erwartung des ungebrochenen Fortschritts ist von Befürchtungen durchsetzt, daß man nicht einmal die Besitzstände werde wahren können. Die milieugestützten weltanschaulichen Selbstverständlichkeiten, mögliche Substitute für die Berechenbarkeit der Zukunft, sind gleichfalls dahingeschmolzen.[113] Die Individuen sind nicht mehr nach ihrer Herkunft verortbar und in ihren Weltsichten festgelegt. In einer individualistischen Gesellschaft hat jeder seine eigene Entscheidung zu fällen. Aber zugleich werden die Entscheidungen immer suspekter. Zweifel über das Gestaltbare kommen ja nicht nur auf, weil die Technokraten Erwartungen enttäuscht und damit ihre Inkompetenz bewiesen haben. Vor allem sind Zweifel darüber, was denn überhaupt gestaltbar sei, virulent. Am Ende sind die „Macher" gar nicht einmal schuld am Desaster, weil sie das Nicht-Machbare versucht haben und daran notwendig scheitern mußten?

Das Vertrauen, daß vieles der Gestaltung nicht bedürftig ist, daß es einen gleichsam automatischen Fortschrittsprozeß gebe, der auch ohne technokratische Steuerung in eine glänzende Zukunft führe, ist geschwunden. Das Lieblingswort der sechziger Jahre – „fortschrittlich" – ist zur Drohung geworden. Es gilt nicht nur das Nestroysche Wort, daß der Fortschritt ohnehin immer größer aussieht, als er wirklich ist; man hat die Nase voll vom „Fortschritt". Er wird mit einem Vokabular assoziiert, das Umweltverschmutzung, Übervölkerung, Ressourcen- und Energieverbrauch, menschenfeindliche Technik, Artensterben, Betonwüsten und Streß miteinander verbindet. Die Zweifel verstärken sich, daß sich die moderne Gesellschaft auf dem richtigen Weg befindet. Es verstärken sich auch die Zweifel, daß die Menschen überhaupt begreifen, was sie tun.

Die Krise der Machbarkeit ist demzufolge eine doppelte: Sie besteht darin, daß weder das Konstruktiv-Technische noch das Normativ-Visionäre auf selbstverständlichen Grundlagen beruht. Das heißt zum einen: Alles *muß* gestaltet werden, weil nichts mehr selbstverständlich ist, weil nichts mehr hingenommen werden kann, so wie es nun einmal ist; und zum anderen: Die Grenzen des Gestaltbaren stehen allzu deutlich vor Augen. Wir *müssen* Dinge tun, die wir nicht tun *können*. Wir *wollen* Dinge tun, ohne zu wissen, wie. Wir *fordern*, daß Dinge getan werden, ohne eine Vorstellung davon zu haben, wohin die Reise gehen soll.

Das große Versprechen, daß die planende Vernunft eine neue Ordnung und einen neuen Menschen erzeugen könne, ist in den Geruch totalitären Denkens geraten. „Es gibt keine liberale Utopie", vermerkt Joachim Fest.[114] Insoweit die westlichen Industrieländer liberal sind, sind es notwendig utopielose Staaten, und dies wird ihnen oft (in vorwurfsvoller Absicht) vorgehalten. Aber insoweit utopisches Denken zu Tage dringt, hat man sich davor zu fürchten. So kann man sich des Eindrucks nicht erwehren, daß jene, die zur Zukunftsgestaltung aufrufen, im Dunkeln pfeifen, um sich Mut zu machen. Zwei Unglaubwürdigkeiten ergänzen einander: die *Unglaubwürdigkeit des Ideologischen*: Der Ideologe wußte von vornherein, was der beste Weg in die Zukunft ist; und die *Unglaubwürdigkeit des Technokratischen*: Der Technokrat glaubte berechnen zu können, was der beste Weg ist. Aber die Ideologen und die Technokraten sind gleichermaßen in der Krise. Die *Krise des Politikmachens* besteht deshalb in der Kombination zweier Vakuen: Es ist zweifelhaft, was man machen will, und es ist zweifelhaft, wie man es machen könnte. Auf beiden Beinen hinkend, stolpern verstörte Individuen in das einundzwanzigste Jahrhundert.

MEDIEN
Die Illusionen der Illusionsfabrikanten

Die alten Tyranneien von Raum und Zeit werden endlich überwunden. Im globalen Dorf tratschen alle mit allen.[115] Die *Informationsgesellschaft* ist im Kommen.[116]

Informationsgesellschaft kann vieles heißen: erstens, daß immer mehr Computer und elektronische Geräte in den zahlreichen Nischen unserer Lebenswelt herumstehen und benutzt werden, und niemand könnte leugnen, daß dies offensichtlich der Fall ist. Man kann damit aber zweitens auch meinen, daß die ganze Gesellschaft in immer höherem Maße von Wissenschaft und Technologie, von Know-how durchtränkt ist, daß es sich um eine *Wissensgesellschaft* oder *Wissenschaftsgesellschaft* handelt, und auch das würde niemand bestreiten. Drittens kann man damit auf die Tatsache anspielen, daß es auch eine immer engere Verflechtung der Wirtschaft mit jenen Informationsnetzwerken gibt, von denen sie abhängig ist und mit denen sie gut verdient. Es besteht nicht zu Unrecht das Gefühl, der entstehende Weltmarkt sei im Grunde von den neuen Kommunikationsmöglichkeiten abhängig, und die modernsten Teile der neuen Weltwirtschaft haben unmittelbar mit der Produktion und der Verteilung von Information zu tun. Beides wirkt dahin, daß die globalisierte Wirtschaft gewissermaßen mit der Informationsgesellschaft identisch ist. Vielleicht geht die Analogie noch weiter: Die weltweite Vernetzung der Informationsströme bildet auch ein Modell für das, was sich – in abstrakterer Weise – auch im Wirtschaftssystem vollzieht: Das *Internet* wird sozusagen zur Metapher für die ganze *Weltwirtschaft*. Wie wir uns in diesem Ambiente fühlen werden, darüber gibt es zwei gegensätzliche Interpretationen.

Die einen meinen, wir würden uns großartig fühlen. Die Bürger werden gebildet sein und die Demokratie erhält eine neue Qualität. Neue Arbeitsplätze entstehen in Hülle und Fülle.[117] Das Wissen aller Zeiten und Völker ist jederzeit *at your fingertips.* Jede Art von Information ist auf Tastendruck zu haben, und dazu gibt es Teleshopping und Telebanking, der Tratsch in den Chatrooms, Spiel und Spaß. Angesichts all der virtuellen Welten brauchen wir die wirkliche beinahe nicht mehr. Das sind die Illusionen und Träume der *Informationsbegeisterten*.

Die Besorgten hingegen reden vom verkabelten Individuum, vom gläsernen Menschen, von der „schönen, neue Welt", vom Verlust der Wirklichkeit. Neil Postmans Prognose: Wir amüsieren uns zu Tode.[118] Die Ära der *couch potatoes* bricht an. Die Multimedien nivellieren auf dem untersten Niveau. Am Ende entgleitet die Welt, in der sich alle elektronischen Medien explosionsartig entfalten, der Beherrschbarkeit des Menschen, am Ende schüttelt sie alles, was einst „Sprache" hieß, alles, was den Dingen einst Bedeutung verlieh, ab. Es ist ein „nachsymbolisches" Zeitalter, das entsteht, eine Epoche, in der sprachliche Zeichen bedeutungslos werden, weil die Wirklichkeit durch alle Sinne auf den Menschen eindringt. Im digitalen Zeitalter löst sich die Gesellschaft auf.[119] Informationsexplosion und Kulturverfall gehen Hand in Hand.

Im Grunde wissen wir nicht, wie es sein wird. Aber fangen wir mit der *schlechten Botschaft* an. Wie immer es sein wird, richtig daran ist, daß es jedenfalls eine Informationsexplosion geben wird. Die Anzahl der übermittelten Bytes wird zunehmen. *Lawinen von Informationsmüll* werden sich über uns ergießen, und die Sorge richtet sich darauf, daß die Fähigkeit zur *Selektion* nicht wird mithalten können. Wir könnten im *data smog* ersticken.[120] Es werden wohl neue (technische und psychische) Auswahlmechanismen entwickelt; aber zunächst werden wir überfordert sein.

Der Großteil der Informationen wird *Schund* sein: wertlose Information; „wertlos" nach kulturellen, wirtschaftlichen, politischen und ethischen Kriterien. Sie wird den Informationswert einer Talk-Show haben. Bald wird schon die „Wahlfreiheit" im Fernsehen auf zweihundert Kanäle erweitert sein, und auf fast allen wird es denselben Unsinn geben. Irgend etwas kann mit der Theorie, daß die Konkurrenz Vielfalt schafft, nicht stimmen; die bisherige Erfahrung ist, daß die Konkurrenz Konformität und Stupidität schafft. Der frühere Fernsehintendant Gerd Bacher hat jüngst gesagt: „Die Hoffnung, daß sich der Schund abnützt, für diese Hoffnung spricht überhaupt nichts aus dem uns bekannten Verlauf der Kultur- und der Wirtschaftsgeschichte. Wir haben es mit einem laufend größeren Anteil von Schund zu tun. Ich bin vom Siegreichen des Schund überzeugt, solange es nicht eine bewußte aufklärerische Gegenströmung gibt."[121]

Die elektronische *brave, new world* ist darauf ausgerichtet, dauernde Erlebnisse zu vermitteln, und es wird immer schwerer, den erlebnisgewohnten Fernsehern etwas zu bieten – denn das Gebotene muß permanent überboten werden. Die elektronische Welt orientiert sich an einfachen Rezepten. Es wird die scheinobjektive Welt der Berichterstattung als Wirklichkeit unterschoben. Das Fernsehen liefert alles, was für das Fernsehen geeignet ist, nicht mehr und nicht weniger. Fernsehen muß nicht wahr sein, sondern lustig. Fernsehen muß nicht intelligent sein, sondern traurig. Es muß irgend etwas auslösen im Gefühlshaushalt der Menschen, irgend etwas, was sie veranlaßt, dran zu bleiben. Es siegt der, der am lautesten brüllt. Es kommt zur Einebnung von Relevanzen, zur bloßen Aneinanderfügung von Bildern. Das Rauschen der Informationen produziert Beliebigkeit. Man bekommt immer mehr Bilder zu sehen, aber keines bedeutet mehr etwas. Unsere Kultur gerät zum Panoptikum. Man resigniert nicht mehr vor dem Leid, sondern nimmt es einfach nicht wahr. Der ernsthafte Diskurs wird nicht unterdrückt, er löst sich im Kichern auf. Der Skandal wird zur Lebensform und die Katastrophe zum Hintergrundgeräusch.[122] Das Fernsehen, aufgrund seiner eigentümlichen Gesetzlichkeiten der wichtigste Wegbereiter und das wichtigste Symbol der *McGesellschaft*, produziert Unrast und Ungeduld. Es erzieht zu kurzen geistigen Wegen, und wer an diese gewohnt ist, will längere nicht mehr gehen.[123] Das „Prinzip des Diskurses" (einer liberaldemokratischen Öffentlichkeit) wandelt sich zum „Prinzip von Reiz und Reaktion".

Informationsmüll diffundiert, verbreitet von vazierenden Profi-Diskutanten oder lächerlichen Leuten-wie-du-und-ich in den sich wie eine Seuche ausbreitenden Talk-Shows, wahren Karikaturen sprachlicher Kommunikation. Auch der Austausch von „intellektuellen" Argumenten muß Unterhaltung sein. Die Machart ist wichtiger als die Sache. Vergnügen wird ausgestreut von launigen Präsentatoren, die vertraulich und unhöflich, lässig und locker mit ihrem Publikum verkehren. Zeitvertreib wird geboten von Animatoren, die schnoddrig als Spontaneität getarnte Oberflächlichkeit zelebrieren. Das globale Dorf ist nicht nur *global*, es ist auch ein *Dorf*.[124] Im Moment, in dem man nach den Sternen zu greifen glaubt, merkt man, daß man am Misthaufen sitzt.

Die Unterhaltungsdiktatur in der Juxkultur ist das Erbe für die nachwachsende Generation, für jene *couch potatoes*, die mit Öffentlichkeit nichts mehr im Sinn haben.[125] Sie halten es für die Kultur des Abendlandes, denn sie kennen kaum anderes. Bis zur Pubertät wissen die Kinder alles, was es in dieser Gesellschaft zu wissen gibt; sie haben alles gesehen und „erfahren" – denn das Fernsehen ist ihre Erfahrungswelt, und es bietet „alles", was es bieten kann. Erfahren heißt: stimuliert worden sein. Wissen heißt: gesehen haben. Nichts wird sie mehr anfechten. Sie sind elektronisch abgebrüht.

Die Erlebnisgesellschaft degradiert auch die Politik zu einer Abfolge von *events*. Es kommen andere Typen von Politikern an die Macht, und es entsteht eine neue Art, Politik zu treiben. Auf Dauer glauben die Menschen, daß das, was sie in den Nachrichtensendungen sehen, Politik ist. Die „strukturelle Neophilie" der Medien verpflichtet die Politik auf Kommunikationsdramaturgie, macht sie zum Showgeschäft.[126] Die Mediengesellschaft wird zur Spielwiese des Populismus, der denselben Prinzipien gehorcht – senden und sagen, was die Leute glauben, und so tun, als sei es neu.[127] Zwischen Politik und Einschaltquoten kann nicht mehr unterschieden werden: Man „sendet", was im Moment ankommt, und das wird laufend überprüft und korrigiert, um allen wechselnden Strömungen auf der Spur zu bleiben.[128]

Aber es gibt auch eine *gute Botschaft*: Es ist nun einmal eine Tatsache, daß es immer verläßlichere Informationen über Wirtschaft und Politik, über die nationale und die internationale Welt, über Natur und Kunst, über Kriege und Friedensschlüsse, über Fortschritte und Bedrohungen gibt, und sie sind in immer vielfältigeren Formen zugänglich. Auch die „echten Informationen" explodieren; nur gehen sie unter im Wust des Trivialen. Niemals zuvor hat es diese Vielfalt an Printmedien gegeben, niemals sind so viele Fernsehkanäle zugänglich gewesen (und sie bieten, irgendwann nach Mitternacht, auch Wertvolles), niemals zuvor hat man vom Schreibtisch aus elektronische Netze weltweit durchwandern können. Selbst wenn man Sex und Chat wegläßt, boomt das Internet.

Die *Selektionskompetenz* wird in diesem Szenarium zum entscheidenden Faktor: Was suche ich aus? Für den Durchschnittsbürger wird das Trivialangebot überwältigend. Für die meisten Menschen werden die seichten Gewässer des Fernseh-Hauptabendprogramms zum „Zeitstaubsauger". Das Angebot ist so reichlich und verlockend, daß sie zu anderem gar nicht mehr kommen. Sie sehen, was sie wollen: Action auf 40 Programmen, Heimat auf 10, Krimi auf 20, Talk auf 15, Sex auf allen. Sie haben keine Chance mehr, jemals etwas anderes zu sehen. Es fallen die ungewohnten Begegnungen, die sanft aufgezwungenen Bekanntschaften mit anderen Teilen des kulturellen Lebens weg. Allzu dicht waren diese Begegnungen nie, jetzt aber wird die Wahrscheinlichkeit minimiert,

Unerwartetes zu Gesicht zu bekommen. Warum sollte man auch? Wer Action will, kann Action in Hülle und Fülle haben, und warum sollte er dies nicht nutzen? Für die meisten Menschen gibt es immer weniger Anreize, sich mit beschwerlichen Informationen zu plagen; immer weniger an verläßlichen Grundlagen, die es erlauben würden, die Menge an Informationen zu ordnen; und schließlich immer weniger an persönlichem Bezug zu den Informationen, der die Daten für das persönliche Leben fruchtbar und deshalb interessant macht.

Seriöse Information, Nachdenken, Aufklärung wandert an die Ränder der Gesellschaft ab, in bestimmte elitäre Milieus. Die Informationsgesellschaft *erhöht* nicht die Allgemeinbildung, sondern läßt sie *absacken*, weil jeder nur noch in seinem reichlich ausgestatteten Informationssegment herumrührt. Sie führt zu Konzentrations- und Monopolisierungsprozessen: nicht nur bei den Informationsanbietern, sondern auch bei der Informationsrezeption.[129] Freilich – so müssen wir gleich einschränken – ist die Sorge, daß die Menschen von nun an – jeder für sich – nur noch in Bildschirme starren, zu einem guten Teil eine Intellektuellenperspektive[130]; das Idealbild früherer Kommunikationsdichte ist ohnehin romantisch und unrealistisch. Denn auch der intellektuelle Diskurs von Arbeitern und Bauern hielt sich seinerzeit in Grenzen: Da sind die alten Bauersleute auf dem Bankerl vor der Tür gesessen und haben in die Gegend gestarrt. Es gibt auch die alte Frau, die in der Nebenstraße an dem Fensterbrett lehnt und dem Gehen der Passanten zusieht. Es gibt auch die vielen Szenen, in denen man das lähmende Dahinkriechen einer ereignislosen Zeit mit Kartenspielen verscheucht hat. Es hat nicht nur romantische Erntedankfeste mit fröhlichem Gesang gegeben, sondern auch viel Ödheit im Leben. Für Mittelschicht- und Unterschichtpensionisten ist das *zeitfressende Fernsehen* ein Segen, einfach deshalb, weil es Langeweile verscheucht, weil es die Zeit vergleichsweise unterhaltsam vergehen läßt.

Aber kommen wir zur Nutzungskompetenz zurück. Sie wird entscheidend. Und es kommt hinzu, daß der Erwerb von Nutzungskompetenz für immer mehr Menschen immer schwieriger wird. Das heißt weiters, daß ein einmal akkumuliertes Humankapital gute Wachstumschancen hat. Es gilt der *Matthäus-Effekt*: Wer hat, dem wird gegeben. Wer schon viel weiß, hat ungeheure Chancen zum Wissenserwerb. Umgekehrt gilt aber auch: Wer mit einem Defizit anfängt, der bleibt im Defizit. Er kommt weniger leicht aus seinem Loch heraus. Es gibt so viele Möglichkeiten, sich die Zeit auch so ganz angenehm zu vertreiben. Es ist ähnlich wie auf dem Arbeitsmarkt: Die Qualifizierten können die neuen Ressourcen nutzen und sich immer höher qualifizieren; die mittleren Qualifikationen versumpfen in der Leichtigkeit der dargebotenen Trivialitäten und sacken ab; und die Unqualifizierten wissen nicht mehr, daß es eine andere Welt überhaupt gibt.

Für sie wird sich der Überbietungswettstreit der Sender verschärfen. Ein Beispiel: Der Trend geht dazu, daß die Seher nicht nur fiktionale Krimis, sondern wirkliche Ereignisse sehen wollen, und *Reality TV* liefert das: Polizisten werden bei ihren Einsätzen begleitet; Feuerwehrleute angeworben, um Live-Sendungen mit hinreichender Dosierung an *human touch* zu versehen. Ein Höhepunkt war schon die Live-Übertragung des Fluchtversuchs von O. J. Simpson, den rund 95 Millionen US-Bürger im Fernsehen verfolgen konnten. Da läßt sich noch mehr erwarten: Militärische Aufklärungssatelliten sind heute schon in der Lage, jeden Punkt auf der Erde in einer Auflösung von wenigen Metern sichtbar zu machen. Warum sollten wir es uns versagen, uns genußvoll Nahkampfaufnahmen im nächsten Krieg oder „echte" Aufnahmen von der Erdbeben-Katastrophe vor Augen zu führen?

Was aber geschieht mit der „alten" Medienwelt? Werden vom Bildschirm *Bücher* und *Zeitschriften* gelesen? Papierene Bücher dürften ungefährdet sein. Warum sollte, abgesehen von der raschen Information *über* Bücher, jemand so verrückt sein, die Gesamtausgabe der Werke Shakespeares vom Bildschirm lesen zu wollen? Es gibt sie bereits im Internet; aber jeder, der versucht hat, längere Texte (und ich meine damit wenigstens ein paar Dutzend Druckseiten) auf dem Bildschirm zu lesen, kennt die Unbequemlichkeit des Unterfangens. Das „echte" Buch, ebenso die papierene Wochenzeitschrift abends und sonntags im bequemen Sessel, bei einem Glas Wein, zu genießen, ist etwas anderes. In Büchern kann man blättern, etwas markieren, ihre sinnliche Qualität genießen. Warum sollte jemand Lust haben, das in der Freizeit zu tun, was er die ganze Woche ohnehin tut: in den Bildschirm starren? Aber „Leser" sind allemal kleine Gruppen. Immerhin ertappen sich selbst Internet-Fans dabei, das, was sie wirklich lesen wollen, zunächst einmal auszudrucken.

Wir haben also auf der einen Seite die nivellierenden Wirkungen der Massenkultur, auf der anderen die Verfügbarkeit vielfältigster Informationen; auf der einen die Informationsüberforderung, auf der anderen einen ungeahnten Reichtum an Informationschancen. Es wird sich eine *gespaltene Gesellschaft* entwickeln. Es wird die Masseninformationsangebote geben, in denen intellektuelle Regungen nach Tunlichkeit auf das allgemeine Verständnis- und Vergnügungsniveau eingeebnet werden. Und es wird eine Vielfalt an „Kultur- und Informationsgenuß" geben. Die „Wahlfreiheit" wächst, und die Kluft zwischen den massenmedial Vergnügten und den medial Gutinformierten wird ebenso wachsen. Das Informations- und Bildungsniveau der Bevölkerung wird nicht steigen, und es wird keine Qualitätssteigerung demokratischer Prozesse zu erwarten sein. Vielmehr werden sich die meisten Menschen aus den seichten Gewässern entertainigen Geplätschers nie mehr entfernen müssen, und jene, die sich der Informationsfülle bedienen, werden ihnen wie Gestalten von einem anderen Stern vorkommen.

MULTIKULTUR
Die Vereinbarkeit des Unvereinbaren?

Probleme, die in den Vereinigten Staaten längst zum Alltag gehören, ohne daß sie deshalb gelöst worden wären, erfassen die europäischen Länder am Ende des 20. Jahrhunderts: das Problem der alltagspraktischen Vereinbarkeit unterschiedlicher Kulturen, Fragen ethnischer und rassischer Gleichberechtigung. Wie lebt man im Gemisch einer multikulturellen Welt? Wenn wir uns umsehen, ist die Antwort klar: Man lebt offenbar im Zwiespalt. Womit man zuallererst konfrontiert ist, das sind die Spannungen zwischen der Vision der multikulturellen Gesellschaft und dem Alltag der Fremdenfeindlichkeit. Wir mögen die Fremden, und wir mögen sie nicht.

Die Grenzen Osteuropas haben sich unter lautem Jubel geöffnet[131], und ebenso rasch sind die Grenzbalken auf westlicher Seite wieder heruntergelassen worden. Der rasche Jubel über den Zusammenbruch des Kommunismus und die Befreiung der osteuropäischen Nachbarn hat im ersten Moment die Folgen verdeckt. Mit dem freien Grenzverkehr, so haben die Westeuropäer hintennach festgestellt, war ja nicht gemeint, daß alle, die besser leben wollen, einfach in den reichen Westen kommen können, von dem sie so lange vergeblich geträumt haben; und es war auch nicht gemeint, daß Personen aus fernerliegenden Regionen, aus Entwicklungs-, Armuts- und Hungergebieten, über diese Grenzen in die westlichen Konsumparadiese Einzug halten. Für unseren Konsum sind wir schon selbst zuständig. Mit der Aufhebung innereuropäischer Paßkontrollstellen werden die Passanten, die von außen kommen wollen, demgemäß umso sorgfältiger geprüft: Wenn sie erst einmal herinnen sind, kann man sie kaum noch kontrollieren.[132]

Nationalismen, Föderalismen und Regionalismen boomen, das Gerede über Identität und Staatsbewußtsein plätschert auf allen Tagungen – und immer geht es, offen oder verdeckt, um Gemeinschaftsbildungen, um Gemeinschaftsgefühle, um Zugehörigkeit.[133] Europa ist offenbar zu groß, um sich darin zu Hause zu fühlen. Schon die jeweils heimischen politischen Ereignisse sind schwer zu durchschauen, aber was in Brüssel passiert, das scheint auf einem anderen Planeten zu geschehen. Je unsicherer die Welt, desto stärker werden die Sehnsüchte nach heimeliger Zugehörigkeit.[134] Die europäischen Instanzen suchen dem mit einer pathetischen Dekoration des europäischen Einigungsprozesses gegenzusteuern, aber das Pathos will nicht recht greifen. Europa, das blaue Europa mit den Sternen, ist schon eine feine Sache, aber im Bewußtsein der meisten Bürger ziehen Gemeinde, Region und Nation vor.

Aus solchen Peinlichkeiten flüchtet man sich gerne in die visionäre Dimension der *multikulturellen Gesellschaft*. Sie ist einer der neuen Euro-Mythen; die semantische Stukkatur für das europäische Wirtschaftsgebäude; ein Wortgeklingel, das bestimmte kulturelle Milieus zu befrieden trachtet. Als Vorbild der „multikulturellen Gesellschaft" des nächsten Jahrhunderts, welche die Euro-Denker einem widerstrebenden Publikum schmackhaft machen wollen, wird das *melting-pot*-Modell, à la USA, empfohlen; eine Schimäre: denn inzwischen wissen wir, daß in den Vereinigten Staaten nichts verschmolzen ist, und daß neue Segregationen, selbst in Form ethnisch-föderalistischer Territorialsegmentierung, als Option der nächsten Jahrzehnte ernsthaft ins Auge gefaßt werden[135] – Kalifornien als „spanischer Staat"? Aber es kann auch um andere Formen des multikulturellen Zusammenlebens gehen, nicht nur um politische Abgrenzungen: um das freie Beieinander kulturell in sich homogener, voneinander separierter Gruppen; oder um die Durchdringung der Lebensstile, mit der Entwicklung einer neuen Euro-Kultur; oder um ein postmodernes Gemisch aller Kulturen. In jedem dieser Fälle schaut die Gesellschaft ganz anders aus, und jeder dieser Fälle bedingt eine ganz andere Strategie des Umgangs mit den Fremden. Irgendwie geht es freilich immer um „Einheit in der Vielfalt", um viele Bewohner im „Gemeinsamen Haus"[136] – Vokabeln, die vielversprechend klingen, aber nicht deutlich machen, wie man miteinander wirklich leben will. Es ist zumeist die Vision des bunten *Fleckerlteppichs*, die das *melting-pot*-Modell ablöst. Ist die moderne Gesellschaft schon individualistisch und pluralistisch, so kann sie gleich auch postmodern und multikulturell werden. Dies erhöht ihre Vielfalt, ihre Buntheit, ihre Faszination. So wird etwa die südfranzösische Hafenstadt Marseille beschrieben: „Reiche und Arme, Arbeiter, Studenten, Rentner und Händler, Juden, Moslems und Christen, Mozarbieten und Karbylen, Senegalesen, Marseiller, Franzosen und Algerier, Junge und Alte knüpfen soziale Bänder, entwickeln ein produktives Netzwerk des beständigen

Austauschs, eine ‚Raum-Zeit-Welt' großer Dimension, die nach Afrika, Asien und Europa geöffnet ist. An solch einem Ort hat der Begriff Immigration seinen Sinn verloren, man sollte besser von einer ständigen Fluktuation zwischen verschiedenen Welten sprechen."[137]

Das klingt schön. Aber die Sache verkompliziert sich dadurch, daß den verunsicherten Bewohnern der europäischen Länder beides zugleich versprochen wird: Auf der einen Seite werden die Vorzüge einer kosmopolitisch-pluralistisch-multikulturellen Welt versprochen; ein bunteres Ambiente; die ständige Aufgeregtheit des Exotischen; ein bereicherndes Erleben angewandter Toleranz. Auf der anderen Seite werden neben dem Volksfestambiente einer multikulturellen Welt auch kulturelle Beständigkeit, das Beibehalten von Eigenart und Identität, Heimat und Beheimatung zugesichert. Gerade die Eigenart der europäischen Länder soll – am besten durch Regionalisierung – auch in einem größeren Europa erhalten bleiben, als traditionelles Charakteristikum jener Halbinsel, aus der die Moderne erwachsen ist, und somit auch als Geheimnis abendländischer Dynamik. Im Hinblick auf die Vereinbarkeit der in Frage kommenden Kulturkreise stellen sich zumindest drei Probleme.

Das erste Problem betrifft die *Mehrheitsrechte*. Denn über die gefährdeten Rechte der Minderheiten wird – nicht zu Unrecht – häufig gesprochen, die Erörterung von Mehrheitsrechten wird aber peinlich vermieden. Welche Rechte hat die indigene Bevölkerung europäischer Territorien? Wie man eingewanderten Minderheiten die Chance zur Aufrechterhaltung ihrer Kultur bieten muß (innerhalb jener Grenzen, wie sie durch unaufgebbare Grundsätze der abendländischen Kultur gezogen sind), so muß man auch das Recht der Mehrheiten akzeptieren, ihre Lebensweise nicht durch allzu freizügigen Zuzug aus kulturell fernstehenden Ländern unterminieren zu lassen. Gegen Pizza an den Straßenecken und gegen ein paar marokkanische Gemüsehändler, gegen „schwarze" Straßenbahnfahrer und „gelbe" Postbedienstete ist nichts einzuwenden. Aber warum sollten nicht die Londoner oder die Pariser das Recht haben, den unverwechselbar „britischen" oder „französischen" Charakter ihrer Städte zu wahren? Dürfen sie ihren Lebensstil nicht verteidigen, aus lauter Rücksicht auf den Lebensstil von Einwanderern, die ihren eigenen Lebensstil sogar in einem anderen Land weitgehend wahren wollen? Und wenn die Zuwanderung mit entsprechenden Lebensstilkonsequenzen spürbar zu werden droht, darf man nicht gegen die weitere Zuwanderung protestieren, ohne gleich in das faschistische Eck gestellt zu werden?

Wenn Minoritäten im Lande einmal vorhanden sind, wird man sie im großen und ganzen gleichberechtigt behandeln müssen; man wird auch kaum unterbinden können, daß sie sich bevorzugt in bestimmten Stadtvierteln ansiedeln; und sie werden binnen kurzer Zeit einige Berufsgruppen „übernehmen" – schon weil man sie in andere nicht ohne weiteres hineinläßt. Wenn man in weiser Voraussicht feststellt, daß man die damit verbundenen Probleme vermeiden, also den spezifisch-gewohnten Charakter von Regionen und Städten wahren will, so kann ein solches Bestreben nicht von vornherein als „rassistisch" diskreditiert werden. Ist es mit Sicherheit als unmoralische Fremdenfeindlichkeit zu verstehen, wenn die Vision einer *Viennese Chinatown* oder eines Hamburger *Little Italy* – bei aller Wertschätzung der entsprechenden Restaurants – zumindest einen größeren Teil der gegenwärtigen Bewohner der Stadt mit Unbehagen erfüllt? Man kann natürlich auch argumentieren, daß Chinatowns und Little Italies echte bunte Bereicherungen für eine Metropole darstellen; aber man kann den Stadtbewohnern auch nicht das Recht absprechen, dies nicht wollen zu müssen.

Ob solche Bestrebungen zur Identitätswahrung allen anderen Überlegungen voranstehen können, ob also nicht mitmenschliche Verpflichtungen zur Hilfe für Flüchtlinge (immer, manchmal, in bestimmten Fällen) stärker gewichtet werden müssen als solche Wünsche nach Identitätswahrung, ist in konkreten Situationen zu diskutieren, da es doch im wesentlichen um Fragen der Dosierung geht; aber damit begänne erst eine fruchtbare Diskussion darüber, wie weit Mehrheitsrechte dieser Art gehen und wo sie ihre Grenze finden können. Ein moralisierender Kosmopolitismus vermeidet solche Abwägungen.

Das zweite Problem, das sich im Grunde ja hinter dem ersten verbirgt, betrifft die *Vereinbarkeit unterschiedlicher Kulturen*. Der multikulturelle Moralismus unterstellt die zwangslose Vereinbarkeit von allem und jedem: Alle müssen sich an die Verfassung und an die Gesetze halten, darüber hinaus bleiben die traditionellen Lebenswelten unangetastet. Aber es geht nicht nur um Pasta und Chicken Teryaki, um religiöse Riten und verschleierte Frauen. Das erste, ohnehin nicht sonderlich neue Problem taucht auf, wenn die liberale Gesellschaft des Abendlandes andere Auffassungen, Lebensstile und Kulturen nicht einfach respektieren kann, sondern mit Gruppierungen, Glaubensbeständen und Ideologien konfrontiert ist, die selbst ethnische oder rassische Überlegenheit beanspruchen und gegenüber anderen Kulturen nicht tolerant sind. Das

Beispiel Religion liegt nahe: Die Trennung von Religion und Staat war in Europa ein schmerzhafter Prozeß, er hat Millionen Tote gefordert. Integralistische Religionen lehnen diese Trennung ab: Recht und Politik sind nicht von der „innerlichen", „privaten" Sphäre des Glaubens zu trennen. Die liberalistische „Kunst der Trennung", die der Kommunitarist Michael Walzer als Tugend freier Gesellschaften[138] beschreibt, ist eine kulturspezifische Errungenschaft, die sich mit manchen anderen Kulturen in Kollision befindet. Wie intolerant müssen wir sein, um andere auf unsere Begriffe von Menschenwürde, Toleranz und Freiheit zu verpflichten?

Unaufgebbare Prinzipien einer liberalistisch-aufklärerischen Welt berühren nicht nur die politische Sphäre, sondern auch die private Lebenswelt. Gezielte Bemühungen um Assimilation gelten als unfeine politische Maßnahmen in einer Zeit, in der es als selbstverständliches Recht wie auch als selbstverständliches Bestreben von eingewanderten Minderheiten angesehen wird, ihre Herkunftskultur nach Kräften zu bewahren. Aber durch das Festhalten an grundlegenden Prinzipien ihres eigenen Rechtsverständnisses und Menschenbildes kommen die europäischen Länder gar nicht darum herum, einen rigiden Assimilationsdruck auf Einwanderer wirken zu lassen. Wenn nordafrikanischen Immigranten untersagt wird, an den Sexualorganen weiblicher Babies herumzuschneiden, wenn orthodoxe Islamis in bestimmte Regeln eines säkularisierten Staates gepreßt werden, wenn türkischen Familienvätern handgreiflich klargemacht wird, daß sie über das Leben ihrer achtzehnjährigen Tochter nicht mehr zu gebieten haben, wenn moslemische Kinder in ein koedukatives Schulsystem geraten, – dann ist die Unterscheidung zwischen dem Verfassungsrahmen, den es zu wahren gilt, und der freien Alltagskultur, die innerhalb dieses Rahmens nach Belieben blühen kann, ziemlich oberflächlich. Praktisch handelt es sich nämlich um tiefgreifende Eingriffe in die Alltagskultur, um einen weitgehend realisierten Assimilationsdruck, der von der Wahrung unverzichtbarer abendländischer Kulturbestände ausgeht. Es geht um die Stellung des Familienoberhaupts, um religiöse Gefühle, um Traditionen des Anstands und der Sitte, um fundamentale soziale Beziehungen zwischen den Menschen. Denn es wird nicht angehen, einzelne Gruppen von jenen Prinzipien auszunehmen, denen das Zusammenleben in einem liberaldemokratischen Staat westlicher Prägung unterliegt: von der Volljährigkeit mit 19 Jahren über die Trennung von Religion und Staat bis zur Gleichberechtigung zwischen Mann und Frau. Gleiches Recht für alle muß in einem Rechtsstaat gelten. Dem türkischen Familienvater, der seine Tochter wegen befleckter Familienehre tötet, weil sie sich mit einem Deutschen eingelassen hat, mag man mildernde Umstände zubilligen; aber was in der Subkultur moralisch geboten ist, darf nicht die inländische Rechtsprechung bestimmen.[139] Weitgehende Assimilation in vieler Hinsicht ist vorprogrammiert, und die damit verbundenen Konflikte und Auseinandersetzungen sind absehbar. Die Illusion der allumfassenden Toleranz verdeckt diese „Härten" multikultureller Konflikte.

Am gleichen Recht für alle wird auch dann nicht festgehalten, wenn die Vertreter von *affirmative action* und *political correctness* eine besondere Förderung der Minderheiten, insbesondere durch Quotenregelungen beim Zugang zu Schulen und Berufen, verlangen. Paradoxerweise führt das, was als Maßnahme zur gütlichen Aufhebung der ethnischen und rassischen Trennlinien gedacht war, dazu, diese Separationen zu verstärken. Denn durch die besonderen Förderungs- und Quotenregelungen wird die ethnisch-rassisch-kulturelle Herkunft nun nicht unwichtig, sondern ganz besonders wichtig, denn es gilt ja nun genaue Anspruchsberechtigungen und Quotenzugehörigkeiten festzustellen. Soziale Probleme und Konflikte werden demzufolge noch rascher mit ethnisch-rassischem Gehalt „aufgeladen", und insbesondere die Verletzung des Prinzips der Chancengleichheit, die mit einer Bevorzugung von Minderheiten verbunden ist, leuchtet in einer Gesellschaft, der dieses Prinzip lange Zeit eingebleut wurde, vielen Zeitgenossen nicht recht ein.

Das dritte Problem ist die offenkundig werdende *schichtspezifische Differenzierung* der Haltungen der inländischen Bevölkerung gegenüber den Fremden. Es ist eine oberflächliche und fehlerhafte Interpretation, Fremdenfeindlichkeit ideologisch nur in braunen Bodensätzen zu verorten. Der fremdenfeindliche Populismus erfaßt vielmehr wesentliche Schichten des Mittelstandes und der Arbeiterschaft. Die Einwanderungspolitik der Industriegesellschaften steht in der Schere zwischen den kosmopolitischen Humanitätsgefühlen bessergestellter Gesellschaftsschichten und den Gefährdungsängsten und Abschließungsforderungen des breiten Publikums. Es gibt zwei Hauptströmungen: Die Intellektuellen – darunter auch Linke, Grüne, Christen – möchten unter dem Einfluß starker Humanitätsgefühle die Grenzen weit öffnen; die große Mehrheit der Bevölkerung, umso eher, je weiter man auf der Skala der sozialen Schichtung nach unten gerät, möchte die Grenzen dicht machen. Die

Oberschicht hat ja auch wenig Probleme mit den Immigranten, schließlich wird ihre Lebenswelt durch deren Existenz kaum – oder nur in positiver Weise – berührt. Aber Multikultur-Probleme sehen aus der Sicht eines pragmatisierten Jazz-Konzert-Besuchers, der sich von schwarzen Musikern unterhalten und von italienischen Kellnern bedienen läßt, anders aus als aus der Sicht eines Arbeiters, der sich mit den Immigranten in scharfer Konkurrenz um Wohnung, Schule und Arbeitsplatz befindet.[140] Die Inländer-Ausländer-Konflikte können somit leicht zu einem Auseinanderdriften inländischer Sozialmilieus führen, zu einer Öffnung der Kluft zwischen den Normalarbeitnehmern, denen heutzutage ohnehin ein scharfer Wind um die Ohren pfeift, und den Intellektuellen, die sich ungefährdet auf die buntere Gesellschaft freuen.

In Wahrheit kann man das Postulat der Unantastbarkeit kultureller Herkunftssphären auch anders verstehen: als Abgrenzungsphänomen, das sich unter der Geste einer herzlichen Umarmung verbirgt. Denn die Heiligung der Herkunftskultur von Einwanderern durch die einheimische Intelligentsia zwingt die betroffenen Individuen in eine Repräsentanz, die sie möglicherweise gar nicht wollen: Jeder einzelne wird zum Vertreter einer Kultursphäre, die er als ganze vielleicht gar nicht vertreten will – zum „echten" Muslim oder Bosnier oder Russen oder Kurden. Und er wird zum Verräter an ihr gestempelt, wenn er individuell zu einer Synthese seiner vergangenen und zukünftigen Biographie in unterschiedlichen Kulturkreisen kommen möchte. Man läßt ihn nicht heraus. Man verweigert ihm die partielle Assimilierung, indem man die Nichtassimilierbarkeit unterstellt. Man pflegt einen „kulturellen Rassismus", als Ablöse des diskreditierten biologischen Rassismus.[141] Der Einwanderer muß seine „authentische kulturelle Identität" bewahren, auch wenn für seine Kinder eine gewisse Integration viel vorteilhafter wäre. Aber jede Teilassimilierung kratzt am Bild des Authentischen. Er hat authentisch zu bleiben – und damit ausgegrenzt.

PARTEIEN
Die Unverzichtbarkeit der Dinosaurier

Einst verbreitete sich in sozialwissenschaftlichen Gefilden die Mär von der *Omnipotenz* der „Volksparteien": Im Vergleich mit den herkömmlichen Weltanschauungsparteien stellten sie einen moderneren und erfolgreicheren Parteientypus dar – die Allerweltspartei, die *catch-all party*, als erfolgreicher organisatorischer Ausbruch aus den ideologisch-sklerotisierten Parteikirchen.[142] Die Volksparteien hätten eine höhere politische Kapazität aufzuweisen in bezug auf die parteipolitischen Grundfunktionen Integration, Problemlösung und Legitimation – sie seien sachlich, unbefangen, rational und pragmatisch; kurz: *Parteien der Zukunft.*[143]

Neuerdings verbreitet sich die Mär von der *Impotenz* der Volksparteien: Sie seien ineffizient, unflexibel, kartelliert, bürokratisiert, uneinsichtig, abgehoben und elitär – unbeweglich gewordene „Großtanker" ohne Manövrierspielraum, „Dinosaurier" mit großem Körper und kleinem Gehirn, raffgierige Polypen, die sich den Staat untertan gemacht haben, „ratlose Riesen". Die empirischen Sozialforscher sammeln fleißig Belege für den Prozeß des Niedergangs: Wahlbeteiligung, Konzentrationsgrad, Stammwähler, Mitgliederbestände, Vertrauenswerte und dergleichen. Wie man es auch dreht und wendet: Es ist eine traurige Geschichte. Der politische *rust belt* wird ausmanövriert durch flexiblere Konkurrenten. Es handelt sich um *Parteien der Vergangenheit.*

Zwei verschiedene Diagnosen – wie lautet die Krankengeschichte? Die differenziertere *Ätiologie des Verfalls* der Volksparteien, zu denen ja sowohl die Sozialdemokraten als auch die Christlichsozialen gehören, lautet ungefähr so: Die geschlossenen sozialstrukturellen und sozialkulturellen Milieus – der Arbeiter, der selbständigen Landwirte, des Kleinbürgertums – lösen sich auf. Die postindustrielle Gesellschaft führt zur Abnahme der *blue collar*-Arbeiterschaft, Dienstleistungen dominieren, teilweise wird gar das Ende der Massenproduktion beobachtet; in einem allgemeinen Prozeß der Individualisierung lösen sich sozial prägende Milieus der Arbeits- und Lebenswelt auf. Das hohe Wirtschaftswachstum und der steigende Wohlstand steigern die verfügbaren Lebensoptionen und pluralisieren die

Lebensstile. Der Ausbau des Sozialstaates erhöht den Anteil derer, die nicht mehr in den Markt eingebunden sind, sondern von staatlichen Transferleistungen leben; ein hohes Maß an Sicherheit wird geschaffen, und das schwächt Solidaritätserfordernisse. Der öffentliche Dienst weitet sich aus: Auch diese Gruppe ist nicht über Marktverhältnisse in die alten Konfliktlinien eingebunden. Die Bildungsrevolution löst die Individuen aus traditionellen Wissens- und Lebensformen; sie forciert Leistung und honoriert individuellen Erfolg. Die Massenmedien lassen das Informationsangebot explodieren und machen mit unterschiedlichen Lebensweisen bekannt. Das Bewußtsein urbanisiert sich, seine Inhalte säkularisieren sich.

Diese Veränderungen führen zum Entstehen einer neuen Mittelschicht, die neue Konsumweisen und individualisierte Lebensweisen pflegt; zur Pluralisierung der weltanschaulichen Auffassungen, wodurch alte Konfliktlinien (Arbeitnehmer-Arbeitgeber, Kirche-Säkularität) obsolet werden; zum Wandel hin zu postmaterialistischen Werten, unter Einschluß einer individualisierenden Geisteshaltung und der Artikulation direktdemokratischer Ansprüche; zum Bedeutungsverlust der Parteien als Vermittlungsinstanzen, denn es fallen Informationsfilter weg und herkömmliche Kommunikationskanäle verlieren an Bedeutung; zum Aufstieg der Unterhaltungsaspekte im politischen Prozeß und seiner Darstellung, also zur Erlebnishaftigkeit der Wirklichkeitswahrnehmung; zur Desorientierung und zur Attraktivität neuer Politikformen. Es kommt zu einem *Dealignment*-Prozeß, zu einer Ablösung von herkömmlichen Politikmilieus und klassenorientierten Parteien. Die sozialstrukturellen und sozialkulturellen Grundlagen bestehen nicht mehr, auf denen die Parteiensysteme fußten. Der Auflösungsprozeß geht nur deswegen so langsam vor sich, weil er sich in Generationsschüben durchsetzt. Was von den Großparteien noch übrig ist, ist im Grunde auch von gestern.

Diese negative Beurteilung der Großparteien als im Grunde überholter Institutionen ist von einigen Legenden, die als Selbstverständlichkeiten unseres politiksoziologischen Wissens gehandelt werden, geprägt.

Das wäre zunächst die *Legende von der Allerweltspartei*. Sie lautet: Volksparteien sind konturlos und sozial ortlos; sie maximieren Wählerstimmen, wo immer sie diese finden; sie haben jegliche Ideologie abgestreift und sind ununterscheidbar geworden; sie sind lose Kompositionen beliebiger Interessengruppen; sie haben kein Programm. – Die Wahrheit ist: Volksparteien haben sich geöffnet, aber die alten Milieus und traditionellen

Bindungen prägen nach wie vor das Innenleben, die Wählerschaft, die Organisation, die Reaktionsformen und die Programmatik. Der „Stallgeruch" ist unterschiedlich, und er ist immer noch entscheidend für die Karriere in der Partei, für Postenbesetzungen, für Vertrauenspotentiale. Parteibücher mögen an Wichtigkeit verloren haben; aber man weiß, wer zu „uns" und zu „denen" gehört. Die Volksparteien sind traditionell mit bestimmten Interessengruppen verbunden, und diese Verbindung funktioniert: Die Arbeiterkammer hat noch immer ein bißchen etwas mit den Sozialdemokraten zu tun. Die Volksparteien ziehen unterschiedliche Mitglieder an, und im Alltag der mittleren und unteren Funktionäre herrschen nach wie vor Lagermentalitäten. Sie sind „unechte Volksparteien". Sie denken viel programmatisch-ideologischer, als sie selbst merken. Im Zweifel fallen den Sozialisten die Steuererhöhungen ein und den Christdemokraten die Steuersenkungen. Im Zweifel sind es die Sozialisten, denen staatliche Vorschriften in den Sinn kommen, und Christdemokraten, denen die Bewahrung der Familie ein Anliegen ist. Die Funktionäre der Volksparteien sind zynischer, als sie sagen, weil sie den Wählern nach dem Mund reden müssen, wie es der demokratische Mechanismus erzwingt; aber sie sind viel weniger zynisch, als sie glauben, weil sie weltanschaulich an mehr glauben, als sie zu glauben meinen. Aber das heißt auch: Sie reden anders als sie handeln. Die Lager leben.

Dann gibt es die *Legende vom Geburtsfehler*. Sie lautet: Volksparteien werden von den unbereinigten Problemen eingeholt, auf die sie sich bei der Öffnung zur Allerweltspartei eingelassen haben. Sie zehren von der Loyalitätsreserve, welche ihre Anhänger mitbringen, doch richtet sich ihre Handlungslogik darauf, diese sozialkulturellen Bestände aufzubrauchen. Das Strukturproblem der Volkspartei ist ihre politische Treulosigkeit, insbesondere gegenüber ihren Stammwählern, und das ist ihr Grundfehler. – Die Wahrheit ist: Es gibt keine Alternative dazu, zwischen der Offenheit zu den Wechselwählern und der Treue zu den Stammwählern zu balancieren. Jedem praktischen Politiker ist diese Gratwanderung wohlbekannt. Eine einseitige Strategie – etwa des Beharrens im Traditionellen und der vollen Treue zu den Kernschichten – wäre schon viel früher gescheitert. Die Parteien haben die Auflösung der weltanschaulichen Milieus nachvollzogen, indem sie Stimmen im neuen Lager pluralistischer Diffusität gesucht haben; und sie haben daneben die traditionelle Klientel gepflegt, soweit es möglich war. Jede Rückwanderung ins gefestigte „Milieu" wäre verderblich. Die Volksparteien sind zum Drahtseilakt verdammt, und sie sind dadurch im Nachteil gegenüber Parteien, die mit großer Schärfe „einseitige" Anliegen vertreten – und einmal dies und einmal jenes sagen – können.

Sodann stoßen wir auf die *Legende vom Politikdefizit*. Sie lautet: Volksparteien hätten ihren Kredit verspielt, weil sie sich zunehmend als unfähig zum Politikmachen erwiesen hätten. Sie seien zu bürokratischen Apparaturen geworden, sie hätten sich vom Volk entfernt. Sie kämen mit den anstehenden politischen Gestaltungsproblemen einfach nicht mehr zurecht. – Die Wahrheit ist: Was der geforderte Staatsapparat und die großen Parteien als seine Träger in den letzten Jahrzehnten geleistet haben, grenzt ans Unvorstellbare. Die Jahrzehnte seit der Nachkriegszeit sind eine Erfolgsgeschichte sondergleichen, und es wäre absurd zu behaupten, dies alles sei in einer staatsdurchwirkten Gesellschaft nur *trotz*, nicht auch *wegen* des Staates und der regierenden Parteien geschehen. Selbst bei jenen Themen, bei denen Wahrnehmungsverzögerungen bestanden haben (wie im ökologischen Bereich), war der Lernprozeß enorm. Volksparteien sind in ihrer Gestaltungs- und Integrationsfunktion den Kleinparteien überlegen, die bislang keine Abdeckung der politischen Aufgaben – von der Analyse über das Lösungskonzept bis zur Umsetzung – leisten können. Aber gerade die Komplexität des politischen Handelns ist heute – besonders in einer Mediengesellschaft – den Wählern nicht mehr plausibel zu machen. Daher bekommen die Volksparteien gerade ihre wesentliche Leistung nicht mehr über die Bühne.

Weiters wäre an die *Legende vom kritischen Wähler* zu denken. Sie lautet: Die Bildungsexplosion der vergangenen Jahrzehnte hat eine Generation mit hoher formaler Bildung und Artikulationsfähigkeit hervorgebracht, eine kritische und kompetente Wählerschaft. Der hohe Anteil der Wechselwähler signalisiert diesen Kompetenzanstieg der Bürger. – Die Wahrheit ist: Die Informationsrevolution und die Zunahme der Bildungsabschlüsse haben ein soziales Milieu geschaffen, das intellektuellen Modeströmungen besonders gerne folgt. Es ist eine weitgehend inkompetente Verdrossenheitskultur oberer Mittelschichten, deren Vertreter ihre Vorurteile für Politikbeurteilungen halten. Der Größenwahn des intellektuell auf Zeitgeistzeitschriften heruntergekommenen Bildungsbürgers besteht darin, sich eine generelle, jeder Grundlage entbehrende Beurteilungskompetenz zu bescheinigen. Er glaubt alles zu wissen, was er zu wissen braucht. Das Selbstbewußtsein ist viel stärker gestiegen als die Kompetenz. Überheblichkeit wird kaum durch Wissen getrübt. Der

Mangel an Einsicht wird dafür durch eine vulgärpsychologisch ange-
heizte Betroffenheitskultur ersetzt. Man „fühlt", was richtig ist, und ist
sich dessen sicher, daß das reicht.

Eine weitere Variante ist die *Legende von der wünschbaren Ideologisierung*. Sie lautet: In früheren Zeiten, als geschlossene ideologische
Systeme verfügbar waren, haben Parteien noch gewußt, was sie wollen.
Mittlerweile haben sie ihre weltanschauliche Substanz aufgegeben und
ihre Wähler verunsichert. Es gilt daher, klassisches sozialdemokratisches
oder christlich-soziales Gedankengut wiederzubeleben. – Die Wahrheit
ist: Die Zeit für feste, abgegrenzte Ideologien ist vorüber. Es ähnelt der
nostalgischen Klage über die gute, alte Zeit, sich solchen Illusionen
hinzugeben. Gerade jene Intellektuellen, die eine Re-Ideologisierung
verlangen, wären die ersten, die sich mit Entsetzen dagegen verwahren
würden, „Parteikirchen" wiederzubeleben, und die ersten, die gegen
charismatische, omnipotente Führer Widerstand leisten würden. Offene,
differenzierte Weltanschauungen sind das Signum der Zeit, alles andere
ist Romantizismus.

Was wäre, wenn wir dies alles in Rechnung stellen, zu tun? Daß es sich
bei all diesen Vorwürfen um Legenden handelt, ändert nichts am Niedergang der Volksparteien. Legenden sind handlungswirksam, und für die
Politik gilt ganz besonders, daß das, was die Wähler für die Wirklichkeit
halten, eben die Wirklichkeit ist. Die Versorgung mit materiellen Gütern
ist jedoch auf Dauer keine ausreichende Basis für die Beziehung des
Bürgers zur Politik. Politischer Opportunismus bringt Augenblicks-
vorteile, wird aber auf längere Zeit ruchbar, und wollten wir an diesem
Prinzip nicht festhalten, müßten wir die demokratische Ordnung als
solche in Frage stellen. In einer Gesellschaft des Wirklichkeitsverlustes
kann man es freilich niemandem mehr recht machen. Versuchen wir also,
ein idealisiertes, gar: ein unrealistisches Bild der Politik in zehn Geboten
zu entwerfen.

Erstens: Abstrakt gelagerte *Programmdiskussionen* finden in einem
postutopischen Zeitalter keinen Anklang, bestenfalls höfliches Desinter-
esse; politische Visionen müssen sich an konkreten Zielen abarbeiten.
Parteiprogramme sollen nicht ellenlang oder medienkurz Fragen beant-
worten, die keiner gestellt hat. Das macht sie nicht ganz überflüssig, denn
Parteien brauchen zuweilen Material zur Diskussion ihrer selbst: Sie müssen ein paar Runden in Sachen „Selbstverständigung" drehen. Aber die
fiktive, ferne Zukunft mit ihrer idealen Gesellschaft ist tot. Die Menschen

schwanken zwischen der Vermutung, keine Zukunft mehr zu haben, und der Bedrängnis, zu viele Zukünfte zu haben, angesichts derer eine blinde Wahl zu treffen wäre. Parteien müssen Zukunftskompetenz gewinnen, und dazu brauchen sie *idées directrices*: Leitideen ihres Handelns. Sie dürfen sich selbst nicht nur als Stimmensammler verstehen, mit einem Programm zu dekorativen Zwecken: Irgendwann wird ein derart schlampig-zynisches Selbstverständnis nach außen spürbar. Sie müssen ihren Anspruch auf Weltanschaulichkeit und Deutungskompetenz – in offener und toleranter, nicht in fundamentalistischer Weise – wahren. Wenn hinter dem Handeln kein Wollen mehr steht, sondern nur noch das Prinzip des Machterwerbs, strahlt das Geschehen Unlauterkeit aus, und das wird spürbar.

Zweitens: Volksparteien müssen *Konturiertheit* anstreben, und zwar in einem ganz bestimmten Sinn: Sie dürfen nicht zu feige sein, Wünsche zu reihen oder abzulehnen. Sie müssen in der Lage sein, Prioritäten zu setzen. Sie müssen sich getrauen, das Notwendige zu tun – und dafür zu werben. „Führungsfähigkeit" – ohne permanentes Augenzwinkern – kommt an. Mit zuviel Strategie besteht die Gefahr, sich selbst auszutricksen. „Politische Unternehmer" sind gefragt. Ohne Prinzipien ist alles möglich; sind alle Ansprüche gerechtfertigt; drängen alle Forderungen auf Erfüllung; wird die Politik (und werden die Budgets) zwangsläufig überlastet. Werden zu viele Erwartungen geweckt, müssen sie enttäuscht werden, und die Politik erweist sich als unfähig, zu planen und Versprechungen zu halten. Politik im Dauerstreß trägt aber zur aufkeimenden Verdrossenheit bei, und diese Verdrossenheit setzt die Politik noch mehr unter Streß, so daß sie den Erwartungen noch weniger entspricht ...

Drittens: Politische Parteien müssen diese Konturiertheit auch für den *Bereich des Politischen* generell anstreben. Sie müssen versuchen, deutlich zu machen, was Politik leisten kann und was nicht. Sie müssen der Versuchung widerstehen, sich als omnipotente Helfer in allen Lebenslagen zu empfehlen. Die Möglichkeiten und Grenzen politischen Handelns müssen deutlich werden. Man kann nicht auf Dauer Versprechungen abgeben, die niemals eingelöst werden, und sich wundern, daß die Wähler verdrossen sind. Man kann sich nicht als allmächtig gerieren, während man sich immer wieder als hilflos entlarvt, und sich dann wundern, daß die Wähler den ganzen Zirkus nur noch für einen Zirkus halten. Man darf nicht versprechen, daß die Politik alles kann, während ihre praktischen Grenzen immer enger werden. Es ist unter Konkurrenzdruck schwierig darzulegen, was man alles *nicht* kann. Aber es muß klar sein, daß sich die Parteien mit den wirklich wichtigen Problemen der Menschheit beschäftigen, statt sich an den *petits fours* der Skandälchen und Problemchen zu delektieren, während die Weltordnung im Chaos zu versinken droht.

Viertens: Politische Institutionen sind *anti-egoistische Kristallisationspunkte* kollektiven Handelns. Der jüngste Aufschwung libertären Denkens ist mit einer breitgefächerten Diskreditierung der Staatlichkeit einhergegangen. Man hat Liberalität zu verbreiten versucht, indem man den Staat schlecht gemacht hat: Er sei unfähig, deshalb Privatisierung; er sei sklerotisch, deshalb Ausgliederung; er sei ineffizient, deshalb Interventionsverzicht. Damit leistet man nicht nur der generellen Politikverdrossenheit Vorschub, man wirbt geradezu für sie. Wie sollte man sich wundern, daß das politische Leben als Szenerie des Versagens betrachtet wird? Es gilt nun aber, liberales Denken mit einer Wertschätzung des Staates zu verbinden: Gescheite Liberale wollten immer schon wenig Staatseingriffe, aber einen starken Staat. Es ist nicht der Staat der Pluralismustheorie, die Resultierende aus allen Kräften, die an ihm zerren. Der liberale Staat ist nicht ein passiver Staat, einer, der sich von allen Interessenten herumschubsen läßt. Es ist ein Staat, der weiß, was er will; der das, was er will, auch durchzusetzen weiß; der aber seine Macht zurückhaltend, freiheitswahrend ausübt.[144]

Fünftens: Volksparteien brauchen gutes *Personal*. Längst ist die Politik zu einem Beruf geworden. Es ist kindisch, nach der sozialen Repräsentativität eines Parlaments zu rufen. Ein Mandat ist längst ein Vollberuf, mit vergleichsweise schlechter Bezahlung und der fatalen Versuchung zu „Umwegsrenditen", zu wenig arbeitsintensiven Zweit- und Drittjobs. Politikspezialisten haben sich herausgebildet, die „Kommunikationsspezialisten" als (charismatische) Parteiführer, die „Technokraten" für die eigentliche politische Aushandelungsarbeit, die „Leute aus dem Volke" für die Repräsentationsarbeit in den unteren Etagen, und so weiter. Alle müssen über bestimmte Grundfähigkeiten verfügen: Know-how über die Charakteristiken der Mitspieler, Kenntnisse über die Sache, kommunikative Kompetenz in Verhandlungen, Darstellungskompetenz – aber in jeweils unterschiedlichen Schwerpunktsetzungen. Ohne Machtmanagement geht es nicht; die Beherrschung der Machttechniken wiederum ist notwendig, aber nicht hinreichend: Mangel besteht vor allem an „politischen Technokraten", deshalb existieren weite Politikfelder in der politischen Praxis gar nicht. Dieser Mangel ist mit Strategien der Wahlrechtspersonalisierung nicht zu beheben, sondern er verschärft sich dadurch noch. Gerade auf lokaler Ebene dominieren üblicherweise Multifunktionäre als Volkstribune und Lokalgrößen, und Fachleute kommen kaum vor. Eine offenere Rekrutierungspraxis ist auf lokaler Ebene sinnvoll, während für die oberen Ebenen politische Professionalität unabdingbar ist. Auch die Inszenierung von Tugendhaftigkeit und Betroffenheit ist keine Qualifikation für die Politik, ebenso wenig wie die Inszenierung eines handfest-persönlichen Erfolges als Unternehmer.

Sechstens: Parteien brauchen *komplexe und ausdifferenzierte Organisationen*, ohne Schwerfälligkeit und Übersteuerung. Sie brauchen einen effizienten Kern, um den sich vieles anlagern kann. Die meisten Diskussionen über interne Strukturen sind überflüssig: Irgendeine Art arbeitsteiliger Spezialisierung in der Wählerbetreuung wird es geben müssen, und wie diese Gruppen zusammengehalten werden, das ist (besonders in einer bürgerlichen Partei) immer ein Problem. „Lean organization" muß nicht heißen, daß überflüssige Vereinigungen gestrichen werden: Die Parteiorganisation stellt auch eine Fülle von Positionen für Funktionäre bereit, für die ihre „Ämter" einerseits eine Gelegenheit für Aktivität, andererseits auch eine Verpflichtung zur Aktivität darstellen. Wenn die Ämter verschwinden, schwinden Aktivitätsanreize. Die Parteienfinanzierung muß großzügiger gestaltet werden; denn daß sich Parteien bei ihren Mandats- und Funktionsträgern durch sogenannte „Parteisteuern" bedienen, ist nichts anderes als ein Mitschneiden bei parteivermittelten Pfründen – in ökonomisch-struktureller Hinsicht ähnelt dies der Schutzgelderpressung durch die Mafia.

Siebtens: Den Volksparteien muß es gelingen, stärkere *partizipatorische Elemente* in ihre internen Politikprozesse einzubauen. Es muß originelle Veranstaltungsangebote auf den unteren Ebenen geben: möglicherweise „Bürger-Enqueten", „Planungszirkel" und ähnliche Institutionen. Dabei sollen – wenn möglich – nicht nur Wunschlisten an das politische Christkind verabschiedet werden; auch das Bewußtsein für vorhandene Planungs- und Interventionsinstrumente und für die Grenzen des Machbaren soll geweckt werden. Gegen den großen Trend der Institutionsverdrossenheit ist ohnehin kein Kraut gewachsen; das spüren alle Institutionen, von den Kirchen bis zu den Jugendorganisationen. Ritualisierte Muster der Parteiarbeit widerstreben dem Wunsch nach Spaß, Sinnlichkeit, Spontaneität, Reizwechsel, Spannung, „Action". Die Gesellschaft strebt der Entinstitutionalisierung zu: Auch im Privatleben und im

Wirtschaftsleben werden Leistungen im Bedarfsfall zugekauft, ohne dauerhafte Fixierung; so auch bei den Freizeitklubs und den Parteien. „Direkte" Artikulationsmöglichkeiten (durch eine selbstgegründete Bürgerinitiative) erweisen sich meist als rentabler. Do-it-yourself-Politik bietet direktere Aktion. Die partizipatorische Kultur muß mit klaren Entscheidungen einhergehen, sie darf nicht im basisorientierten Opportunismus, in blindem Demokratismus oder in der Betroffenheitsideologie enden. Demokratie ist ein formaler Mechanismus, und dieser führt selbstverständlich nicht zwingend zu guten oder richtigen Ergebnissen.

Achtens: Parteien sind als politisierte Teile von Milieus entstanden, haben sich dann verselbständigt und politikferne Institutionen (partei)-politisiert. Die Allgegenwart der Parteien in verschiedenen sozialen Feldern hat sich überlebt; *Rückzug* ist angesagt. Man sollte dies nicht nur als Machtverzicht sehen, zumal Macht in vielen dieser Bereiche ohnehin nicht mehr ausgeübt werden kann oder ausgeübt wird. Der Rückzug ist auch eine Entlastung. Die Probleme der prekären Machtbalancen von Gegnern im Abrüstungsprozeß sind allerdings bekannt; wenn der andere nicht abrüstet, macht man sich durch eigene Abrüstung wehrlos, und die Versuchung, im Zuge der Abrüstung des anderen eine Zehe in der Tür zu behalten, ohne daß er es merkt, ist übermächtig.[145] Deshalb setzt sich der Skrupellosere oft durch, und soll dies nicht geschehen, müssen alle mitziehen; *ein* Skrupelloser genügt deshalb, um die Sitten *aller* zu verderben.

Neuntens: Der Aufstieg der *medienorientierten Politik* führt zu einer Simplifizierung und einer Kurzatmigkeit des politischen Geschehens mit langfristig fatalen Folgen. Politik erscheint nur noch als Spiel mit Worten; als endlose Reihe wechselseitiger Beschuldigungen und Dementis; als Serie von geschwätzigen Stellungnahmen, in denen nichts Neues gesagt wird; als öffentliches Halbdenkertum. Das mühsame Ringen um Lösungen verschwindet, es wird als langweilig abgetan. Die Potemkinsche Politik setzt sich von der „wirklichen Politik" ab. Auch wenn man sich dem Sog der Medien und dem Konkurrenzdruck der Gagpolitiker schwer widersetzen kann: Es muß der Versuch eingefordert werden, immer wieder die Komplexität der Dinge hochzuhalten. Hyperaktivismus kann zurückschlagen. Ein Kasperl hat Lacherfolge, aber wenig Gefolgsleute. (Oder zeigen neuere Entwicklungen, daß dies doch mehr Hoffnung als Tatsache ist? Daß die größeren Opportunisten siegen? Aber vielleicht sind auch deren Stunden gezählt?) Es herrscht allenthalben zu große Angst vor der Seriosität. Seriosität kann als solche Gewicht erhalten, allein durch das, was sie suggeriert, auch wenn vorgetragene Argumente vom Bürger im einzelnen nicht nachvollzogen werden können, weil sie zu kompliziert sind. Aber sie wird den Politikern schwergemacht, nicht zuletzt durch auflagenstarke Zeitungen, die selbst Politik machen wollen: die der Regierung in aller Deutlichkeit vorschreiben, was zu tun ist, und im Falle ihrer Widerspenstigkeit zu diffamierenden Kampagnen greifen; neue Tycoons, welche die alten abgelöst haben.

Zehntens: Die Distanz zum politischen Leben wird von einer Reihe von *Skandalen* gespeist, deren nähere Auflistung sich erübrigt. Die Undurchschaubarkeit des politischen Geschehens läßt für die Wähler zu einem guten Teil nur noch Vertrauensentscheidungen übrig: Sie reagieren sauer, wenn ihr Vertrauen enttäuscht wird, und sind meist sehr nachtragend. Da – wie Konservative mit gutem Grund glauben – die Natur des Menschen schwach ist, sind Kontrollen und Ämterunvereinbarkeiten vorzusehen. Aber auch die wohligen Einbettungen der politischen und (noch mehr) der quasipolitischen Klasse in privilegierte Positionen sind abzubauen. Die Unappetitlichkeiten der Politikerversorgung sind (unter äußerem Druck) im Abnehmen; Rückfälle in dieses „Versorgungsdenken" schlagen immer höhere Wellen. Das Prinzip darf nicht sein: Systemstabilität ist erreicht, wenn jeder Beteiligte vom anderen weiß, welche Leichen er im Keller hat.

Solche Thesen lassen sich aus der Zuschauerrolle heraus leicht entwickeln: Praktische Politik ist ein hartes Geschäft. Politiker sind durchaus sensibel, vor allem, wenn es um ihre Machterhaltung geht. Alle die genannten Prinzipien sind außerdem keine Garantie für den Erfolg; aber sie gehören zur Bedingung seiner Möglichkeit. Ob die „Volksparteien" dem Ansturm populistischer Bewegungen standhalten können, bleibt offen. Bedenkenlosigkeit ist fast immer im Vorteil. Schließlich würden wir es heute auch ganz nett finden, wenn noch ein paar (kleinere) Dinosaurier leben würden; aber sie sind nun einmal ausgestorben. Was einmal ausgestorben ist, läßt sich nur schwer wieder herstellen. Deshalb sollten wir im Grunde, bevor wir sie dahinsiechen lassen, ganz sicher sein, daß wir die Volksparteien nicht mehr brauchen. Die Krise ist ernst; aber es gibt nur *eine* Alternative zu den Volksparteien: die *autoritäre* Lösung.

POLITIK

Zwischen Autismus und Postmoderne

... the term autism refers to apparent withdrawal from the outside world, self-absorption, and lack of communication with others ... So heißt es in der *Social Science Encyclopedia* in einem kurzen Artikel über *Autism,* von dem uns einige Passagen bei unseren Überlegungen über den „Autismus-Gehalt" moderner oder postmoderner Politik begleiten sollen.[146] Schon diese erste Definition des Autismus macht stutzig und läßt fragen, ob wir wohlberaten sind, diesen Begriff auf das politische Geschehen anzuwenden: „Rückzug von der Außenwelt" soll die Politik kennzeichnen? Tanzen sie nicht ohnehin auf allen Hochzeiten, die Politiker, drängeln sie sich nicht zu allen Eröffnungen, zu allen Gelegenheiten, bei denen Menschenmassen anzutreffen sind, überall dorthin, wo ein Blitzlicht zuckt und eine Kamera Lächeln heischt? Ist es nicht ihr Problem, daß sie allzu *nicht-autistisch* sind, allzu opportunistisch, allzu „anschmiegsam", auf jede Bewegung und Strömung reagieren, gar nicht mehr in sich ruhen, gar nicht mehr ihren eigenen Politik- und Ideologievorstellungen folgen, sondern von jedem Umweltimpuls geschüttelt werden?

Die Politik ist allgegenwärtig, sie vermischt sich mit allem, und doch gilt zugleich das Gegenteil, ist sie abgeschlossen, ja vom Politischen selbst isoliert, in Wahrheit fast nur noch mit sich selbst beschäftigt. Um diesen Widerspruch zu verstehen, müssen wir die Idealbilder der Moderne und der Postmoderne unterscheiden.[147] *In der Moderne gilt:* Der Prozeß der *Modernisierung* ist einer der zunehmenden Differenzierung. Institutionen, die früher verschiedene Funktionen wahrgenommen haben, spezialisieren sich. Religiöse Funktionen, Erziehungsfunktionen, wirtschaftliche Funktionen werden aus der Familie ausgegliedert, und die unterschiedlichen Lebensbereiche folgen unterschiedlichen Spielregeln. In der Wirtschaft bekommt man alles gegen Bezahlung, in der Politik geht alles nach dem Gesetz. In der Kultur kann man sich unterhalten; in der Politik herrscht das Bild des ernsthaften, rationalen und mündigen Staatsbürgers vor. In der Familie dominieren Liebe, Vertrautheit und Emotion; in der

Politik geht es um Sachverstand und Entscheidungskraft. Die Zuordnungen stimmen. Die Kategorien sind klar. Man weiß, womit man es zu tun hat.

In der Postmoderne gilt das alles nicht mehr. Galt die Moderne als Prozeß der Differenzierung, so ist die Postmoderne ein Prozeß der De-Differenzierung. Es verschwindet beispielsweise der Unterschied zwischen dem *Ästhetischen* und dem *Politischen*: Wie etwas gesagt wird, ist wichtiger als das, was gesagt wird. Der Unterschied zwischen dem *Privaten* und dem *Öffentlichen* wird nicht mehr wahrgenommen: Politiker werden nach ihrem Privatleben beurteilt, nicht nach ihrer Politik. Es vermischen sich das *Moralische* und das *Politische*: Politik wird moralisiert. Es verschwimmen das *Gesellschaftliche* und das *Politische*: Alles ist Politik.

Aber auch wenn alles in allem aufgeht, so ist die Politik paradoxerweise doch autistisch. *Sie reagiert nämlich nur noch auf Politisches*, und darunter ist das „Eigenleben" der Politik zu verstehen. Die Sache an sich ist verschwunden, das Gemeinwohl ist dahingeschmolzen, Ideologien und Tugenden gelten als lächerlich. Politiker sind zynisch geworden. Sie mußten es werden, bei all ihren Erfahrungen, und eine gewisse Abgebrühtheit wird ihnen hoch angerechnet, besonders dann, wenn sie zuweilen durch Sentimentalitäten, die als authentischer Ausdruck tiefster Menschlichkeit und „Betroffenheit" arrangiert werden, unterbrochen wird. Sie werden nur noch dann hellhörig, wenn es um *ihre* Sache geht – um Wählerstimmen. Das System verkehrt vorzugsweise mit sich selbst, es ist *selbstreferentiell* geworden: Es antwortet nur noch auf kompatible Mitteilungen. Trick gegen Trick. Pressekonferenz gegen Pressekonferenz. Untergriff gegen Untergriff. Alles andere kommt bei den Akteuren nicht mehr an, prallt ab von den Informationsbarrieren. Die politischen Prozesse verselbständigen sich. Das politische Geschehen löst sich von den sachlichen Problemen, es schafft sich seine Probleme selbst, es wird zu einem freilaufenden Kommunikationsprozeß, der seine eigenen Wichtigkeiten und Unwichtigkeiten generiert.[148] Der Verkehr verschwindet, wenn es um Verkehrspolitik geht. Die Kunst verschwindet, wenn es um Kunstpolitik geht.

Es geht nicht mehr um politische *Leistungen*, sondern um den Vergleich politischer *Mitteilungen über Leistungen*. Wer bekommt seine Botschaft besser über die Bühne? In postmoderner Sicht werden nicht Informationen produziert und übermittelt, sondern es werden im Kommunikationsprozeß Wirklichkeiten konstruiert; es wird eine neue elektronische Realität geschaffen, die sich selbst genug ist. Der Kanzler lächelt, also ist er ein guter Kanzler. Der Kandidat ist so fesch, also ist er ein guter Bürgermeister. In der Hyperrealität[149] ist es nicht mehr möglich, das Wirkliche vom Imaginären zu trennen, das Zeichen vom Bezeichneten, das Wahre vom Falschen. Es ist eine *Gesellschaft der Simulacra.* Simulacra sind Bilder, die keine Originale haben oder deren Originale verloren sind. Die Originale werden nicht mehr benötigt. Man braucht keine Kultur mehr, die Kulturpolitik genügt, und sie muß bloß noch den Anschein erwecken, als gäbe es Kultur in diesem Lande. Es genügen Bilder, besonders dann, wenn sie im Fernsehen sind. Politik hantiert – ganz im Einklang mit „ihrer" Gesellschaft – mit informationellen Impulsen, die nichts mehr bezeichnen, die sich auf keine wirklichen politischen Probleme oder Lösungsversuche beziehen. Ein „politisches Problem" ist das, was im Fernsehen war, und wenn es nicht im Fernsehen war, ist es kein politisches Problem. Die Bilder, die in Interviews, auf Pressekonferenzen, in Presseaussendungen und auf Großveranstaltungen vermittelt werden, nehmen die Gestalt der Wirklichkeit an. Ein großer Mann ist der, der schon oft im Fernsehen war, und war er nicht im Fernsehen, ist er kein großer Mann. Eine *Politik der Simulacra:* Bilder genügen sich selbst. Politik genügt sich selbst. Die Außenwelt ist wurscht. Es ist alles wurscht; nur auffliegen darf es nicht.

... *abnormal responses to sensations* ... Die Gegenwartspolitik hat es mit einer *vergnügten Gesellschaft* zu tun, die sich als verdrossene aufführt. Sie kennt keine Probleme. Auf die Erlebnisse kommt es ihr an. Seine Hetz will man doch haben. Alles andere wäre schwerfällig; verlangt sind Vergnügen, Witz, Ironie und Spiel. Das finden auch die Jungen *cool.* Die Politik orientiert sich deshalb auch am Disneyland, dem wahren amerikanischen Kunstwerk, der „Sixtinischen Kapelle" Amerikas, wie Umberto Eco einmal vermerkt hat.[150] Disneyland ist eine Welt für sich. Sie braucht keine Außenwelt. Sie birgt alles innerhalb ihrer Mauern. Was sie nicht birgt, das braucht man nicht. Auch die Politik bietet eine virtuelle Welt. Was sie nicht anbietet, das gibt es nicht. Politik ist alles.

Die Politik hat erkannt, daß die Wähler „Brot und Spiele" wollen: Sie wollen nicht nur sichere Arbeitsplätze und eine ausreichende Sozialversicherung, sie wollen in einer recht luxuriösen *McGesellschaft* vor allem *Spaß* haben. Wählern, die ein unterentwickeltes liberal-demokratisches Bewußtsein besitzen, weil sie es gewohnt sind, daß der Staat für alles sorgt, ist in der Tat schwer klarzumachen, warum der Staat nicht auch für den Spaß zuständig sein soll. Alles gibt es auf Krankenschein – warum nicht auch den Spaß? Deshalb hat die Politik das Verlangte zu liefern: die *Erlebnisgesellschaft*, die *Erlebniswelt*, die *Erlebnispolitik*. Ergebnisse sind nicht von Belang, es ist wichtig, dabeigewesen zu sein.

... immature rhythms of speech, limited understanding of ideas, and the use of words without attaching the usual meaning to them are common ... Über einen „unreifen Sprachrhythmus" als Kennzeichen des politischen Geschehens müssen wir nicht lange reden; man höre nur genau zu, was Politiker auf Parteitagen und Pressekonferenzen von sich geben. Über das „begrenzte Verständnis von Ideen" gibt es auch nicht viel zu sagen; man verfolge nur die Äußerungen von Politikern über einige Zeit. Sie *können* aber auch nicht mehr wissen, was sie sagen. Die Dinge sind zu schwierig, und die Arbeitskraft ist begrenzt. Politiker tanzen auf dünnem Eis, und sie tun dies mit Bravour. Sie werden als Universalgenies gefordert. Sie müssen alles wissen, alles können, aus der Hüfte jederzeit Auskunft geben können. Der Durchschnittsbürger hätte längst seine Magengeschwüre und litte längst unter Schlaflosigkeit, müßte er unter derartigen Informationsdefiziten Entscheidungen fällen – und in der Tat kommt das ja auch bei vielen Politikern vor. Auch die *Toleranz für die Inkonsistenz des eigenen Denkens und Handelns* muß unter diesen Umständen zunehmen. Es ist nicht verwunderlich: Wenn es immer so und anders auch geht, wenn immer etwas gilt und doch nicht gilt, wenn das eine und gleichzeitig das andere gesagt wird, wird die Politik diffus. Eine *fuzzy politics* entsteht: eine Politik des Ungefähren, des Bloß-nicht-Scharfkantigen, eine Politik des Nebels. Im Nebel ist man auf sich selbst zurückgeworfen. Die Außenwelt verschwindet, und das ist manchmal durchaus bequem.

Der sozialdemokratische Politiker verspricht gleichzeitig staatliche Mehrausgaben und eine Verringerung des Budgetdefizits – denn beides hört der Wähler gern. Der grünalternative Politiker tritt bei der einen Gelegenheit für die Abschaffung der Gefängnisse ein, das andere Mal spricht er sich zugunsten höherer Freiheitsstrafen für Vergewaltigung aus – denn beide Maßnahmen gefallen den progressiven Gruppen. Der konservative Politiker setzt sich je nach Zuhörerschaft dafür ein, daß Frauen für ihre Kinder da sein sollen und daß jenen Frauen, die berufstätig sind, in hinreichendem Maße Kinderaufbewahrungs-Einrichtungen zur Verfügung gestellt werden – und beide Anliegen der Familienpolitik gelten als dringlich. Widersprüchlichkeiten fallen dort nicht mehr auf, wo es kein Gesamtkonzept, sondern nur noch Schnellschüsse und situationsangepaßte programmatische Versatzstücke gibt. Es geht nicht um Politik, sondern um die nächste Presseaussendung.

Im Grunde ist heute *alles* Kommunikation. *Politik ist Kommunikation über Politik.* Das Problem ist nicht mehr, was Politiker A über die Neutralitätspolitik gesagt hat, sondern daß und in welcher Weise ihm Politiker B widersprochen hat, wie A darauf wiederum reagiert und B geantwortet hat, ob sich Organisationen der A- und B-Partei mit den Aussagen ihrer Führer solidarisiert oder sich von ihnen abgesetzt haben, welche Presseaussendungen die Oppositionsparteien zu den Äußerungen von A und B getätigt haben. Die Wirklichkeit ist allen gleichgültig, es geht um „Politik", das heißt um Eindrucksmanipulation. Dabei geht es nicht so sehr um *Argumente*, sondern um Spekulationen über persönliche *Beziehungen*: Hat B in seinem Interview unwirsch geantwortet? Waren die Presseaussendungen beleidigend oder kompromißbereit? Das, worum es im Grunde geht, verschwindet. Politik wird zur Erfindung von Wörtern und Begriffen. Je sprachgewaltiger die Politikdarstellung, umso verzichtbarer wird die Wirklichkeit. Diese wird schlicht überflüssig. Politik funktioniert als autistische, und manchmal funktioniert sie als autistische sogar besser.

... abnormal ways of relating to people, objects and events ... Die Konturen des Politischen sind unscharf geworden. Es gibt keine Geheimnisse mehr und keine Intimität. Alles löst sich in Kommunikation und Information auf. In der Nähe wird alles mit *Gefühlen* bedacht, als wäre man in einer *face-to-face*-Gesellschaft. Es gibt keine Distanz, es gibt nur absolute Nähe, Vertrautheit, Privatheit, Einblick. Aber mit dieser steigenden Nähe wird Politik unverständlich. Und sie wird strategisch. Sie täuscht Nähe vor, wo keine Nähe ist. Sie imitiert Zuhören. Suggeriert Freundschaft. Aber im konzentrierten Zuhören, im freundschaftlichsten Schulterklopfen schweifen die Augen schon umher, auf der Suche nach dem nächsten, dem es die Hand zu schütteln gilt. Gespielte Authentizität, imaginierte soziale Beziehungen, symbolische Gesten als Ersatz für die Sache. Kürze ist gefragt, denn die Kommunikationsakte müssen vervielfacht werden. Wie aber versichert man fünfhundert Leute seiner tiefempfundenen Freundschaft? Am besten, indem man abschaltet. Routine laufen läßt. Lächeln, Händeschütteln, Schulterklopfen, wie geht es, alter Freund ... halt mich nicht auf.

Entscheidungen fallen nicht mehr. Alles geht, auch ohne Entscheidungen. Verwirrung und Angst sind in der postmodernen Gesellschaft normal, da doch jeder befreit, liberal und tolerant ist. Es gibt keine Tradition mehr, nur noch *Traditionen*, zwischen denen nicht entschieden oder gewertet wird. Es gibt viele Geschmackskulturen, und jede verlangt ihr gutes Recht, das heißt: ihre Gleichheit mit allen anderen. Ungleichheit ist per se verderblich, unanständig und skandalös – also auch die Ungleichheit zwischen Anstand und Laster, zwischen Tugend und Hinterhältigkeit, zwischen Nächstenliebe und Egoismus, zwischen Sanftheit und Brutalität. Alles ist gleich berechtigt, alles muß gleich behandelt werden. Freilich ist das nicht nur Sache der Politik – vielmehr Sache einer allgemeinen gesellschaftlichen Verwirrung, die im Namen der Gleichheit die Unterschiede tilgt und im Namen des Erlebnisses die Perversitäten bejubelt. Erfragen wir doch einmal, wie sich Kinderschänderei als künstlerischer Akt anfühlt – ach, hochinteressant ... Melden wir uns rechtzeitig an, um uns erzählen zu lassen, was denn ein mehrfacher Mörder so gefühlt hat, als ihm mitgeteilt wurde, daß sein Schiff wirklich gesunken sei – und haben Sie im Gefängnis sehr gelitten, ja sicher, nichts für einen sensiblen Menschen ...

Es herrscht Unordnung, ja Chaos, und die autistische Politik ist zu feige, sich dagegen zu wehren.[151] Es ist ihr im Grunde auch gleichgültig. Gemacht wird, was gefällt. So kann der eklatanteste Opportunismus als wahre „Demokratie" verkauft werden. Und es setzen sich jene durch, die im Chaos die pure Freiheitssicherung sehen. Politische Freiheit ist nicht mehr aus einem aufgeklärten Konstruktivismus oder Liberalismus abgeleitet, sondern aus der unkontrollierbaren Unordnung. Die *Politik der Beliebigkeit* ist die *Politik der Freiheit*. Alles ist möglich, und alles kann gleichzeitig geschehen. Politik verkommt zu einer Talkshow, in der es ja auch in erster Linie um *human interest* (noch besser: um Sex und Perversion) geht. Es geht um nichts, nur um Zuseherzahlen. Auch den Zusehern geht es um nichts mehr, höchstens um *emotional arousal*.

... a severely incapacitating developmental disability ... Politiker können nichts dafür. Sie werden in den Autismus getrieben. Sie müssen heute eine Fülle miteinander unvereinbarer Anforderungen gleichzeitig erfüllen. Sie sollen Menschen wie Du und Ich sein und zugleich bewunderte Wegweiser. Sie sollen über Detailkenntnisse ebenso wie über große Visionen verfügen. Sie sollen so sein wie der Durchschnittsbürger und zugleich besser und stärker, weil sie sonst ja keine Führer wären. Früher sollte es sich bei Politikern um Personen handeln, die eine *ordentliche* Politik zustande bringen sollten; in der Postmoderne werden *Genies* gefordert. Nicht nur politisch-handwerkliche Kompetenz wird verlangt, sondern

Übermenschentum. Übermenschen sind immer in gewissem Maße autistisch. Sie hören nur auf sich. Sie sagen, was gilt. Sie wissen, was richtig ist. Richtig ist, was die anderen hören wollen – denn der Wahltag und Zahltag sind niemals fern. Also sind sie überzeugt, daß sie das Richtige sagen. Opportunistische Überzeugungstäter.

Zugleich sucht *die* postmoderne Politik nach der Vereinigung mit der Masse, mit dem „Volk". Es wird die Einigkeit des Stammtisches gesucht: der „große Mann", mit dem ein Bier zu trinken man sich vorstellen kann; der Übermensch, der dem Durchschnitt gleicht; der Führer, der den Wünschen der Wähler gefügig ist; der sich selbst aufgibt. Die *plebiszitäre Führerdemokratie* wird verlangt und dementiert zugleich, weil beide Elemente, das Plebiszitäre und das Führerhafte, übersteigert werden. Das ist eine Überforderung, und es ist für die Person ruinös. Wolfgang Mantl beobachtet „die Zerstörungskraft der Politik, ihre ‚Moral- und Gesundheitsschädlichkeit', wenn man die zerfurchten Gesichter und die zitternden Hände von Politikern am Ende ihrer Karriere im Fernsehen erblickt und sie mit dem smarten, videogestylten Auftreten politischer Anfänger vergleicht."[152] Politiker können gar nicht mehr nach außen hören. Sie sind Getriebene. Man hat ihnen das Hören abgewöhnt. Man hat sie ruiniert. Die Politik frißt ihre Kinder. Politik ist brutal.

RELIGION
Blühende Vielfalt im Unsichtbaren

Populäre Auffassungen über das Schicksal der Religion in der modernen Gesellschaft haben etwas gemeinsam: Sie sind zum Großteil falsch. Auch die Sozialwissenschaftler haben erst in jüngerer Zeit ihre Irrtümer korrigiert. Als solche Irrtümer werden heute Aussagen angesehen wie etwa: Die moderne Welt sei der Religion feindlich gesonnen, und diese schmelze dahin. Der Prozeß der Moderne sei ein Säkularisierungsprozeß.[153] Je moderner eine Gesellschaft, desto weniger religiös sei sie; und dies sei belegbar durch Daten über Kirchenmitglieder, Gottesdienstbesuche und Glaubensauffassungen. Aber alles das stimmt nicht. Mittlerweile bringt kein informierter Sozialwissenschaftler mehr die These von der Säkularisierung über die Lippen. Gerade in den modernsten Gesellschaften, wie in den USA, bestehen unleugbar intensive religiöse Gefühle. Daß die erwähnten Daten Auskünfte über die Religiosität der Menschen geben, glauben nur noch die Entwerfer von Fragebögen.[154] Mittlerweile erregt auch die These vom „Wiederaufstieg religiöser Potentiale" Interesse. Gibt es gar eine Rechristianisierung? Brauchen die Menschen doch die Religion? Gehen wir zurück ins Mittelalter?

Unser Problem beginnt schon mit der Frage, was wir unter „Religion", „Religiosität" oder „religiösen Gefühlen" verstehen wollen.[155] Wenn wir mit dem Begriff der „Religion" (erstens) *die etablierten Denominationen* (in Europa also die dominierenden christlichen Kirchen) meinen, ist die These vom Wiederaufstieg religiöser Potentiale eine kecke, aber tröstliche These für Bildungshausbesucher, aber sie trifft nicht die Wirklichkeit. In Wahrheit gibt es wenig Indizien dafür, daß mit dem Blick auf die „großen Kirchen" die Säkularisierungsthese in Frage gestellt werden muß, wie sehr sie auch als pauschale Beschreibung allgemeingesellschaftlicher Tendenzen falsch sein mag. Womit sind wir denn konfrontiert? Ohne Zweifel mit einem voranschreitenden Bedeutungsverlust der Kirchen, einer Abdrängung des Religiösen in die Privatheit, einem Unsichtbarwerden der Religion. Weiters sind tatsächlich immer weniger Mitglieder der Kirchen und immer weniger Teilnehmer an den religiösen Ritualen zu verzeichnen. Die Funktion der Kirchen beschränkt sich darauf, Rituallieferanten für die „großen Schwellen" des Lebens – für Heirat, Taufe und Tod – zu sein. Schließlich schwinden die Glaubensinhalte der Kirchenmitglieder, wie empirisch immer wieder festgestellt wird. Alle Befunde sprechen von der Erosion katholischer Subkulturen, vom Abschmelzen der Kernmitgliedschaften, von der fortschreitenden Entzauberung der Welt selbst im Bewußtsein kirchentreuer Stammgruppen. Selbst die katholischen „Versäulungen" als Horte des Widerstandes gegen die Modernisierung, also die Abschottungen subkultureller Milieus, halten seit den sechziger Jahren nicht mehr – auch die katholischen Schulen können keinen zuverlässigen Priesternachwuchs und Gläubigennachwuchs mehr produzieren. Es bröckelt an allen Ecken und Enden. Gläubige und Kirchenfunktionäre mögen sich damit trösten, daß sie mit diesem Schicksal nicht allein sind: Die „großen Institutionen" der Gesellschaft erleiden ein gemeinsames Schicksal: Die Institutionsverdrossenheit richtet sich gegen politische Parteien, große Kirchen, Gewerkschaften und Interessenverbände. So wie das politische Leben in den großen Parteien erlahmt und diese ihre Botschaften nicht mehr über die Rampe bringen, so schläft auch das Gemeindeleben in den christlichen Kirchen ein, und besonders jene Glaubensgemeinschaften, die als Staatskirchen eingerichtet waren, haben nicht mehr die Kraft, ihre Botschaft massenwirksam zu machen. Mit dem Bröseln des Staates brösel auch die Religion.

Wir können (zweitens) *die Sekten und Mythen, den Okkultismus und die New-Age-Bewegung, den Hexenglauben und die fernöstlichen Versatzstücke religiöser Provenienz* mit dem Begriff der „Religion" bezeichnen, und deren Resonanz nimmt offenbar zu.[156] Hier kann keine Rede sein von Säkularisierung. In dieser Kategorie werden allerdings sehr unterschiedliche Phänomene erfaßt: zum einen die hierarchisch strukturierten, auf Umkehr und Bekehrung setzenden, das „ganze Leben" ihrer Mitglieder erfassenden Sekten; sodann die loseren, pluralistischen, sich oft als diffus-christlich verstehenden Denominationen, wie sie etwa in den Vereinigten Staaten gedeihen, einschließlich der sonderbaren Erscheinungen wie der Fernsehprediger und Wunderheiler (die neuerdings durch eine Reihe von Skandalen an Anhängerschaft verloren haben); schließlich die sich entfaltende religiöse Konsumkultur, die sich willkürlich aus den historisch-religiösen Beständen der Welt bedient. Darunter fallen etwa ethno-romantische Lehren (Castaneda) und psychologische Bewegungen (transpersonale Psychologie), ein esoterisch-mythologischer Feminismus und die Anthroposophie, Kelten- und Hexenmeetings, Adaptionen fernöstlicher Lehren und andere Strömungen. Da gedeiht ein mythischer Dschungel.

Als „Religionen" sind (drittens) auch *säkularisierte Ideen, Ideologien und Institutionen des politischen Lebens* bezeichnet worden. Auch die Politik schafft ideale Gesellschaftsbilder: Man denke an die marxistische Lehre und die etablierten kommunistischen Staaten, die sich als „Heilsbringer" verstanden haben. Es gibt Ursprungsmythen: den „Mythos der Revolution" im Kommunismus, den „Mythos des Partisanenkampfes" im Jugoslawismus, den „Mythos des langen Marsches" in China, den „Mythos des Generalstreiks" bei Sorel. Es wäre auf die „Zivilreligion" der von Puritanern gegründeten Vereinigten Staaten zu verweisen, die eine Anstalt Gottes auf Erden errichten wollten – ein ethisch-religiöses Potential, das noch heute im politischen Leben der USA deutlich spürbar wird. Wird der Begriff des „Religiösen" so weit gefaßt, kann er natürlich nicht gegen den Begriff des Politischen ausgespielt werden, weil das Politische immer schon das Religiöse ist. Es wäre allerdings verfehlt, Religion und Politik als ein hydraulisches System zu verstehen, als zwei Komponenten, die einander auf- und niederschaukeln: Je weniger Politik, desto mehr Religion, und umgekehrt; und es wäre genauso verfehlt, die Politik als Universalerbe der Religion zu betrachten, im Sinne von: Einfache Gesellschaften haben ihre Religion, in der säkularisierten Moderne tritt die Politik an ihre Stelle. Die Beziehung zwischen Politik und Religion ist komplizierter, kann hier aber nicht erörtert werden; wir halten nur fest: Es gibt starke Gemeinsamkeiten.

Auf den Spuren Emile Durkheims können wir (viertens) die Kategorie des Religiösen auch im *Gemeinschaftserleben* verankern: Religion wäre dann als eine Selbsttäuschung zu verstehen, hinter der das Integrations- und Machterleben der Gesellschaft steht.[157] Das Gemeinschaftsbedürfnis wird ursprünglich in überschaubaren Lebensstrukturen, in Stämmen und Dörfern, jedenfalls in face-to-face-Beziehungen, befriedigt, und je größer die Gesellschaften werden, desto schwieriger gelingt die Integration: Die Religion hat sich über lange Zeit als geeignete Grundlage dafür erwiesen. In ihrer integrativen Funktion geht Religion dieser Perspektive zufolge völlig auf: Sie ist die Quelle von Kohäsion und Legitimität in einer Gesellschaft und hält den individuellen und den Gruppenegoismus in Schach. Aber funktionale Äquivalente sind offenbar auch andere gemeinschaftsstiftende Strömungen; wenn Religion nicht mehr ist als ein Mittel zur

Gemeinschaftsstiftung, dann ist sie gleichwertig mit Rassismen oder Nationalismen, und nationalistische Ausbrüche wären dann als Aufschwünge „religiöser" Gefühle zu verstehen. In ihrem Eifer, ihrer Begeisterung, ihrer Unversöhnlichkeit, ihrer Blindheit, ihrer Opferbereitschaft sind nationalistisch „aufgeheizte" Massen natürlich religiös eifernden Massen sehr ähnlich. Der aufstrebende Nationalismus ist Sinnstiftung, Außeralltäglichkeit, Zukunftshoffnung, Freiheitssymbol, Verheißung eines ganz anderen Lebens – also „religiös".

Schließlich sind (fünftens) selbst *Wissenschaft, Vernunft und Fortschritt* als „Religionen der Moderne" bezeichnet worden. Unter dem Gesichtspunkt des aufklärerischen Programms ist Religion zwar alles, was noch nicht „rational" geworden ist; aber es schimmert doch immer wieder durch, daß die Vernunft die religiöse Eschatologie geerbt hat. Die charismatische Verklärung der Vernunft (bei Robespierre) ist, wie Max Weber sagt, die letzte Form des Charismas. Selbst Auguste Comte ist mit seiner neuen Superwissenschaft, der Soziologie, bekanntlich geradewegs bei der Religion gelandet. Die Wissenschaft, ursprünglich selbst als „Gottesdienst" konzipiert (wie Robert Merton für die frühe Neuzeit gezeigt hat[158]), hat sich gegen ihre Ziehmutter, die Religion, gewendet, ihre Potentiale aber übernommen: Sie reproduziert zeitweise sogar den christlichen Dogmatismus in ihren Wahrheitsansprüchen, ihrem Universalismus, ihrer Heilsverkündigung. Der Fortschrittsglauben hat sich mit der Idee einer diesseitigen Heilsgeschichte unübersehbar verbunden: als Versuch der Herstellung menschlichen Glücks durch wissenschaftsgeleitetes politisches Handeln. Gewisse Varianten neoreligiöser Strömungen, selbst New-Age-Strömungen, kleiden sich gerne wissenschaftlich ein: Fritjof Capra redet von Heisenberg, Relativitätstheorie und Systemdenken, und er verbindet damit ein akzentuiert politisches Ökologieprogramm. Es ist gar nicht leicht zu entscheiden, ob Capras Programm inkompetente Wissenschaft, schlechte Politik oder konfuse Religiosität ist.[159]

Im Aufstieg ist in Europa also nur eine Variante des Religiösen, nämlich die *diffuse Religiosität im Sinne vielfältiger quasireligiöser Potentiale.* Sicher ist von einer Wiederkehr der Kirchen nicht zu sprechen, auch wenn religiöse Konflikte wieder häufiger zu einem politischen Thema, einem Gegenstand öffentlicher Aufmerksamkeit und Konflikthaftigkeit, werden. Solche Konflikte sind jedoch häufig in der gestiegenen Mobilität, der ethnisch-kulturellen Mischung und den damit verbundenen Identitätsproblemen begründet: So mag der Streit um die Kopftücher der islamischen Mädchen in den französischen Schulen eskalieren, aber dies bedeutet nicht, daß der Glaube in den öffentlichen Raum zurückkehrt. Religiöse Konflikte dieser Art haben mit neuen sozialstrukturellen Konstellationen zu tun. In manchen Situationen wird die religiöse Frage auch bewußt und mit politischen Absichten forciert, um Gruppenzusammenhalt zu erzeugen; das mag sogar in „Religionskriege" münden. Aber die „Glaubensspaltung" am Balkan läßt sich ebenfalls nicht durch einen Bedeutungsgewinn der Religion erklären. Politische Führer stützen sich in turbulenten Zeiten auf unterschiedliche kulturelle Ressourcen, um Folgebereitschaft bei ihren Anhängern zu erzeugen, und in geeigneten Fällen können auch religiöse Potentiale (in anderen Fällen etwa ethnische, ökonomische und sprachliche Spaltungen) als Instrumente im politischen Machtkampf eingesetzt werden. In diesen Fällen wird der Bedeutungsgewinn der Religion bewußt geschaffen, und er signalisiert keine „echte", dauerhafte Entwicklung. Auch die polnischen Kirchen haben sich wieder geleert, als eine Plattform für den Widerstand gegen den autoritären Staat nicht mehr nötig war, und die Ostberliner Gottesdienste haben an Attraktivität verloren.

Religion kann also dahinschwinden, und nicht in jedem Fall gibt es passende Ersatzelemente. Gerade in der individualistisch-pluralistischen Gesellschaft schwinden mit ihr gemeinsam-sinnstiftende Ressourcen. Die Annahme, daß es eine konstante Quantität an Sinnstiftungsbeständen geben muß, ist irrig; insofern ist auch die Fragestellung falsch, was *an die Stelle* der Religion getreten ist. Vielmehr mag es auch Zeiten geben, in denen *alle* Quellen der Sinnstiftung ausdörren, in denen keine automatische Substitution erodierender Potentiale durch andere erfolgt. Das mag – unter dem Etikett der „Orientierungskrise" – beklagt, oder es mag – unter dem Etikett der „Postmoderne" – als Freiheitsgewinn bejubelt werden. Gesellschaften können auch ein gewisses Maß an „Anomie" vertragen; das Problem ist die Schwelle, jenseits derer ein Zustand unruhiger Stabilität in den (langwährenden) sozialen Zusammenbruch übergeht. Es ist – unabhängig von der Religionsfrage – kontrovers, ob die westeuropäischen Gesellschaften bereits in diesen Zustand eingetreten sind.

Substitutionsprozesse finden nun allerdings auf diesem Felde doch statt, und sie sind ganz unterschiedlicher Art. Der weite Begriff einer *diffusen Religiosität* (im weitesten Sinne und zur Unterscheidung von der eigentlichen „Religion") deckt verschiedene Entwicklungen ab. Da entwickelt sich eine *Priesterherrschaft der Intellektuellen* (im Sinne Helmut

Schelskys[160]), die zum Aufblühen neuer Sinnstiftungsinstanzen führt: Die sozialwissenschaftliche Intelligenz, deren Leistungen Schelsky als neue Priesterherrschaft apostrophiert, lebt von der individuell profitablen Ausbeutung von ihnen geschürter Krisengefühle. Es entwickelt sich eine *Therapiegesellschaft* der Psycho-Experten, die von Atemübungen bis zum Urschrei glaubensbereiten Klienten alle Techniken der Selbstentfaltung anbieten. Es entwickelt sich ein *ökologisches Weltbildklischee*, das zwischen lustvollem Polit-Engagement und apokalyptischem Erschauern pendelt. Es entwickeln sich *quasiwissenschaftliche Obskurantismen*, die meist mit dem Vokabular von Systemtheorie, Selbstorganisation, Chaostheorie und Kosmologie zu tun haben.

Alles das sind unterschiedliche Wege, welche die Individuen einschlagen, um die gestiegene Komplexität der Welt in die *Reichweite ihrer Lebensbegabung* zurückzuholen: die Unübersichtlichkeit auf ein bewältigbares Niveau zu reduzieren, auf ein Maß der Verunsicherung, mit dem man leben kann. Die verschiedenen Mechanismen zur Reduktion der Komplexität der Welt dienen natürlich nicht der *Wahrheitserkenntnis* (und insofern überschreiten sie den modernen Horizont von Wissenschaft und Rationalität), sondern sie dienen dem *Leben mit der Wahrheit*. Es geht nicht darum zu erforschen, was der Fall ist, sondern sich vorzustellen, wie man mit dem, was der Fall ist, zu Rande kommen kann. Insofern sind es *pragmatische* Strategien; sie erweisen ihre „höhere Wahrheit" an ihrem Erfolg. Die Tendenzen der Individualisierung und Pluralisierung, welche die Plausibilität der „großen Erzählungen" aufzehren, machen das Sinnstiftungsgeschäft allgemein schwieriger. Jeder sucht *seinen* Sinn, von einer Sorte, die ihm gerade zupaß kommt, und Sinnverkündungsinstanzen, die größere Gruppen ansprechen wollen, tun sich schwer, das allen gemeinsam Passende herauszufiltern. Sie trachten danach, jedenfalls niemanden zu verschrecken.

Zugleich passen sich die neuen Religiositätsformen den zeitgeistigen Erscheinungen an. Wenn auch von einer „Wiederkehr des Religiösen" gesprochen wird, so handelt es sich doch um eine *Konsumreligiosität*, die es erlaubt, aus dem Supermarkt der Angebote – ganz im Sinne der *McGesellschaft* – nach Belieben zu wählen. Die hochgestochenen Erklärungen kosmologischer Gesetze und persönlicher Entgrenzungen verbinden sich mit lebenspraktischen Rezepten: Therapeutische Hilfe in allen Notlagen wird versprochen, körperliche Heilung ebenso wie Befreiung vom Stress. Wohlbefinden, Gesundheit, Freizeitspaß und religiöses Erlebnis werden dann identisch. Religiöse Elemente, die aus anderen Kulturen übernommen werden, werden diesem obersten Ziel im Bedarfsfall angepaßt, bis sie für jeden Kenner unkenntlich werden. Zum anderen können sich diese religiösen Strömungen nicht als „Wiederkehr" zur etablierten Religiosität, sie müssen sich als „neues" Denken darstellen. Deshalb knüpfen sie auch an das Bewußtsein neuer Risiken und Defizite der Industriegesellschaft an: Sie kritisieren die emotionale Verkümmerung in der Leistungsgesellschaft, die Schulmedizin, die nahende Ökokatastrophe, die Nuklear- und Gentechnik, die Unterdrückung der Frauen. Durch diese Anknüpfungen schleppen sie auch eigenartige Erbschaften mit sich herum: etwa die evolutionäre Fortschrittsgewißheit, derzufolge alles besser wird, wenn man nur die richtigen *Techniken* in den Griff bekommt, und, gerade im Versuch der Überwindung und Erweiterung des Wissenschaftsbegriffs, den Glauben an die *Wissenschaft* – an „ihre" Wissenschaft – als geradezu heilsstiftende Kraft. (Von „ihrer" Wissenschaft ist hier die Rede, weil natürlich „die" Wissenschaft, die sich zumindest seit der Renaissance als „neutraler", sozusagen glaubens- und kulturunspezifischer Bereich – als europäischer Rationalismus mit universalistischem Anspruch – entwickelt hat, in vielen dieser Strömungen in Frage gestellt wird: durch eine Historisierung und Kulturalisierung von Vernunft, Logik und Rationalität.) Jedenfalls sind diesen Lehren zufolge auch die mystischen Erfahrungen durch den Erwerb der Kenntnis spiritueller Technologien herstellbar – was der Perspektive handfester Sinn-Manager gut entspricht und ein lukratives Fortbildungsgeschäft ermöglicht. Deshalb verstehen sich die beiden auch gut: die Sinn-Manager, die Handlungsanleitungen zur Sinnstiftung verkaufen, und die Manager-Kunden, die an den Wochenenden sündteures Geld dafür bezahlen. Beide gehen mit einer Machbarkeitsperspektive an die Sache heran: ob es sich um Unternehmensorganisation oder Bewußtseinskreation handelt. Je besser man die richtigen Kniffe kennt, umso zeiteffizienter kann man auch an der eigenen Seele doktern – sozusagen *lean management* in Sachen Selbstentfaltung.

Kurz: Je weiter der Begriff der „Religion" gefaßt wird, desto ungefährdeter ist die These von ihrem Wiederaufstieg. Wenn – in enger Definition – beim Begriff der „Religion" an die christlichen Kirchen gedacht wird, so steht die Renaissance aus. Wenn – in weiter Definition – jedes auf Streßbewältigung zielende Meditationsseminar im Bildungshaus in „religiösen" Kategorien gedeutet wird, kann man sich leicht auf die These von der „Wiederkehr des Religiösen" einigen. Mit den Begriffen läßt sich trefflich spielen.

Auch wenn wir deshalb die These vom umfassenden Säkularisierungsprozeß nicht aufrechterhalten, sondern einen gewissen Fortbestand religiöser Stimmungen behaupten, so sind doch die Argumente für einen Prozeß der *Entzauberung* der modernen Welt nicht ganz unaktuell geworden. Denn es bleibt zu erklären, wie der jahrhundertelang gewachsene Widerspruch zwischen dem religiösen und dem modernen Weltbild in neo-religiösen Strömungen überwunden wird. Arnold Gehlen hat von der Verwissenschaftlichung und Technisierung der Welt gesprochen, Max Weber von ihrer Rationalisierung und Entzauberung, Norbert Elias von Prozessen der Zivilisierung und Selbstdisziplinierung. Mit diesen Entwicklungen verschwindet auch die Idee des „persönlichen" Gottes, und in modernen Gesellschaften bleibt nur noch eine abstrakte Humanitätskonzeption. Seit dem 17. und 18. Jahrhundert beginnt überhaupt die Idee des Übernatürlichen zu verschwinden, und selbst jene, die noch an „Gott" (an irgendein höheres Wesen) glauben, glauben heute nur noch selten an ein Leben nach dem Tode, an die Hölle und an andere derartige Jenseitsbestände. Wunder ziehen sich als persönliche Erfahrungen in die Nischen der Altäre von Wallfahrtskirchen zurück, und sie sind sonst nur noch in psychotherapeutischen Kategorien wahrnehmbar. Der „Vater-Gott" verflüchtigt sich in philosophische Abstraktionen, und die „Mutter-Göttin" ist eine Arabeske im modischen Bewußtsein. Viele Menschen sind überzeugt, daß „irgend etwas" da draußen sein muß – und darin erschöpft sich auch schon ihr Glaubensgut.

Als Befund gilt deshalb immer noch: Das christliche Weltbild tut sich zunehmend schwerer, mit dem modernen Weltbild verträglich zu sein. „Modern sind soziale Verhältnisse insoweit, als ihre Änderbarkeit und damit Vergänglichkeit in ihrer Definition mitgedacht wird."[161] Bei zentralen Glaubensauffassungen können aber Änderbarkeit und Vergänglichkeit nicht mitgedacht werden. Mit diesem Problem sind die Kirchen seit langem konfrontiert, und sie stehen in dem Dilemma zwischen zwei Optionen. Die eine Möglichkeit ist, bei ihrem traditionellen Anspruch (ihrem alten Code) zu bleiben; dann aber koppeln sie sich zunehmend von allen gesellschaftlichen Plausibilitäten und Humanitätsforderungen ab. Die Kirche wird weltfremd, autoritär, unsympathisch, repressiv. Die andere Möglichkeit ist, sich der modernen Welt anzupassen, also auch eine „Zivilisierung Gottes" vorzunehmen. Die Kirche wird „soft", Gott wird zum gesellschaftlichen Obertherapeuten, die Hölle verschwindet, die sozialkaritative Funktion wird zum christlichen Kernbereich. Dann aber verliert die Kirche auch ihre Funktion als exklusive Vermittlungsinstanz des Heils. Beides zusammen bedeutet: Die Kirchen können identitätswahrend dem Säkularisierungsdruck nur schwer begegnen.

Ein einfacher Rückgriff auf die alten (religiösen) Sinnstiftungs- und Integrationspotentiale (nach dem Ausfall der politischen Potentiale) ist somit nicht möglich, wenn das ganze sozial-kulturelle Ambiente dieser Sichtweise widerspricht. Das Innenleben der Kirche differenziert sich, geht „weich" über diese Probleme hinweg. Am besten wird über die „harten Dinge", die Glaubenswahrheiten, gar nicht mehr gesprochen; auch für die „Amtskirche" ist Religion Privatsache geworden. Ihre Mitglieder mögen zu einem guten Teil nach den kirchlichen Geboten leben, aber nicht so sehr wegen ihrer christlichen Gebotenheit, sondern als Wirkung aufklärerischer, humanistischer, religionssynkretistischer und anderer Potentiale. Religiöse Symbolisierungen hiefür werden nur teilweise gesucht. Auf die echte Sinnfindungsdiskussion will man sich nicht mehr unbedingt einlassen.[162]

Zuweilen wird ja vermutet, daß nach dem Zerfall der großen politischen Ideologien die Religion als Sinnstiftungs- und Integrationsinstanz wieder auflebt, sozusagen: Der Kommunismus ist tot, und weil die Leere irgendwie gefüllt werden muß, ist wieder das Christentum im Aufstieg. Aber die „großen Erzählungen" funktionieren nicht wie ein System kommunizierender Röhren. Die Religion kann nicht einfach im *Hintergrund* stehen, um die Individuen im Falle des Versagens der Politik *aufzufangen*. Selbst dort, wo ein polnischer Papst mit einem Danziger Elektriker so glänzend kooperiert hat[163], daß sie den Zerfall des Kommunismus beschleunigten, hat der Kirchenbesuch wieder nachgelassen. Es bleibt deshalb aufzuklären, wie sich religiöse Potentiale dem modernen Weltbild *einfügen* lassen; wie das, was eigentlich zueinander nicht paßt, vielleicht doch vereinbar sein könnte. Dazu genügt nicht die Feststellung der „Notwendigkeit" irgendwelcher religiösen Bekenntnisse, die nur deshalb angerufen werden, weil andere Bekenntnisse ausgefallen sind; vielmehr muß eine Strukturanalyse der modernen kulturellen Verhältnisse die Möglichkeit derartiger Einfügungen in das moderne Weltbild deutlich machen. Wie wahrscheinlich ist Religion?

Diese Analyse kann hier nur angedeutet werden; Elemente der Erklärung sind sicher die folgenden: Die moderne Gesellschaft ist ein Gemenge von widersprüchlichen Tendenzen. Selbst die Rationalisierungs- und Entzauberungstendenzen sind heute mit innerer Erschöpfung (dem Anstoßen an anthropologische Grenzen) und daher mit Gegentendenzen (der Suche nach neuer Beheimatung) konfrontiert. Die Welt ist so rational geworden, daß die Sehnsucht nach dem Irrationalen erwacht; so kühl, daß Wärme gesucht wird; so gläsern, daß mythische Dekorationen wieder attraktiv werden. Zugleich ist es eine vielgestaltige, unübersichtliche, segmentierte Welt: Die Systemdifferenzierung erlaubt den Subsystemen ein höheres Maß an Eigenlogik; die Gesellschaft entwickelt sich in Teilen, und diese Teile haben ihr Eigenleben. Das bedeutet zum einen, daß die *christliche Moral* sich aus allen anderen Feldern zurückzieht und nicht mehr die überwölbende Sinnstiftung für die Totalität des Lebens erbringen kann; Kirche ist Kirche und Religion ist Religion, und das hat mit Beruf und Politik und Wirtschaft kaum zu tun. Zum anderen bedeutet es, daß *partielle Remythisierungen* leichter möglich sind, weil die Logiken der Subsysteme einander nicht mehr stören. *Religion ist weniger wichtig, sie stört aber auch weniger. Eben weil sie weniger wichtig ist, ist sie wieder möglich.* Der Computerspezialist macht am Wochenende Meditation. Das entspannt ihn, und es hat mit seinem Wochentagsleben nicht wirklich zu tun. Er muß deswegen am Montag mit seinen elektronischen Netzwerken nicht anders umgehen. Religion wird umso wahrscheinlicher, je (vergleichsweise) folgenloser sie ist.

Damit sind mehr *Spielwiesen* verfügbar, in denen mit religiösen Beständen „kynisch" – spielerisch – umgegangen werden kann. Man kann an Ritualen teilnehmen, weil sie das Leben strukturieren, weil sie ästhetische Erlebnisse vermitteln, weil kulturelle Traditionen wärmen. Der eigene Lebenslauf kann in religiöser Weise thematisiert werden. Mythen bleiben „sprachgewaltige" Verständnissysteme; und da die simple Wiederaufnahme der alten Mythen unmöglich ist, werden neue (zum Teil aus den alten Bestandteilen, zum Teil aus Beständen des modernen Denkens) gebastelt. Im äußersten Fall kann man davon sprechen, daß jeder seine eigene „Sekte" zurechtbastelt, und die Gefahr, deswegen aus einer etablierten Kirche hinauszufliegen, sinkt. (In der kirchlichen Geschichte waren Abweichungen immer geduldet, nur wenn sie zum öffentlichen Ärgernis gerieten, schritten die Machthaber dagegen ein; in einer glaubensprivatisierten Welt sind Abweichungen belanglos.) Religion wird wahrscheinlicher, insoweit sie nach individuellen Wünschen aufbereitet und von den Kirchen in dieser Form geduldet wird.

Freilich hört sich die Spielerei auch für die Individuen dann auf, wenn es ernst wird: in jenen Lebenskrisen, in denen viele doch wieder auf die Folien und Kerne der etablierten Lehre zurückgreifen. Krisen erhöhen – wie seit alters her – die Wahrscheinlichkeit des Religiösen. Mit ihrer maßgeschneiderten Religiosität aber behelfen sich die Individuen, die in ihrem Bewußtsein viel mehr an Inkonsistenz verkraften, als man oft annimmt, in einer unübersichtlich gewordenen Welt. Sie machen die Welt natürlich dadurch nicht „objektiv" übersichtlicher; sie erfinden jedoch ihre „neue Übersichtlichkeit". Für die Sozialforscher bleibt die religiöse Szenerie ziemlich unübersichtlich. Weiß Gott, was die Menschen glauben.

RISIKO
Die Verwissenschaftlichung von Ängsten

Zwei Jahrzehnte sind es erst, daß die Risiken der Moderne, gebündelt als
Gefahr der globalen Apokalypse, an sämtliche verfügbaren Wände ge-
malt wurden, doch ist die Bestandsbedrohung der Menschheit mittlerweile in aller Bewußtsein gedrungen.[164] Schon im Kalten Krieg haben sich
die Menschen vor dem atomaren Schlagabtausch gefürchtet, der erstmals
die reale Möglichkeit einer Vernichtung des menschlichen Lebens auf die
Tagesordnung der Industriegesellschaft gesetzt hat. Dann kamen die
Wachstumsgrenzen und die Szenarien des Club of Rome, die unterschiedliche Varianten des Weltuntergangs diskutierten. Schließlich ist die
Umweltkrise zum Aufsteigerthema der siebziger Jahre geworden. Mittlerweile wird dieses Thema, den Umfragen zufolge, zuweilen wieder vom
ersten Platz der Dringlichkeitsliste staatsbürgerlichen Begehrens verdrängt, aber es bleibt unter den Gegenständen höchster Priorität. Umwelt
zählt. Ungeahnte Katastrophen werden denkbar. Das Unbehagen steigt.

Das Unbehagen, von dem viele Menschen erfaßt sind, hat in Ulrich
Becks Begriff der *Risikogesellschaft* Ausdruck gefunden: Nicht daß der
Begriff so originell wäre; aber die Resonanz, die er in der gebildeten Welt
gefunden hat, zeigt, daß er einen heiklen Nerv getroffen hat. Bestseller-
trächtige Krisenprophezeihungen treffen immer eine Befindlichkeit, die
schon vorhanden ist. Würden die Menschen diesen Befunden so willig
lauschen, wenn diese nicht in irgendeiner Weise ihren Erfahrungen ent-
sprächen? Finden diese Krisenberichte nicht deshalb Resonanz, weil die
Menschen sagen: Ja, so ist es? Diese Welt ist eine unsichere. Diese Welt
birgt Risiken, so viele Risiken wie nie zuvor.

Eigentlich ist dieses Gefühl verwunderlich, und im Grunde ist es auch
ein Irrtum. Denn in den Industrieländern leben die Menschen in einer
ungeheuer reichen und sicheren Welt. Der Wohlfahrtsstaat beschützt
seine Bürger. Die Pensionen werden ausbezahlt. Die Medizin eilt von
Erfolg zu Erfolg. Die Schulen und die Straßenbahnen, die Wasserver-
sorgung und die Schneeräumung funktionieren. Der große atomare
Schlagaustausch ist ausgeblieben. Selbst der Balkan läßt sich zeitweise

befrieden. Die europäischen Staaten finden sich in ungewohnter Friedlichkeit zusammen. Warum also dieses Frösteln? Warum die Alpträume? Warum die Verunsicherung?

Beck grast in modern-kritischer Haltung die Themen ab, die den Menschen heute bewegen.[165] Um den treffenden Begriff der Risikogesellschaft aufzugreifen, ist es nicht nötig, daß die Leute sein Buch wirklich lesen; man weiß ja, was gemeint ist. „Risikogesellschaft" – das meint eine Epoche, in der die Schattenseiten des Fortschritts mehr und mehr die gesellschaftlichen Auseinandersetzungen bestimmen.[166] Es sind Risiken, die örtlich, zeitlich und sozial nicht eingrenzbar sind; sie sind nach herkömmlichen Versicherungsregeln nicht zurechenbar; und sie sind nicht kompensierbar. Es sind globale statt örtlich begrenzte, unsichtbare statt sichtbare Gefährdungslagen.[167]

Genau das ist ihre Besonderheit: In der Geschichte war das Leben meist gefahrvoller als heute, wenn man die Tötungsraten studiert, und insofern wäre der Begriff der Risikogesellschaft, angewendet auf die „sicherste" Gesellschaft der Geschichte, deplaziert. Über die Jahrhunderte hin hat kaum mehr als die Hälfte der Kinder das Erwachsenenalter erreicht: Sie lebten wirklich riskant. Die Erwachsenen mußten jederzeit mit dem Tod rechnen: durch Typhus und Cholera, Pest und Hunger, Krieg, Brand und Mord, und das ist noch nicht lange her. Sie waren mit dem Risiko wohl vertraut. Im Vergleich mit ihnen leben die Menschen in den fortgeschrittenen Industriegesellschaften in einer historisch unvergleichlichen, einer atemberaubenden Sicherheit. Mordraten, Autounfälle, Umwelttote – alles das sind Kinkerlitzchen im Vergleich mit dem, was die Geschichte an Unsicherheit zu bieten hat. Und doch: Die Gefährdungen sind mysteriöser geworden. Es mögen unerklärbare Leukämiefälle auftreten, und nur mit Expertenhilfe ist als Ursache die Verseuchung des Brunnenwassers ausfindig zu machen. Radioaktive Materialien in der Luft sind der sinnlichen Wahrnehmbarkeit des Menschen entzogen. Erst über Jahrzehnte hin lassen sich Stoffe (wie Asbest) als Ursache von Krebserkrankungen ausfindig machen, an die niemand gedacht hatte. Kommt das Ozonloch? Gibt es den Elektro-Smog? Gefahr ist überall. Man kann auf nichts mehr vertrauen.

Das macht das Wesen der Risikogesellschaft aus: daß *überall* Gefährdungen zu gewärtigen sind; daß man auf *nichts* vertrauen kann; daß die Risiken *jederzeit* ein Ausmaß annehmen können, das bisherige Vernichtungsdimensionen übersteigt – bis hin zur Vernichtung der

Menschheit. Bisher ist alles ziemlich gut gegangen: Wenn man kühl kalkuliert, sind die paar tausend Toten, die der Atomenergie zum Opfer gefallen sein mögen, quantitativ zu vernachlässigen gegenüber den Toten, die in Verkehrsunfällen ihr Leben gelassen haben. Und die Schädigungen, welche die Lebensmittelchemie oder die Pharma-Industrie bislang anrichten konnten, sind geringfügig gegenüber den Schäden, die sich die Menschen durch den Nikotin-Genuß selbst – und neuerdings in vollem Wissen – zufügen. Aber daß die Statistiken der Toten die erhöhten Risiken noch nicht widerspiegeln, kann die Verunsicherung nicht mindern.

Die Verunsicherung steigt, weil wir nirgends mehr durchblicken. Die Welt ist komplex geworden. Sie beraubt die Menschen des Gefühls, zu wissen, was gespielt wird. Denn das Wißbare übersteigt heute jedes Maß. Wie heißen doch gleich alle diese Staaten im Süden der ehemaligen Sowjetunion? Wo gibt es die neuesten Flüchtlingsströme in Afrika? An welchen asiatischen Küsten war diese Flutkatastrophe? Der Anteil dessen, was wir uns aneignen, was wir begreifen können, im Vergleich zu dem, was es anzueignen und zu begreifen gäbe, schrumpft. Wir sind, verglichen mit dem, was möglich ist, immer hilfloser. Neuigkeiten rollen heran: immer neue Modewellen und kulturelle Trends, mit denen man kaum mithalten kann; neue technische Geräte, bei deren Bedienung man versagt; politische Slogans, die schon vergessen sind, bevor man noch Zeit hatte, sie wirklich zu verstehen. Eine Welle jagt die andere. Man kann alles kaufen oder betasten, und doch wird alles unanschaulich, unzugänglich und unverstehbar. Man hat es noch nicht geschafft, alle Facetten des Videorecorders zu verstehen, und schon soll man sich in das Internet wagen. Noch sind die Aids-Erreger nicht gefunden, und schon treten neue Immunschwächekrankheiten auf. Was war doch gleich bei der zweiten und dritten und vierten Pensionsreform? Das Gewohnte und Selbstverständliche kommt abhanden: die „alte" architektonische Umgebung, die saniert und renoviert wird; die gewohnten Speisen und Gerüche, die durch geschmackspenetrante Fertigprodukte ersetzt werden; die entlastende Routine in allen Lebensbereichen. Entscheidungen über Kaufen und Lernen, Lieben und Erziehen sind immer neu zu treffen. Im Grunde werden sie beliebig: Es gibt immer Meinungen und Gegenmeinungen, neue Slogans, die vielleicht Erkenntnisse sind, vielleicht aber auch bloß Reklamegebrüll. Man wirft hastige Blicke in die Fernsehkanäle, die Shops, die Restaurants, die Schulen, die Zeitschriften, in all das Widersprüchliche und Lockende. Aber was ist das wirkliche Leben?

Es liegt nicht daran, daß wir zu wenig Informationen haben. Sie brechen von allen Seiten über uns herein. Aber es sind meist keine erfreulichen, und sie sind nicht geeignet, uns die Unsicherheit zu nehmen. Die Medien vermitteln uns Skandale und Grausamkeiten. Sie berichten über menschliche Schwäche und Brutalität. Sie schwelgen in Perversitäten. Beurteilt man die Welt nach dem Fernsehen, so ist es ein Planet der Verkommenheit und des Todes, der Gefahren und Gewalten; eine düstere Welt, eine Welt der Risiken, eine Welt, die dem Fiasko entgegentaumelt. Jederzeit kann der Mörder aus dem Schatten treten. Jederzeit können die Raumschiffe landen. Jederzeit können die Autos, die Häuser, die Menschen im Feuerschwall in die Luft fliegen. Wir sehen es vor uns, tagtäglich; alles nur Fiktion, in computeranimierten und oscarverdächtigen Filmen, das ist uns bewußt. Aber weiß das unser Unterbewußtsein? Die Medien drängen sich vor die Welt, sie sind die Welt. Fernsehsprecher werden Politiker. Politiker werden Schauspieler. Wissenschaftler berichten über die Wirklichkeit, Gegenwissenschaftler über die Gegenwirklichkeit. So wird zunehmend unerkennbar, wo die Grenze zwischen Schein und Wirklichkeit verläuft. Alles ist möglich und unmöglich zugleich. Auf nichts ist mehr Verlaß.

Auch in den Köpfen und Herzen ist kein Halt zu finden. Was geistigen Halt gegeben hat, ist der Erosion preisgegeben, seien es Glaubensvorstellungen, seien es humanistische, sozialistische oder aufklärerische Weltanschauungen. Aber die Welt der gemeinsamen Bedeutungen und der gemeinschaftsstiftenden Sinnstrukturen ist gefährdet. In der postmodernen Welt gelten keine „großen Erzählungen" über Gott und Liebe, Wissenschaft und Vernunft, Sozialismus und Zukunft mehr. Die Befürworter des überbordenden Pluralismus erzählen uns von einem fröhlichen Chaos, in dem alles möglich und alles gleichberechtigt ist. Aber eine vollständig befreite, bindungslose und nihilistische Gesellschaft hat nicht nur ihre fröhlichen Momente. Sie kann ein angsteinflößendes Ambiente sein, besonders in jenen Momenten des Lebens, in denen es einem nicht so gut geht. Vielleicht sind wir zuweilen doch auf Bindungen angewiesen, auf etwas, das gilt, einfach so, weil es „richtig" ist: beginnend mit Tugend und Anstand, Liebe und Menschlichkeit. Vielleicht kriecht deshalb die Angst empor, so ganz allein zu sein in einer kühlen Welt des Übermuts und der Berechnung. Warum also fragen wir uns, woher das Gefühl der Verunsicherung in dieser gesicherten Gesellschaft kommt? Warum sollte das verwundern?

Aber man kann es nicht einfach hinnehmen. Die Menschen versuchen, dieser Verwirrung, dieser Verunsicherung und diesen Ängsten zu begegnen, mit tauglichen und untauglichen Mitteln und Strategien.

Die erste Strategie ist die der *neuen Nüchternheit*. Die robusten Optimisten, die pragmatischen Technokratiegläubigen, die resoluten Karrieristen verdrängen alle Probleme. Für sie gibt es alle die wirtschaftlichen, sozialen, ökologischen und anthropologischen Probleme gar nicht. Sie sind das ewige Krisengerede leid. Der Wald ist immer noch grün. Die Gesellschaft hat bislang immer ihre Probleme überwunden, und es gibt keinen Grund anzunehmen, daß sie dies nicht auch diesmal wieder tun werde. Wurde nicht soeben verkündet, das Ozonloch sei letzthin *nicht* größer geworden? Die geistig-emotionellen Bedenken sind bloße Wehleidigkeiten. Das Neue Europa bietet jenen, die dynamisch, flexibel, qualifiziert und durchsetzungsbereit sind, eine schöne, neue Welt. Wer draußen ist, hat Pech gehabt. Wer unten bleibt, ist selbst schuld. Man kann sich nicht um alles kümmern.

Die zweite ist die *fundamentalistische Strategie*. Man reagiert gegen die Modernisierung der Welt oder gegen die „Aufweichung" des Glaubens, gegen die Anspruchslosigkeit einer weltangepaßten Kirche oder die moralische Unterforderung in freizügigen Milieus. Es wird die Rückkehr zu „alten" Ordnungen und rigiden Regelsystemen verlangt: Schluß mit dem Kritikgeschwätz; Ordnung muß sein; ein bißchen mehr Gehorsam; Hierarchie stammt von Gott, vom Führer, vom Guru. Wir finden das in der islamischen Welt, aber auch in christlichen Kirchen und im Judentum, und natürlich in den zahlreichen Sekten. Wo befohlen wird, was gilt, gibt es keine Unsicherheiten, und wer keine Unsicherheiten will, muß bloß gehorsamsbereit sein.

Als drittes findet sich ein *modischer Moralismus*, der die überfordernde Komplexität der Welt kräftig reduzieren hilft. Denn die Moralisierung eines Problems, die schlichte Projektion auf die Kategorien von Gut und Böse, vereinfacht die Sachlage. Sie suspendiert komplizierte Sachdiskussionen und macht das Problem handhabbar. Autobahnen sind schlecht, Radwege gut. Militär ist böse, Zivildienst ehrenhaft. Kraftwerke sind verderblich, Brüssel ist bürokratisch. Fremde sind asozial, Frauenarbeit emanzipierend. Innerliche Betroffenheit genügt den Moralisten als Kompetenzkriterium, und gegen Betroffenheit gibt es kein Argument. Niemand kann dem anderen abstreiten, betroffen zu sein. Oft reicht es allerdings nur zu Einzelfallmoralisierungen, und daraus resultiert ein verwirrendes Durcheinander von miteinander unvereinbaren moralischen Postulaten: So kann es durchaus geschehen, daß dieselben Gruppen einmal die Abschaffung der Gefängnisse und wenig später höhere Gefängnisstrafen für Gewalttaten gegen Frauen fordern. Das Reservoir, an dem sich der Dauerprotest entzünden kann, ist unbegrenzt, es bietet allen, die nach „kritischem Engagement" suchen, viele „Arbeitsmöglichkeiten". Stefan Breuer sagt es treffend: „Der moralische Protest ... verfügt heute über ein so ausgedehntes Themenreservoir und ein so breites Rekrutierungsfeld, daß seine Regenerationsfähigkeit auf längere Zeit gesichert ist. Es gibt immer wieder eine neue Diktatur, auf die sich plötzlich die Aufmerksamkeit richtet, immer wieder eine neue Dummheit irgendwelcher Exekutiven, an der sich die Flamme der Empörung entzünden kann. Im Zeitalter des Satellitenfunks wächst die Zahl der Ungerechtigkeiten mit den im Einsatz befindlichen Nachrichtenjägern und führt dem Dauerprotest immer neue Motive zu."[168]

Die vierte Strategie bejubelt den *Nihilismus* der modernen Welt. Der Zerfall der sinnstiftenden Ordnung ist in Wahrheit eine Befreiung. Das Verlangen nach einer stabilen Identität ist eine Zumutung. Die Analyse einer objektiven Wirklichkeit ist Illusion. Alles, was sich entwickelt, ist keine Krise, sondern eine Chance. Der Verlust der Ganzheit ist Gewinn, denn Ganzheit, Sinn und Einheit sind mit Zwang und Terror gleichzusetzen. Es geht nur um eine andere Perspektive. Man muß das Leben als ästhetisches Kunstwerk nehmen, als Spiel, als ironische Inszenierung. Wenn es keinen gemeinsamen Boden von Überzeugungen gibt, ist jeder frei für seine eigenen Überzeugungen. Man braucht sich nur einen Ruck zu geben, um aus der Verunsicherung zu kommen: Erosion ist begrüßenswert, wenn hemmende Mauern bröckeln. Das ist eine nette Lebensanweisung für gut abgepolsterte Künstler und pragmatisierte Intellektuelle.

Als fünfte Reaktion finden wir *romantische Gegenbewegungen,* jene Programme, die sich mit den Stichworten umschreiben lassen: small is beautiful, Vernetzung, Natur, Natürlichkeit, Kreislauf, Einordnen, Harmonie, Sanftheit, Spontaneität, Kommunikation, Liebe, Mystik. Leistet Widerstand gegen die *Kolonialisierung der Lebenswelt,* sagt Jürgen Habermas; wehrt euch gegen die Entmündigung durch Experten, rät Ivan Illich; setzt euch über die vergewaltigende abendländische Rationalität hinweg, fordert Paul Feyerabend.[169] Grün-alternative Jünger rekrutieren sich aus unterschiedlichsten Quartieren; auch eine Fraktion der Quasirevolutionäre der sechziger Jahre hat sich in Zivilisationskritiker der achtziger Jahre verwandelt.[170] Die „heile Welt": das war seinerzeit, in den Sechzigern, ein Schimpfwort; jetzt wird die Bewahrung dieser heilen Welt vor den desaströsen Zivilisationsfolgen gefordert – oft angesiedelt zwischen östlicher Mystik und New Age, zwischen „Bruder Baum" und „Mutter Gaia".

Die sechste Antwort ist eigentlich eine Nichtantwort: Die Menschen *gewöhnen* sich an das Geschehen. Die Risiken schreiten unmerklich, graduell, stückweise voran. Sie beschneiden die Freiheit und Gesundheit der Menschen scheibchenweise – so wie das einst mit den Flüssen passierte, die zunächst als Badegelegenheit nutzbar waren und dann langsam, von Jahr zu Jahr, immer schmutziger wurden. Die Anpassungsfähigkeit der Menschen ist nicht zu unterschätzen: Noble Blässe wird wieder modern, wenn das Ozonloch sich über dichter bevölkerte Territorien schiebt. Schon werben Freibäder in Inseraten mit der riesigen Sonnenschirmüberdachung ihres Schwimmbeckens – Badefreuden ohne „Sonnengefahr". Die Kinder wird man bei Regenwetter zum Spielen hinausschicken und bei Sonnenschein beim Fernseher sitzen lassen. Die Einkaufsstraßen werden ohnehin bald überdacht, zu großen Einkaufsstädten vereint. Und die Menschen finden das schön, was sie machen müssen, weil es anderes nicht mehr gibt. Vielleicht kommen sie auch mit ihrer Verunsicherung zu Rande. Virtuelle Welten lenken ab. Starke Reize von außen ersetzen die Seele.

Sechs Antworten, sechs Nicht-Antworten. Aber die Sache wird noch unangenehmer. Denn alle haben ja auch ein bißchen recht. Die Nüchternen geben nicht zu Unrecht nicht viel auf jenes Krisengewäsch, in dem das Ende der Welt schon so oft vorausgesagt wurde. Ihr Appell zum Optimismus ist beherzigenswert. Fundamentalisten leisten einen Widerstand, dessen Hartnäckigkeit oft Bewunderung erzwingt. Haben sie nicht recht darin, daß man dem allseitigen Relativismus nur ein paar harte Wahrheiten gegenüberstellen kann? Die Moralisten geben sich nicht mit einem beifallssicheren Kosten-Nutzen-Kalkül zufrieden, sondern sie stellen hartnäckig die Frage nach dem Guten. Ist das nicht so notwendig wie selten zuvor? Der Jubel der Postmodernen hat wohl insofern seine Berechtigung, als wir zugeben müssen, daß es noch nie eine so tolerante, pluralistische und freie Gesellschaft gegeben hat. Es sehnt sich doch keiner nach den geschlossenen, unkritisierbaren Weltbildern. Die romantische Wende hat uns schon vor einer ganzen Reihe von Dummheiten bewahrt, indem sie einem Modernismuswahn entgegenwirkt. Und wie könnten wir schließlich gegen jene argumentieren, die uns daran erinnern, daß der Wandel in dieser Welt allemal eine gewisse Anpassung der Verhaltensweisen und Auffassungen erzwingt? Würden wir uns dem verweigern, gingen uns auch alle Errungenschaften der Moderne verloren.

Das ist verwirrend. Es sind Lösungen, die im Grunde keine sind. Aber irgend etwas scheint doch wieder dran zu sein. Ulrich Beck, der Risikoexperte, hat auch nur einen Trost: In der Not wachse das Rettende auch. Das Wissen um die Gefahr wecke Gegenkräfte. Die Menschheit könne in einer *„Solidarität der Angst"* zusammengezwungen werden, und damit werde die Eigendynamik des „Systems" durchbrochen.[171] Die meisten Menschen schlafen wahrscheinlich besser, wenn sie solch beruhigende Botschaft aus dem Munde jener vernehmen, die eben noch ihren Untergang vorausgesagt haben. Indizien dafür, daß die Trostbotschaft richtig ist, gibt es allerdings wenige. Ökologische Politik wird *peu à peu* gemacht, und ohnehin nur in den Industriestaaten, während sich der Zustand der Welt rasant verschlechtert. Insofern erhebt sich die Frage, welche Dimension denn jene Katastrophen haben müssen, welche die Menschen in der Solidarität vereinen. Solidarität kann zu spät kommen: wenn langfristige wirksame Prozesse eingeleitet wurden, die selbst von einer solidarisch werdenden Welt nicht mehr eingebremst werden können. Aber das ist bereits die optimistische Variante: das Warten auf Katastrophen, die zumindest eine Größenordnung annehmen, angesichts derer sich die Menschheit besinnt.[172] Die pessimistische Variante ist genauso wahrscheinlich: ein Erwachen der *Rette-sich-wer-kann-Mentalität*, wenn die Situation bedrohlich wird. Die Industriegesellschaften haben dabei die besseren Möglichkeiten sich zu schützen als die Länder der Dritten Welt. Aber gut schaut es auch für sie nicht aus.

SOLIDARITÄT

Sanierungsarbeiten in der Großgesellschaft

Die moderne Gesellschaft ist eine sehr *solidarische Gesellschaft*. Diese Feststellung mag überraschen: Aber erst steigender Wohlstand macht Umverteilung möglich, und die empirischen Befunde zeigen, daß das Umverteilungsvolumen zugunsten der schwächeren Schichten im modernen Wohlfahrtsstaat viel größer ist als in jeder Gesellschaftsformation der Vergangenheit. Wenn wir die harten Wirtschaftsdaten als Indikator nehmen, ist daran kein Zweifel möglich: Wir sind solidarisch.

Dennoch haben wir alltäglich das Gefühl, daß das nur die halbe Wahrheit ist: daß die Solidarität zwischen den Menschen in Wahrheit schwindet und daß die moderne Gesellschaft eine sehr *unsolidarische Gesellschaft* ist. Wir haben nicht das Empfinden, von lauter Altruisten umgeben zu sein. Zu den üblichen kritischen Beobachtungen der modernen, individualistischen Industriegesellschaften gehören doch gerade Feststellungen über die Brutalität, den Egoismus, die Eigennützigkeit und die Selbstbezogenheit der Individuen. Was also gilt?[173]

Der „natürliche Ort" der persönlichen Solidarität findet sich viel eher in *kleinen Gruppen* als in der großen Gesellschaft. Wir denken an die vertrauensvolle und hilfsbereite Beziehung zwischen Individuen, wenn wir an Solidarität denken. In kleinen Gruppen – und damit in traditionellen Gesellschaften – wird Solidarität durch soziale Kontrolle aufrechterhalten. Solidaritätsgewährung gilt als menschliche Pflicht, und Solidaritätsentzug wird im Bedarfsfall als Sanktionsmechanismus eingesetzt. Wer den anderen nicht hilft, dem wird das Mißfallen – in zunehmend drastischerer Weise – ausgedrückt, und wer dem anderen die Hilfe versagt hat, dem wird auch dann nicht geholfen, wenn bei ihm selbst Not am Manne oder an der Frau ist. Bei Arbeiten, welche die Kraft des einzelnen übersteigen, hilft das ganze Dorf. Die Nächstenliebe erreicht manchmal sogar Fremde: Der Gast ist heilig – ohne die Institution der „Gastfreundschaft" wäre es in einfacheren Gesellschaften unmöglich, Reisen zu unternehmen, die durch unwirtliche Gegenden ohne Infrastruktur führen.[174]

Aber die Option, sich auf „Solidarität", „Liebe" oder „Gemeinschaft" als sozialen Koordinationsmechanismus zu verlassen, ist an einen überschaubaren sozialen Raum gebunden und schwindet mit der zunehmenden *Größe der Gesellschaft*.[175] Das hat seine Gründe. Erstens nimmt die Spürbarkeit des individuellen Handelns für die Gruppe ab; der einzelne kann Kosten kooperativen Verhaltens sparen, ohne daß seine Nichtteilnahme kollektiv spürbar würde. Wenn unter fünf Personen eine Person bei einem gemeinsamen Projekt nicht mitmacht, werden die gemeinsam verfügbaren Ressourcen um 20 Prozent geschmälert; schert einer von 100.000 Menschen aus, fallen nur 0,001 Prozent aus, und das merkt man gar nicht. Wenn es dem einzelnen gelingt, seine Beiträge einzusparen, während alle anderen ihre Beiträge leisten, ist das geplante Projekt machbar oder das kollektive Sicherungssystem funktionsfähig, obwohl der einzelne nichts dazu tun muß – eine klassische freerider- oder Gefangenendilemma-Situation. Es ist nicht von der Gebühr eines einzelnen Benutzers abhängig, ob die Straßenbahn fährt oder nicht. Der Anreiz für den einzelnen, der sich spürbar besser stellen kann, wenn er seinen Beitrag erspart, dabei nicht mitzumachen oder zu „schwindeln", ist hoch, wird doch das gemeinsame Gut, auf das man auch nicht verzichten möchte, durch die Beiträge der anderen ohnehin gesichert. – Zweitens schwinden in der Großgesellschaft die Möglichkeiten der Kontrolle und Sanktionierung des einzelnen durch die anderen Mitglieder. Bei steigender Gruppengröße ist nur noch durch einschlägige Fachleute und bürokratische Verfahren sicherzustellen, daß Beiträge bezahlt und Leistungen erbracht werden. In der Fünfergruppe weiß man genau, wer seinen Beitrag nicht leistet; in der U-Bahn ist nicht mehr feststellbar, wer schwarz fährt. – Drittens verschärfen sich die Probleme der Verhaltenssicherheit; man kennt die Lebensgeschichten und Dispositionen der anderen Personen nicht, weil man mit ihnen nicht mehr vertraut ist, und kann ihre Handlungssignale weniger gut einschätzen. Zwischen wenigen Personen kann sich Vertrauen entwickeln; zwischen zufälligen Passanten auf den Straßen einer Großstadt nicht. Ist der Bettler, der mich um eine Gabe angeht, wirklich bedürftig?

Mit steigender Gruppengröße werden *formalisierte Beziehungen* somit immer wichtiger: Solidarität muß „umgebaut" werden. „Als gezielt eingesetztes Organisationsprinzip findet man Altruismus in komplexen Gesellschaften praktisch nicht vor. Vielmehr füllen altruistisch motivierte Verhaltensweisen Lücken in der gesellschaftlich organisierten Daseinsvorsorge, die wegen fehlender politischer Basis keine politische Anerkennung gefunden haben."[176] Die unmittelbare, zwischenmenschlich wirksame Solidarität, die face-to-face-Solidarität, kann aus strukturellen Gründen in einer Großgesellschaft nicht bestehen: Hier ist der Sozialstaat die Institutionalisierung von Solidarität. Zwischenmenschliche Solidarität verkriecht sich in Nischen; eine *individualistische Ellbogengesellschaft* beherrscht die Szene. Die bürokratisch-rechtliche Institutionalisierung von Wohlfahrtsleistungen hat Rückwirkungen auf die *individuellen psychischen Dispositionen*. Die Menschen bleiben nicht die gleichen, wenn sie unter anderen Lebensumständen aufwachsen. Die jederzeitige Verfügbarkeit sozialstaatlicher Hilfe ist eine wesentliche Veränderung der Lebensumstände, und sie verändert die Lebenseinstellungen der Menschen. *Wenn staatliche Hilfe zur Verfügung steht, schwindet die Bereitschaft, selbst solidarisch zu handeln.*

Solidarität muß eingeübt werden, wenn sie zu einem „unbewußten" Bestandteil des Über-Ichs werden soll. Man muß solidarisches Handeln üben, um nicht „außer Übung" zu geraten. Umgekehrt kann man auch „lernen", daß Solidarität überflüssig ist – wenn man die Botschaft immer wieder übermittelt bekommt, daß die Stärkeren sich mit Recht durchsetzen und die Schwächeren im Grunde selbst schuld sind. Aber auch der Wohlfahrtsstaat erzeugt die letztere „Lernleistung": Eine beinahe lückenlose Versorgung mit sozialpolitischen Hilfen löst die Erwartungshaltung aus, daß es für jedes Problem eine „zuständige" Stelle gibt und eigene Verantwortung so gut wie nie aufgerufen wird. Die Wahrnehmung eines Problems löst nicht spontane Hilfsbereitschaft – „Was kann ich tun?" –, sondern spontanes Nachdenken über die politisch-administrative Verantwortlichkeit aus – „Wer ist zuständig?" Der Begriff der „Verantwortung" wird gar nicht mehr auf den einzelnen Staatsbürger bezogen, sondern nur noch auf die politische Ämterhierarchie. Verantwortlichkeit ist dort zu Hause, wo die richtigen Formulare liegen.

Der Wohlfahrtsstaat wird unter einem *Subsidiaritätsvorbehalt* gegründet, aber er zerstört ihn selbst: Das Subsidiaritätsprinzip besagt, daß die größere Gemeinschaft erst dann unterstützend eingreift, wenn der einzelne oder die kleinere Gemeinschaft sich aus eigener Kraft nicht mehr helfen können. Aber das wohlfahrtsstaatliche Bewußtsein kehrt dieses Prinzip um, es folgt einem *Antisubsidiaritätsprinzip*. Taucht ein soziales Problem auf, ist die erste Frage: Gibt es nicht eine „höhere" Einheit, welche die Aufgabe übernehmen könnte? Welches „Amt" ist „zuständig"? Lassen sich Dienstleister, Sachgüter oder Sozialgelder abrufen? Erst mangels einer solchen Instanz, welche das Problem zu bewältigen hätte, erfolgt – im besten Fall – die Aktivierung „unterer" sozialer Einheiten (wie der Familie) oder das Wachrufen des persönlichen Engagements (etwa in der Nachbarschaft).

Dies hat auch einen dynamischen Aspekt: Wenn Individuen für ihre Überzeugungen Opfer gebracht haben, so identifizieren sie sich stärker damit. Sie finden es unerfreulich zuzugeben, daß ihre Opfer vergeblich waren, und sie werden eher bereit sein, weitere Opfer zu bringen – wie uns die Theorie der *kognitiven Dissonanz* (ich deute die Welt so, daß ich mir nicht dumm vorkomme) voraussagt. Helfen zieht helfen nach sich. Wenn ich mich schon einmal auf die Hilfe eingelassen habe, komme ich schwer wieder heraus. Eine Versagung von Hilfeleistungen nach anfänglichem Engagement bedeutet auch, daß „altruistische Investitionen" verlorengehen. Gibt es keine Anfangsinvestitionen, nimmt man auch von Folgeinvestitionen leichter Abstand. Eine solche Dynamik gibt es auch auf der Seite des Wohlfahrtsstaates: Seine erfolgreiche Installierung von Sozialleistungen zerstört Solidaritätserfahrungen und Solidaritätshaltungen, und je weniger individuelle Solidarität vorhanden ist, umso stärker muß der Wohlfahrtsstaat in die Lücken springen, was weitere entsolidarisierende Effekte auslöst und zu weiteren notwendigen Hilfsprogrammen führt ... Ein *solidaritätszerstörender Teufelskreis* entsteht.

Die Sozialpolitik sitzt in Anbetracht dieser Entwicklungen auf dem kürzeren Ast. Der Staat, der sich durch den wohlfahrtsstaatlichen Expansionismus der letzten Jahrzehnte in finanziellen Nöten befindet, versucht, sich gegen eine weitere Übertragung von sozialpolitischen Aufgaben an die öffentliche Hand zu wehren (Beispiel Pflegevorsorge) oder gar gewisse Funktionen an den „Privatbereich" zurückzugeben (Beispiel private Pensionsvorsorge). Aber die sozialexpansiven Tendenzen werden von kräftigen Strömungen in anderen Lebens- und Kulturbereichen getragen. Die *Gesellschaft der Individuen* löst Milieus – Lebensgruppen aller Art – auf: Die moderne individualistische Gesellschaft, zu Ende gedacht, hat nicht einmal mehr Platz für Ehe und Familie. Die steigende Berufstätigkeit der Frauen erfordert beispielsweise eine Abtretung des bisher von ihnen erbrachten Pflegeaufwandes an staatliche Institutionen. Dieser Wandel wird natürlich nicht als neuer Anspruch geäußert, sondern ideologisch verbrämt. Der einfache Sachverhalt einer *Beteiligung am Arbeitsmarkt* wird zum *Emanzipationsakt* stilisiert – obwohl man genausogut behaupten könnte, es handle sich um den endgültigen Sieg des kapitalistischen Prinzips, das sich die letzten traditionellen Reservate einverleibt. Und *Kinder, Alte und Kranke werden als Angelegenheit staatlicher Institutionen umdefiniert*; sie sind nicht mehr Familie, sondern Betreuungsfälle, für welche die Gesellschaft ihre Zuständigkeit nicht zu verleugnen vermag. Unser Wirtschaftswachstum resultiert in diesen Jahren nicht zuletzt aus der *Vermarktlichung*: weil bezahlt und deshalb im Sozialprodukt gemessen wird, was früher genauso getan, aber nicht bezahlt wurde; weil eine Frau, die früher aus Rohmaterialien ein Essen auf den Tisch gebracht hat, jetzt durch ihre Erwerbsarbeit Geld verdient, das sie wieder für teure Fertigprodukte ausgibt, mit denen dasselbe Ergebnis – ein Essen auf dem Tisch – erzielt wird. (Falls wir den Gedanken weiterspinnen und feststellen sollten, daß die Qualität des Fertigprodukts gegenüber der früheren Eigenproduktion gesunken ist, und das Sozialprodukt durch Qualitätsparameter korrigieren, könnten wir vielleicht gar bei einem Negativwachstum landen.)

Hier soll kein Argument konstruiert werden, das die Frauen wieder heim an den Herd befördert: Es geht vielmehr um die ideologische Beliebigkeit, mit der Argumente verbogen werden können. Interessanterweise wird im neuen progressiven Diskurs, in dem feministische Gruppen ein wesentliches Wörtchen mitzureden haben, die im Grunde marktstörende Aufrechterhaltung traditionell-konservativer Haltungen (Frauen heim an den Herd) als den kapitalistischen Interessen dienlich dargestellt, während die durchgängige Vereinheitlichung der Bürger als Teilnehmer am kapitalistischen Arbeitsmarkt, die einheitliche Vermarktlichung privater Lebensbeziehungen (alle machen bei der Arbeit am Sozialprodukt mit), als die wahre Emanzipation gefeiert wird. Aufopfernde Pflege ist vormodern. Die Vermarktlichung aller Lebensbereiche hingegen ist jetzt nicht mehr Symbol der lebensweltlich-destruktiven Kraft des Kapitalismus, sondern als progressiv-emanzipatorische Kategorie zu sehen. Wer anderes sagt, ist nicht „politisch korrekt". Wehe, wer vor drei Jahrzehnten nicht genau das Gegenteil gesagt hat. Die Desorientierung hat, wie wir sehen, längst auch die Sozialwissenschaftler erfaßt.

Jedenfalls bleibt das sonderbare Paradoxon: Gerade die Prozesse der Autonomisierung und Selbstentfaltung führen in die Abhängigkeit vom Wohlfahrtsstaat. Die individuelle Emanzipation muß sich auf ungeheuer viel Sozialstaat stützen, um den einzelnen Individuen Aufgaben abzunehmen. Wenn alle pünktlich bei der Arbeit sein müssen,

können alte Menschen nicht gepflegt werden; man verlangt Pflege-
heime – und damit mehr wohlfahrtsstaatliche Maßnahmen. Je *indivi-
dualisiert-selbstentfalteter* die Individuen sind, umso *wohlfahrtsstaatlich-
abhängiger* müssen sie sein.

Diese Paradoxa können keine konservative Demontage des Sozialstaates unter dem Titel der Freiheitswahrung rechtfertigen. Was hartnäk-
kige Konservative, vor allem in den Vereinigten Staaten, vorschlagen, ist
die radikale Umkehr aller Trends, und sie nehmen die Konsequenzen in
Kauf. Es gibt ein einfaches Prinzip: Was man subventioniert, von dem
bekommt man mehr; was man besteuert, von dem bekommt man weniger.[177] Wenn bestimmte soziale Situationen mit Not und Elend verbunden
sind, werden die Menschen danach trachten, sie zu vermeiden. Wenn man
Armut „angenehm" macht, wird es mehr „Arme" geben. Wenn man
alleinstehende Mütter gut bezahlt, wird es mehr alleinstehende Mütter
geben. Das ist nicht falsch; aber um durch materiellen Druck unerwünschte soziale Situationen zu vermeiden, muß man bereit sein, Not und Elend
in großer Dosierung in Kauf zu nehmen. Im konservativen Aufschwung
in den Vereinigten Staaten äußert sich diese Strategie in Versuchen, den
Immigranten jede ärztliche Hilfe zu entziehen, den bedürftigen Schülern
ihre Essensmarken wegzunehmen und unehelichen Müttern mitzuteilen,
daß sie ihre Vergünstigungen verlieren, falls sie es wagen sollten, ein
zweites uneheliches Kind in die Welt zu setzen. Manchen scheint es zu
gelingen, neue sozialdarwinistische Aufschwünge als Wege zur Tugend
zu verkaufen.

Die radikale Abkehr vom Sozialstaat würde in den europäischen
Ländern nicht funktionieren. Denn mittlerweile haben sich die Erwartungshaltungen der Menschen geändert, und das liberale Programm
zielt denn auch darauf, die *Erwartungen* wiederum „zurückzuändern":
Erwarte nichts vom Staat, und sieh zu, daß du nicht in Situationen gerätst,
in denen du auf ihn angewiesen wärest! Wenn man damit rechnen kann,
daß diese Überredungskampagne zur Dämpfung sozialstaatlicher
Erwartungshaltungen funktioniert, so könnte sie allerdings auch in die
andere Richtung funktionieren: Verlaß dich nicht auf den Staat, sondern
pflege *Bürgertugenden*, damit die Wohlfahrtsprogramme nicht überlastet
sind, und nutze die Hilfen des Staates nur dann, wenn du sie wirklich
brauchst! So ließe sich das Programm der liberalkonservativen Seelen-
massage „umdrehen": Es wäre nutzbar zu machen, um das am Wohlfahrtsstaat zu retten, was gerettet werden muß. Vorderhand müssen wir

aber wohl davon ausgehen, daß *moral suasion* – die Überredungsstrategie – nur innerhalb enger Grenzen wirksam ist. Rechtliche Steuerungsmittel allein versagen dort, wo es darum geht, Personen zu ändern, und an eine wirklich moralische Argumentation sind wir in den europäischen Staaten nicht mehr gewöhnt; wir beschränken uns auf rasche Gut-Böse-Zuweisungen und Betroffenheitsbekundungen.

Fatale Verstärkungsmechanismen sind jedenfalls der Kern des Problems: Die Sozialpolitik ist bestrebt, den Zusammenbruch der traditionellen Hilfsmechanismen in sozialen Notlagen zu kompensieren, und indem sie dies tut, tendiert sie dazu, deren weitere Schwächung zu fördern.[178] Erodierende Traditionen, die in den Sog dieses Prozesses geraten, sind kaum zu festigen, auch wenn besorgte Sozialwissenschaftler dazu aufrufen, aus der Vergangenheit zu lernen, „daß die Erzeugung und Ausformung neuer Traditionen noch ernsthafter als bisher als Erfordernis der Sozialpolitik selbst gesehen werden muß".[179] Die Pflege kultureller Bestände, die als sinnvoll, aber bedroht angesehen werden, ist auf Kampagnen verwiesen, die zwischen Leerformeln und Politikslogans, biederen Moralpredigten und rührenden Appellen pendeln. Progressive Theoretiker denunzieren die Erinnerung an das „gute Leben" und seine Sinnhaftigkeit gerne als schlichte Propaganda: „‚Sensibilisierungsstrategien', Bewußtseinsveränderungen, moralische Kampagnen, die Festlegung von Pflichten für Eltern und Kinder, der Versuch, Verantwortungsgefühle für den Nächsten über Werbung ... herzustellen, die staatlich betriebene Vermittlung von Lebenssinn ... machen einen wesentlichen Anteil solcher Sozialpolitik aus. Je entfremdeter die Welt, desto wichtiger erscheint hier die Vereinheitlichung durch identitätsstiftenden Sinn, um die wirtschaftlich notwendige Normierung aufrechtzuerhalten."[180] Aber möglicherweise ist eine Änderung der „Atmosphäre" wirksamer, als man das bisher für möglich gehalten hat. Die Geschichte des Zigarettenrauchens in den letzten Jahrzehnten ist ebenso überraschend wie lehrreich: In den siebziger Jahren profilierten sich emanzipierte SchülerInnen und sich emanzipierende LehrerInnen mit der Forderung nach der Einrichtung von „Raucherzimmern" in den Schulen; in den neunziger Jahren scheint die von den USA ausgehende Kampagne gegen das Nikotin in einer Weise zu greifen, daß Rauchen in der Öffentlichkeit beinahe als obszöne Handlung erscheint. Statt der Raucherzimmer propagieren dieselben Menschen mit demselben Engagement jetzt das Rauchverbot für die ganze Schule und zumindest ein Werbeverbot für die ganze Umgebung. Die „Überredungskampagne" hat Erfolg gezeitigt, und die Zahl der Raucher nimmt ab. Man könnte zumindest ausprobieren, ob sich sozialpolitischer Betrug in ähnlicher Weise diskreditieren ließe oder ob erwünschte soziale Verhaltensweisen gefördert werden könnten.

SOZIALSTAAT
Die Kalkulierbarkeit des Mitleids

Das in regelmäßigen Zyklen auftönende und abschwellende Gerede über Arbeitslose und andere Schmarotzer, die sich an Sozialgeldern gütlich tun, ist von der folgenden Polarisierung gekennzeichnet: Da gibt es die einen, für die jeder Empfänger von Sozialtransfers (und die Arbeitslosen ganz besonders) ein geldgieriger Faulpelz in der berühmten sozialen Hängematte ist. Und da gibt es die anderen, für die jeder, der auf einen Mißbrauch von Transfergeldern hinweist, die große Attacke auf die Errungenschaften des Sozialstaates bläst. Das diskursive Terrain zwischen diesen beiden Polen ist spärlich besetzt; dabei ist mittlerweile allgemein bekannt, daß die Probleme genau beim Auseinandersortieren von Mißbrauch und Armut liegen. Jeder Normalbürger begegnet in seiner Lebenswelt den Bedürftigen ebenso wie den Schmarotzern; wie könnte er sich in Anbetracht seiner eigenen Erfahrungen der Einsicht verschließen, daß die politische Diskussion in ihrer polarisierten Heftigkeit sich durch einen erheblichen Grad an Wirklichkeitsferne auszeichnet?

Freilich geht es bei dieser Auseinandersetzung immer auch um ordnungspolitische Ideologien, um Verteilungskonflikte, um – wenn man es so nennen will – „Klassenkampf".[181] Die Arbeitgeber *benutzen* den Mißbrauchsverdacht, um die Entwicklung des Wohlfahrtsstaates *in toto* zu bremsen; aber kein vernünftiger Politiker kann sich der Einsicht verschließen, daß der explodierende Geldverbrauch für sozialstaatliche Belange, wie er in den meisten europäischen Ländern nachzuweisen ist, in dieser Weise nicht weiter gehen kann und daß man, wenn man nach Einsparungspotentialen sucht, im Dienste der sozialen Gerechtigkeit auch jenen auf die Finger klopfen muß, die mit großem Geschick die öffentlichen Kassen anzapfen, ohne daß sie die Gelder wirklich benötigen. Die Arbeitnehmervertreter und ihre Experten legen in regelmäßigen Abständen Daten darüber vor, daß im jeweiligen Land trotz eines hohen Lebensstandards noch eine gigantische „Armut" bestehe, daß neue Gruppen unter die „Armutsgrenze" gerieten, ja daß zuweilen gar die „Armen" insgesamt zunähmen. In die Details der Berechnungsmethoden, die geeignet

135

sind, bei jeder nur denkbaren realistischen Wirtschaftsentwicklung eine zuverlässige Armenquote auszuweisen, vertieft man sich selten. Die gewünschte Konstruktion von Armutsziffern täuscht über die Wirklichkeit; genau wie jene Propheten der Luxusgesellschaft, die sich – selbst in mehr als wohlgeordneter Lebenslage befindlich – gar nicht mehr vorstellen können, was echter Mangel wäre, über jene Bereiche der Wirklichkeit hinwegzutäuschen trachten, wo sich – auf Inseln und an Rändern der Gesellschaft – immer noch die „echte" Armut findet. Aber die wechselseitige Überhöhung der Positionen – „Schmarotzer" versus „Arme" – macht den Diskurs, auch in der Wahrnehmung der Wähler, unwirklich und unsinnig. Jeder kennt die einen und die anderen aus seiner Nachbarschaft, und jeder weiß, daß es im Grunde darum geht, die einen und die anderen auseinanderzuhalten: jene, die arm sind, und jene, die Hilfsbedürftigkeit simulieren.

Die einschlägigen Argumente über Sozialgelder und Gleichheit, Leistung, Motivation, Mißbrauch, Incentives und dergleichen sind bekannt, und wir lassen sie beiseite.[182] Aber ein gesellschaftstheoretischer Aspekt ist wichtig, der zur folgenden These führt: Das Hängemattenproblem verschärft sich nicht zuletzt deswegen, weil es zu einer *Entstigmatisierung* der Sozialpolitik gekommen ist. Das *wohlfahrtsstaatliche Bewußtsein* greift um sich, gerade weil die individualisierte Marktgesellschaft ein kosten-nutzen-rechnendes Bewußtsein honoriert. Jeder rechnet nach, wie er am besten heraussteigt, und das ist selbstverständlich. Die kalkulierende Rationalität richtet sich auch auf den sozialpolitischen Apparat. Jeder arrangiert seine Lebensumstände so, daß seine Rechtsansprüche maximiert werden. Die Leistungsinanspruchnahme ist immer weniger stigmatisierend. Keine Frau wird scheel angesehen, weil sie erhöhtes Karenzgeld bezieht. Diese Entwicklung war erwünscht; sie hat soziale Verachtung von jenen genommen, die unverschuldet in Not geraten sind. Vom Arbeitsamt muß nicht mehr das Papiersackerl mit dem Geld abgeholt werden, jetzt wird das Geld auf das Girokonto überwiesen – und es liegen Welten zwischen diesen beiden Verfahren. Das Buckeln vor dem Schalter fällt weg. Der Kontoauszug ist eine automatische Sache. Das Geld kommt aus dem Nichts.[183]

Armut kann Würde bewahren. Aber zugleich bedeutet die *Entstigmatisierung* auch *Kalkulierbarmachung*. Mit sozialer Verachtung muß nicht mehr gerechnet werden. Jetzt geht es um den Rechenstift. Wenn man die erhöhten Karenzgelder beziehen will, muß man die Heirat um ein Jahr verschieben. Wenn man in den Jahren der Pension einige Male auf Kur gehen will, muß man rechtzeitig mit der „Pflege" von Krankheiten anfangen. Verbreitet sich diese Mentalität, geraten selbst die ehrlichen Gesellschaftsmitglieder unter Zugzwang: Alle profitieren, und man ist selbst der Dumme. Ja noch schlimmer: Wenn alle Kollegen regelmäßig ihre Kuraufenthalte „nehmen", wird man zum Gespött, wenn man keine passenden Beschwerden aufzuweisen hat. Die Meldung, man wolle „ehrlich" sein, löst im Freundeskreis schallendes Gelächter aus. Unter solchen Bedingungen ändern sich die Normalitätsstandards: Es wird „normal", die Kassen der Sozialversicherung nach bestem Können zu plündern. Dies verbindet sich nicht mehr mit irgendeiner Art von Unrechtsbewußtsein.

Das Jahreseinkommen läßt sich maximieren, wenn man sich als Bauarbeiter über die Wintermonate in die mit dem Arbeitgeber „vereinbarte Arbeitslosigkeit" begibt. Man kann die Empfänger von Sozialtransfers nicht für gänzlich kalkulationsunfähig halten oder sie zu moralischen Übermenschen stilisieren, die sich der monetären Berechnung, die doch in der Marktwirtschaft in anderen Zusammenhängen keineswegs verpönt ist, zur Gänze enthalten. Schließlich investieren auch Unternehmer nicht deswegen, weil sie Beschäftigung sichern wollen, sondern dann, wenn sie sich eine hinreichend rentable Produktion versprechen. Ein Arbeitsloser, der 7000 Schilling fürs Nichtstun bekommt und dabei genügend Zeit für „schwarz" bezahlte Hilfsdienste hat, wird sich kaum um einen Job reißen, der ihm 10.000 Schilling netto bringt, bei vierzig Wochenstunden Arbeit. Ist ihm das vorwerfbar? Oder ist es nicht heuchlerisch, ihm ansinnen zu wollen, seine Arbeitsethik müsse sich souverän über dieses Kalkül hinwegsetzen? Es sind rationale Individuen in einer rationalisierten Welt, und die Grenze zum Mißbrauch ist, wo alle Möglichkeiten der Kostenrechnung genützt werden, in vielen Fällen schwer zu ziehen. Das gilt für die Partner auf beiden Seiten des Arbeitsmarktes.

Eine *Restigmatisierung* von Sozialtransfers wird weder möglich noch wünschenswert sein. Man sitzt zwischen zwei Stühlen: Die traditionellen Barrieren moralischer und sozialer Art sind gefallen, und neue Kontrollen lassen sich schwer einrichten. Soziale Kontrolle war durchdringend; bürokratische Kontrolle ist nur begrenzt möglich: Der Hausbesuch, der darauf zielt, festzustellen, ob der Bezugsempfänger wirklich krank zu Bette liegt, ist nur selten machbar, und die Schnüffelei, ob bei der alleinstehenden Mutter nicht doch zuweilen ein Mann übernachtet, wollen wir nicht allzu sehr ausufern lassen. Die Unantastbarkeit der Privatsphäre kollidiert mit dem moralfreien Kalkül der Transferempfänger; die Allgemeinheit der (rechtsstaatlichen) Regeln stößt mit der Spezifizität der Umstände zusammen. Als Substitut für schwindende soziale Normen wird nach neuen institutionellen Vorkehrungen zu suchen sein: nach adäquaten Anreizstrukturen, nach Möglichkeiten zur Organisierung von Quasi-Märkten, nach Wegen einer besseren administrativen Kontrolle. Schließlich gilt es, den Wohlfahrtsstaat, diese große abendländische Erfindung, zu retten.

STADT

Der Verlust der Lebensräume

Städte sind Verdichtungen dessen, was in einer Gesellschaft vor sich geht. Sie spiegeln überscharf die anomischen Tendenzen der modernen Gesellschaft wider, in zugespitzter, überhöhter, beschleunigter Form. Ist die Gesellschaft individualisiert, so feiert die Individualisierung in den urbanen Gebieten ihre Triumphe. Ist die Gesellschaft unübersichtlich, so sind es die Städte erst recht. Wirft die Gesellschaft ihre Lebensweise über den Haufen, so tut sie es zunächst in den Agglomerationen. Zerfällt die Gesellschaft, so beginnt sie damit in den Städten.

Viele europäische Städte haben den Zerstörungsprozeß des Wiederaufbaus hinter sich. Die destruktive Rationalität einebnender Stadtplaner hat von den fünfziger zu den siebziger Jahren unseres Jahrhunderts Gebilde einer urbanen Vernünftigkeit geschaffen, die den vermeintlichen Anforderungen der Moderne – steigendem Autoverkehr, der Unterbringung von wirtschaftlichen Großeinheiten, der Zentralisierung einer wachsenden Verwaltung – gehorsam zu sein versuchte. Die architektonisch-stadtplanerische Gestaltung dieser Jahrzehnte ist ein geistiges Selbstporträt der Epoche, der steingewordene Niederschlag eines Wiederaufbaudenkens, das als Vernichtungslawine über die Städte rollte. Denn wo man nicht mehr mit Vergnügen und Muße spazieren gehen kann, dort ist nicht Stadt, sondern bestenfalls Siedlungs- und Verkehrsgebiet.

Stadt ist etwas anderes. *Die Stadt ist geronnene Zeit, gebaute Herkunft, gestaltete Tradition.* „Wenn die Umgebung langweilig ist", so meint György Konrad, „werden nach und nach auch ihre Bewohner langweilig, langweilig und gelangweilt, was einem schönen Circulus vitiosus gleichkommt, denn sie selbst werden dann zugleich auch die Schöpfer der Langeweile, die Hüter der Langeweile und die Zensoren der Langeweile, für deren Begabungsentfaltung sich auch im kleinen Familienheim Möglichkeiten eröffnen."[184] Stadt ist Vielfalt, Interesse, Abwechslung.

Die als Betonlawine niedergegangene Wiederaufbau-Vernunft ist über die Städte hinaus in den ländlichen Raum diffundiert. Die *Vernichtung der Dörfer* beruht auf denselben Prinzipien: einer leichtfertigen Planung

verwaltungsgerechter Einheiten und der behenden Errichtung pflege-
leichter Architektur. Die architektonische Öde auf dem Land ist sogar
noch schlimmer. Dort setzt sich unter der Diktatur ländlicher Baumeister
eine Entwicklung fort, die in den Städten bereits wieder von einer Phase
der Regeneration abgelöst wurde: Die Bestückung der Landschaft mit
weißen Klötzen, großen Fenstern und staubfreien Feldwegen schreitet
voran. Die Stadt hingegen wird wieder als „kulturelles Biotop" erkannt:
als Gruppierung von Lebensformen, die ebenso dem „Artenschutz"
unterliegen sollen wie die natürlichen Biotope.

Es gelten zwei gegenläufige Tendenzen. Die eine ist: Stadt und Land
wachsen immer mehr zusammen; die Trennung ist aufgehoben. Die
andere: Stadt und Land polarisieren sich immer mehr; die Gegensätze
werden immer stärker. Die erste These läßt sich folgendermaßen präzisie-
ren: *Städtische Kultur dringt auf das Land vor.* Dörfer verlieren ihre Einheit,
ihre Physiognomie, sie werden „städtisch" von Aufmachung, Architektur
und Lebensstil. Die dörfliche Geborgenheit wird aufgebrochen durch Mobilität, Information, Fremdenverkehr, Flexibilität. Der Lebensstil wird ni-
velliert, das Fernsehen vermittelt überall dieselben Vorbilder. Nirgends
trägt man so konsequent die neueste Mode, hört so sorgfältig die neueste
Jugendmusik. Die Durchsetzung einer allgemeinen Schulbildung, vor allem aber die Massenmedien haben zu einer generellen Urbanisierung des
Bewußtseins, zur „Erweiterung des Horizonts" und zum Bindungsverlust
der „Heimat", geführt.[185] Das Land, die Natur, wird immer mehr als zeit-
weiliger Ausstieg aus den städtischen Kulturlandschaften benötigt.[186] Die
Stadt zieht das Land als Erholungslandschaft in sich hinein. Stadt und
Land existieren in einem vermarkteten Raum und in einer vermarkteten
Zeit: „Die Vermarktung der Zeit, die mit den Mechanismen industrieller
Produktion verzahnt ist, reißt die Unterscheidung zwischen Stadt und
Land, wie sie für die klassengegliederten Gesellschaften charakteristisch
ist, nieder."[187] Stadt und Land sind immer weniger unterscheidbar.

Aber da ist noch die Gegentendenz: *Polarisierung findet statt* – nicht nur
bei den wuchernden, unregierbaren, unheimlichen und sich selbst zer-
störenden Städten in der Dritten Welt, sondern auch in den entwickelten
Ländern. Denn die Unterschiede verschärfen sich, in Wirtschaft, Politik,
Bildung und Kunst. Agglomerationen üben eine Sogwirkung aus, die in
ländlichen Abwanderungsgebieten ihr Potential findet. Moderne, dynamische, intelligente Industrien siedeln sich am Rand der Ballungszentren
an, nicht direkt in den Städten, die industriefeindlich geworden sind, aber

jedenfalls in kurzer Distanz zu diesen. Für das Land bleiben aussterbende Industrien.[188] – Sodann zeigt sich ein Konzentrationsprozeß im politischen Bereich. Die Aufmerksamkeit der Bürger richtet sich (durch die Medien ebenso wie durch faktische Kompetenzverschiebungen) stärker auf die Zentralen, national und supranational. Politik wird medienzentriert, im Fernsehen dominiert Bundespolitik. Politik wird gar international, Brüssel drängt sich vor. Das zieht einen Bedeutungsverlust ländlicher (regionaler) Politik nach sich, oder besser: Diese koppelt sich als zweite Ebene von der „großen Politik" ab. – Weiters: Städte dominieren im Bildungsgeschehen. In einer Bildungsgesellschaft werden fortgeschrittene und spezialisierte Bildungsgänge wichtiger, und trotz einer flächendeckenden Basisversorgung finden diese spezialisierteren Bildungsgänge im wesentlichen in den großen Städten statt. In den Städten werden die höheren Schulen besucht, und dort finden sich die Universitäten. Ein größerer Anteil der gesamten Bildungsprozesse verlagert sich in die Städte. – Schließlich: Ein kultureller Konzentrationsprozeß ist unübersehbar. Ausstellungen werden anspruchsvoller und nehmen gigantische Ausmaße an, der Kunstmarkt wird weltweit. Mit dem Lebensstandard wächst das Kulturangebot, und dieses Wachstum findet vor allem in den Städten statt. Die „großen Angebote" – Ausstellungen, Museen, Galerien – finden nur in den größeren Städten Anklang, und das ist auch nicht anders möglich. Es bleiben ein paar rührende Volkskundemuseen. Moderne Kunst trifft auf dem Land ohnehin auf Widerstände.

Das Verhältnis der Städter zum Land ist alles andere als unkompliziert. Es gibt eine *Romantisierung des Ländlichen*, die sich manchmal zu einem ordentlichen Rousseauismus auswächst: Stadtmenschen wollen auf das Land, angesichts der Unwirtlichkeit der Städte. Tatsächlich ist die Luft am Land besser, die Preise sind günstiger, das Leben ist überschaubarer, das Bauen ist billiger. Viele meinen, dort auch das Natürliche, Unverfälschte, Echte und Reine zu finden. Aber das Dorf – in seiner Urtümlichkeit – ist eine städtische Projektion.[189] Dazu gehört auch die Vorstellung, am Land seien die „Wurzeln" zu finden, Gemeinschaft, Geborgenheit, Heimat. Wird nach den *roots* gegraben, so führt dies allerdings meist nur zu kommerzialisierten Ländlichkeitssymbolen, die allein für die Städter produziert werden. Aber nicht nur für diese: Angesichts der kulturellen Beeinflussung werden sie auch schon für die Landbewohner selbst produziert, zumal in touristischen Gebieten. Diese spielen sich ihr eigenes Leben als Theater vor und glauben daran.

Während die Bäuerlichkeit in dieser Tradition der Romantisierung des Ländlichen für das „Volk" steht, bedeutet die Großstadt Vermischung, Untergang der Nationen, Verlust der Eigentlichkeit, Entfremdung. Seit alters her wurden die Städte mit Distanz betrachtet, als *abscheuliche Anhäufungen von Menschen und Gebäuden*, die Chaos und Verfall repräsentieren. Selbst in den Definitionen der Stadt drückt sich die kaum verhohlene Abscheu aus; so etwa bei Werner Sombart in der Zwischenkriegszeit: „Städtisch oder stadthaft siedeln heißt Siedeln (Wohnen) gegen die Natur; heißt das Hineinprojizieren des Geistes in die Natur; heißt das von der Mutter Erde abgewandte, gegen die Naturvorgänge gleichgültige Wohnen in Gebäuden aus Stein und Eisen; in Gebäuden, die nicht mehr aus der Natur hervorwachsen, sondern der Natur aufgezwungen sind; und in einem weiteren Sinne: die Vergewaltigung der natürlichen Gegebenheiten der Umwelt."[190] Verstädterung heißt dann auch „Rationalisierung, Vergeistung, Entseelung, Entwurzelung".[191] Die Tradition der ländlichen Romantisierung bedeutet eine souveräne Ignoranz dessen, was das Land wirklich ist. Die Facetten seiner Härte, der sozialen Kontrolle durch die Nachbarn, der Unerbittlichkeit, des Zwanges und der Intoleranz, der Ignoranz und der Dummheit, der Beschränktheit und des Provinzialismus werden ausgeblendet. „Ställe sind warm, aber eng."[192] Das Leben ist schicksalhaft, nicht gestaltbar. Die sozialen Kontakte sind vorgegeben, nicht wählbar. Der Gang des Lebens ist vorgezeichnet, und nur um den Preis der kraftvollen Auflehnung läßt er sich durchbrechen.

Träger der europäischen Zivilisation – des Geisteslebens, des Neuen, des Revolutionären – waren immer die Städte. Die Stadt „als Kunstwerk, als geschaffenes und sich formendes Kunstwerk", ist „das beste ..., was unsere Zivilisation aus sich hervorgebracht hat".[193] Ein städtisches Klima, das heißt: Gespräch, Auseinandersetzung, Begegnung, Verdichtung, Arbeitsteilung. Die Emanzipation der Frauen findet in der Stadt statt. Vieles von dem, was Stefan Zweig in seinen Erinnerungen über Wien schreibt, trifft auf das Städtische schlechthin zu: Städte sind aufnahmewillig und mit einem besonderen Sinn für Empfänglichkeit begabt, sie ziehen die disparatesten Kräfte an sich, entspannen, lockern und begütigen sie; es herrscht eine Atmosphäre geistiger Konzilianz; jeder Bürger einer Stadt wird in gewissem Sinne zum Übernationalen, zum Weltbürger erzogen; das Alte hadert nicht mit dem Neuen.[194]

Städte sind die Zentren des *Massenindividualismus* und des Geistes der Industriegesellschaft. Wenn die Gruppen expandieren, so hat Georg

Simmel gezeigt, beginnen sich die sozialen Kreise, in denen sie sich bewegen, zu überschneiden, die Interaktionen werden unpersönlicher, und angesichts dieses Angriffes auf ihre Individualität betonen die Menschen diese stärker, sich selbst und anderen gegenüber.[195] So „wie der Individualismus durch die Städte gefördert worden ist, so sind auch andere Züge des kapitalistischen Geistes erst in den Städten recht ausgeprägt worden: der Intellektualismus, die Rationalität, die Rechenhaftigkeit."[196] Noch mehr: Alle großen Kulturen sind Stadtkulturen; Oswald Spengler nennt den Menschen ein „städtebauendes Tier", Weltgeschichte sei die Geschichte des Stadtmenschen.[197] Alexander Rüstow sagt, Stadtbildung sei die unumgängliche Voraussetzung jeder Hochkultur: „Alle Hochkultur ist Stadtkultur."[198]

In der jüngsten Zeit entsteht wieder ein Interesse an der Urbanität – und damit an der Stadt. Dazu trägt die faktische *Regenerierung* der Städte – oder zumindest bestimmter Teile – bei. Ihre Attraktivität ist im Steigen; aber auch der urban-dynamische Zeitgeist, einschließlich Neonkultur und Postmoderne, trägt dazu bei, daß „Stadt" – meist im geschichtlichen Stadtkern – neuinszeniert wird. Die Idealisierung hat – so wie beim Landleben – ihre „Nachtseite": Stadt heißt sicherlich Freiheitsgewinn, Kulturleben, Toleranz und Individualismus, Stadtluft macht eben frei.[199] Das Pendant für diese Unabhängigkeit sind aber Anonymität, Vereinzelung, Unsicherheit, Desorientierung. Vieles davon läßt sich einfach in dem Wort zusammenfassen: *Zivilisiertheit.* „Unzivilisiert ist es, andere mit dem eigenen Selbst zu belasten."[200] Urbanität ist Kommunikation mit Fremden, Integration des Fremden. „Es besteht ein enger Zusammenhang zwischen Zivilisiertheit und Urbanität. Zivilisiertheit bedeutet, mit den anderen so umzugehen, als seien sie Fremde, und über diese Distanz hinweg eine gesellschaftliche Beziehung zu ihnen aufzunehmen. Die Stadt ist eine Siedlungsform, die das Zusammentreffen einander fremder Menschen wahrscheinlich macht. Die öffentliche Geographie der Stadt ist die institutionalisierte Zivilisiertheit."[201] Wenn dies richtig ist, haben die Städte unter der verkehrsbestimmten Zielsetzung und unter der Auflösung von Verhaltensstandards gelitten; denn die „öffentlichen Orte" – mit den Qualitäten für Aufenthalt, Kommunikation und Aneignung – sind verschwunden. Sie sind zum einen im Getöse der Autostadt untergegangen, zum anderen in der Exponiertheit des „privaten" Verhaltens: Öffentliche Orte versinken in der Intimität eines Verhaltens, das die Unterscheidung des Öffentlichen und Privaten negiert.

Die Kreuzung der sozialen Kreise reduziert aber auch die Qualität der sozialen Beziehungen: Niemand wird verkennen, so gibt Simmel zu, „daß der Stil des modernen Lebens gerade wegen seines Massencharakters, seiner hastigen Vielfältigkeit, seiner alle Grenzen überspringenden Ausgleichung unzähliger, bisher konservierter Eigenheiten zu unerhörten Nivellierungen gerade der Persönlichkeitsform des Lebens geführt hat". Aber zugleich entsteht gerade dadurch ein Bewußtsein von der eigenen *Persönlichkeit.* „Je gleichmäßiger und unbewegter das Leben fortschreitet, je weniger sich die Extreme des Empfindungslebens von seinem Durchschnittsniveau entfernen, desto weniger stark tritt das Gefühl der Persönlichkeit auf; je weiter aber jene sich spannen, je energischer sie ausschlagen, desto kräftiger fühlt sich der Mensch als Persönlichkeit."[202] Der Individualisierungsdruck wiederum führt dazu, daß gerade das großstädtische Individuum seine Einzigartigkeit übertreibt, Extravaganz und Affektiertheit zeigt, Aufmerksamkeit heischt und eine blasierte Haltung an den Tag legt. Die Großstadt ist einerseits der Ort der *Rationalisierung* und *Kalkulierbarmachung* des Lebens; andererseits der Ort unberechenbarer Affekte, von *Aversionen* und *Antipathien.* Der einzelne ist entfremdet in einer von ihm selbstgeschaffenen sozialen Welt. Die Großstadt ist der Ort rascher Modeschwankungen.

Auch wenn die Großstadt der Ort der Kulturentwicklung ist, gibt es doch *unkultivierte Städter.* Das gesunde Selbstbewußtsein der Städter, Knotenpunkt kulturellen Geschehens zu sein, findet nicht immer seine Deckung im Verhalten der Stadtbewohner. Der Bewohner der Stadt ist nicht von Natur aus ein Städter. Die empirischen Sozialforscher haben städtische Ignoranz sorgfältig vermessen: Die meisten Einwohner nutzen die Stadt nicht. Sie besuchen keine Bildungsstätten, Theater, Museen und dergleichen, selbst wenn sie darauf stolz sind. Es gibt nur wenige Städter unter den Leuten, die Städte bewohnen.[203] Viele sind ganz einfach keine Städter, andere haben eine Absetzbewegung gegen die Unwirtlichkeit der Umgebung vollzogen: ausblenden, ignorieren, abwenden, zurückziehen.

Es gibt auch *provinzielle Städter.* Provinz ist überall. Auch die Städte sind nicht davor gefeit. Selbst in Hauptstädten kann es eine „provinzielle Politik" geben. „Winklig begrenzter Horizont und also geringe Blickweite, gleichmäßig träger Fluß der Zeit, renitente Unveränderlichkeit, von Geburt bis Tod der gleiche Glockenschlag, ein Lebensgewebe selbstgenügsamer Behaglichkeit, bar aller spekulativen Phantasie – das ist Provinz. Es passiert nichts, und es soll nichts passieren."[204] Es gibt Städte, auf

144

welche diese Beschreibung insgesamt zutrifft, es gibt aber auf jeden Fall solche Elemente innerhalb der Städte, in den Quartieren und Vierteln, in denen die neuere Stadtsoziologie „urbane Dörflichkeit" entdeckt hat. Schließlich gibt es auch *identitätsverbundene Städter*. Man kann auch eine „neue Provinzialität" kultivieren, die sich gegen die gemischte Weltkultur abhebt: Provinzialität in diesem Sinne bedeutet Eigenständigkeit, historisches Bewußtsein, Flair des Individuellen und Anderen – eine kosmopolitische Provinzialität, die sich von der Fadesse der Weltstadt abhebt, in deren Fußgängerzonen man in aller Welt „zu Hause" (und eben nicht „zu Hause") ist, weil überall die gleichen Läden, Pizzalokale und Hamburgershops zu finden sind.

Wir haben Städtebilder in unseren Köpfen. Aber die Wirklichkeit der europäischen Städte ist anders. Die Bilder in den Köpfen vermitteln ebenso wie die Bilder in den touristischen Prospekten das Gefühl einer Einheitlichkeit und Gemeinschaftlichkeit, einer Bindekraft, die es nicht mehr gibt. Der städtische Raum löst sich auf, ebenso wie die sozialkulturell geprägten „Viertel", er wird standardisiert und multikulturalisiert. Die Menschen ziehen sich in die Privatheit zurück, während der „öffentliche Raum" den Stadtfesten, die von Zeitungen und Parteien veranstaltet werden, bleibt – jenen *events*, die einander zum Verwechseln ähnlich sehen. Die europäischen Städte haben wenigstens noch den Vorzug, daß die Menschen (noch) zum vielgeschmähten Einkaufen in die Stadt gehen; wer die Prägung der Fußgängerzonen durch die Boutiquen internationaler Konzerne beklagt, hat nur amerikanische Städte zum Vergleich, in denen die Innenstadt auch diese Funktion bereits an *Malls* abgegeben hat, die verkehrsgünstig an den Zufahrtsstraßen liegen. Warum sollte die Stadt von jenem Schicksal verschont bleiben, dem auch Familien, Interessenvertretungen, Kirchen und Staaten unterliegen – jenem der Auflösung?

WÄHLER
Die vergebliche Suche nach dem Staatsbürger

Der kritische Wähler ist zuweilen, in regelmäßigen Abständen, gefragt –
dann, wenn die Plakatwälder wuchern und die Zeit herankommt, auf
einigen Formularen Namen und Parteien mit einem gediegenen Kreuz zu
versehen. Das funktioniert immer besser. Die Bildungsexplosion der vergangenen Jahrzehnte, so sagen uns die politischen Kommentatoren, hat
eine Generation mit hoher Bildung und Artikulationsfähigkeit hervorgebracht. Diese Wählerschaft ist kritischer gegenüber politischen Aussagen,
sie ist kompetenter in der Beurteilung politischen Handelns, und der hohe
Anteil der Wechselwähler signalisiert diesen Kompetenzanstieg der Bürger. Der „kritische Wähler" kennt und bewertet die wesentlichen Leistungen und Programmpunkte der Parteien in den wichtigsten Politikberei-
chen im Verlaufe der letzten Legislaturperiode, und er fällt danach seine
Entscheidung.[205] Das ist gut für die Demokratie.

So oder ähnlich lauten manche politischen Analysen, mit denen sich
die Wähler selbst gerne schmeicheln, und so hören wir es unvermeidlich
in der Wahlberichterstattung. Auch die journalistische Elite biedert sich
gerne bei ihren Rezipienten an. Aber die Behauptung vom Aufstieg des
kritisch-kompetenten Wählers gehört zu den Legenden des politischen
Lebens. Die Wahrheit ist vielmehr: Das Volk der Wähler ist sehr bunt.
Gewählt wird aus den unterschiedlichsten Motivationen und Stimmungslagen. Deshalb ist eine Frage, die unvermeidlich und regelmäßig im
Anschluß an Wahlen gestellt wird, sinnlos: die Frage nämlich, was denn
„der Wähler" nun eigentlich gewollt habe. Der Wähler kann schon deshalb nichts gewollt haben, weil der Ausgang einer Wahl von unzähligen
Einzelentscheidungen bestimmt wird, die keineswegs auf Überlegungen
beruhen müssen, die den Wahlausgang vorwegnehmen. So ist es sinnlos
zu fragen, ob der Wähler eine besondere Machtbalance im Sinne gehabt
hat, als er eine Partei nur mit einer knappen Mehrheit ausgestattet hat:
Wahrscheinlich gibt es viele Wähler, die nur deswegen die Opposition gewählt haben, weil sie mit einem überwältigenden Sieg der Regierungspar-

tei gerechnet haben und deshalb ein Gegengewicht schaffen wollten, und hätten sie den knappen Wahlausgang geahnt, hätten sie die andere Partei gewählt. Alle Varianten sind denkbar: *Viele Wähler hätten in Kenntnis des Wahlergebnisses anders entschieden.* Man kann also bestenfalls fragen, warum Wähler in bezug auf jenes Wahlergebnis, das sie *vermutet* haben, so und nicht anders entschieden haben, aber nur in sehr vorsichtiger Weise nach einer Interpretation des wirklichen Wahlergebnisses fragen.

Aber die Frage nach dem „Wählerwillen" ist aus einem anderen Grund noch viel unsinniger: Da es „den Wähler" nicht gibt, kann es auch „den Wählerwillen" nicht geben. *Es gibt den Wähler nur in der Mehrzahl:* viele verschiedene Wähler, mit ganz unterschiedlichen Vorstellungen und Handlungsmotiven. Und es gibt viele Wählerwillen. Aus dieser Buntheit einer individualistischen Gesellschaft wollen wir nur einige Wählertypen herausgreifen.

Da gibt es erstens den *Protestwähler.* Er wählt die „andere" Partei oder, noch besser, eine der neuen Kleinparteien, weil er von „seiner" Partei oder der Politik insgesamt die Nase voll hat. Stellen wir uns einen braven Sozialdemokraten vor: In sein Miethaus ist ein Türke eingezogen, die Sozialistische Partei will Stahlbetriebe zusperren, und daß sich Direktoren der Interessenvertretung freigebig aus ihren Mitgliedsbeiträgen bedient haben, ist ihm überhaupt unerträglich. Also geht er „fremd". Oder denken wir an einen braven Bürgerlichen: Er ist gegen die jüngsten Steuererhöhungen, die auch von „seiner" Partei mitgetragen wurden. Er will freie Fahrt für freie Menschen, vor allem für sich, und keine Beschränkungen des Autoverkehrs in den Städten. Also wählt er die Liberalen, damit die christlichsoziale Partei endlich zum richtigen Kurs bekehrt wird. Oder er möchte als engagierter Christ alle Leidenden dieser Welt ins Land lassen, und in der Immigrationspolitik sind ihm die großen Parteien allesamt zu restriktiv. Also zeigt er es seiner Partei mit dem Stimmzettel. Er wählt die grün-alternative Fraktion, weil er ebenso wie diese die Welt gerettet sehen will und fest damit kalkuliert, daß die Gefahr nicht eintritt, daß diese Gruppe an die Macht gelangt: Aber er will ihre Stimme als Oppositionspartei vernehmlicher machen. Solche Protestwähler werden von punktuellen Erlebnissen auf dem politischen Terrain herumgestoßen und sind meilenweit entfernt von einer umfassenden Leistungsbewertung der Parteien. Es ärgert sie dies oder das, und sie verteilen „Denkzettel". Der Abmarsch vieler ehemals treuer Sozialdemokraten zu den Freiheitlichen, die zur großen Arbeiterpartei geworden sind, liegt beispielsweise wohl daran, daß sie an eine autoritär-patrimoniale Führung gewohnt sind, die ihnen immer alles gegeben hat, was sie wollten: Jetzt werden sie aus ihren „geschützten" Bereichen hinausgestoßen, und ihre eigenen Parteipolitiker versuchen, ihnen plausibel zu machen, daß dies in langfristiger Perspektive notwendig ist. Aber sie sehen nicht ein, warum sie sich etwas, was sie „erkämpft" haben, nehmen lassen sollen; deshalb suchen sie sich einen neuen Führer, der ihnen permanent erzählt, sie seien die fleißigen Leute, auf deren Kosten alles geht.

Zweitens gibt es den *Verdrossenheitswähler*. Gerade in der Vorurteilskultur der oberen Mittelschichten glauben manche, Politik zu beurteilen, wenn sie den neuesten intellektuellen Modeströmungen folgen. Der Größenwahn des literarisch auf Zeitgeistzeitschriften heruntergekommenen Bildungsbürgers besteht ja darin, sich eine generelle, jeder Grundlage entbehrende Kompetenz zur Beurteilung aller Sachverhalte zu bescheinigen. Die modische Über-Drüber-Kritik dominiert. Man weiß, wie man es machen würde, jedes Schulkind weiß es, aber aus unerfindlichen Gründen wissen es die Politiker nicht. Der Mangel an Einsichten wird oft durch eine Betroffenheitskultur ersetzt, und die Massenmedien leisten solcher Haltung Vorschub. Wer von einem Problem betroffen ist (oder sich auch nur betroffen fühlt), dem wird die Kompetenz bescheinigt, die Lösung des Problems vorzuschlagen. Diese Lösungen pflegen ziemlich einfach zu sein, und daß sie nicht umgesetzt werden, spricht erst recht für die Inkompetenz oder Korruptheit des politischen Systems. Daß jeder Verdrossene eine andere „Lösung" parat hat, stört nicht. Solche Wähler sind häufig besonders unkritisch, weil sie den allerletzten Kritik-Gags (und den Maulhelden, die sie vertreten) voll aufsitzen.

Drittens gibt es den *Vorteilswähler*. Er kalkuliert die Leistungen der einen und der anderen Partei für die eigene Tasche. Bei der Steuerreform der letzten Wahlperiode hat er von der einen Regierungspartei profitiert, diesmal glaubt er, Subventionen durch Hilfe der anderen Regierungspartei bekommen zu haben, aber vielleicht ist von der drittgrößten Partei noch mehr zu holen. Politik ist ihm ein Tauschgeschäft, ganz so, wie es die „Ökonomie der Politik" theoretisch unterstellt. In diesem Sinne – für die eigene Tasche, nicht für das Gemeinwohl – ist er sogar wirklich „kritisch". Er ist ein Kosten-Nutzen-Rechner im Dienste der eigenen Sache. Seine Stimme läßt sich im wahrsten Sinne des Wortes „kaufen", und er hält dies für ein modernes Politikverständnis. Aber es handelt sich wohl auch nicht um jenen „kritischen Wähler", den wir uns vorstellen oder wünschen.

Viertens gibt es den *strategischen Wähler*. Er hat seinerzeit die Sozialdemokraten gewählt, weil er gegen den Klerikalismus war. Dann die konservative Partei, weil sie entschiedener gegen Linksradikale auftrat. Dann war er für die liberal-freiheitliche Gruppierung, weil er ihr Gewicht in der Kleinen Koalition stärken wollte. Dann versuchte er, die Opposition zu stärken, obwohl (ja sogar weil) er ihr ohnehin keine Chancen gab. Schließlich wandert er zu Kohl oder Klima, weil beide so nervenberuhigend wirken, oder er will die Liberalen vor dem Untergang retten. Mit einer Bilanz der Leistungen der Regierung hat die Vorgangsweise nichts zu tun, und die Überlegungen können zuweilen bizarr sein. Nach dem Wahltag ist ohnehin immer alles anders, und unser Kalkulierer trickst sich selber aus. Er ist typischerweise jener Wähler, der schon am Wahltag bereut, so entschieden zu haben, wie er entschieden hat.

Fünftens gibt es den *klassischen Stammwähler*, eine schrumpfende Spezies: Er hat schon immer gewußt, wo die richtige Politik zu finden ist; er wählt rot, weil er Arbeiter ist, und schwarz, weil anderes für einen Bauern nicht in Frage kommt. Von der konkreten Politik weiß er nicht viel, aber er weiß, wo er hingehört. Das ist nicht unbedingt negativ zu sehen: Dieser Wähler hat noch immer das Gefühl, daß die Parteien für die „große Richtung" der Politik stehen, unabhängig von konkreten Leistungsschwankungen seiner „Parteikirche". Im Grunde ist dies auch nicht falsch. Es gibt eigenartige Syndrome von Stellungnahmen: Man weiß im Zweifelsfall immer noch, was die Position der einen und der anderen Partei sein wird, und die Funktionäre verlieren ihren „Stallgeruch" nicht so schnell, wie die Politikwissenschaftler glauben machen wollen.

Sechstens gibt es den *ignoranten Wähler*. Er erlebt Politik als fernes Rauschen, das ihn nichts angeht. Es interessiert ihn einfach nicht, und er glaubt auch, es berühre ihn nicht. Er unterhält sich in dieser Gesellschaft, und er hat das Gefühl, daß alle die sonderbaren Dinge, die offenbar manche Leute interessieren, ihn überhaupt nichts angehen. Er fährt mit dem Auto spazieren, telefoniert, geht zum Arzt, bringt seine Kinder zur Schule, geht in Pension – alles das hat seines Erachtens mit Politik nichts zu tun, und er versteht nicht, warum die Leute so einen Zirkus um das Politikergeschwafel machen. Im Normalfall ist er Nichtwähler. Wenn er sich in die Wahlzelle verirrt, können es die absurdesten Kriterien sein, die sein Ankreuzeln, bis hin zu den Juxparteien, bestimmen.

Siebtens – und jetzt haben wir ihn endlich – gibt es den *kritischen Wähler*. Er verfolgt das politische Leben und wägt ab. Er denkt an seine

Interessen und zugleich an das Gemeinwohl. Er beachtet Personen und Programme, Leistungen und Versuche. Natürlich ist er dabei überfordert, wie wir alle. Aber wenn wir die Ansprüche an ihn nicht allzu hoch schrauben, so gibt es ihn doch: Er mag immer zu derselben Entscheidung kommen, weil ihm die Politik einer Partei besonders gefällt, und dann ist er Stammwähler. Er mag mit dieser Politik unzufrieden sein und vehement innerhalb seiner Gruppierung arbeiten, um den Kurs zu ändern; und er wählt sie doch. Er mag bewußt der Wahl fernbleiben, weil seine Unzufriedenheit überbordet. Oder er mag tatsächlich eine andere Partei wählen, dann ist er ein kritischer Wechselwähler. Er ist im Grunde in jeder möglichen Gruppierung zu finden, aber nicht deswegen, weil er in die jeweilige Kategorie hineinplumpst, sondern weil er sich dafür entscheidet. Er ist meist nicht glücklich über das, was die Politikszene zu bieten hat: Aber er ist der Wähler des kleinsten Übels. Er macht sich keine Illusionen. Machen wir uns keine Illusionen: Der Typus ist nicht allzu verbreitet.

WERTWANDEL

Über imaginäre Postmaterialisten

In den siebziger Jahren, als die Überschreitung bestimmter ökologischer
Schwellenwerte das ankündigte, was im Bestseller-Buchtitel „Grenzen
des Wachstums" hieß, begannen sich plötzlich urbane Menschen nach der
ländlichen Natürlichkeit und dem gesunden einfachen Leben zu sehnen,
freilich unter Wahrung aller errungenen Freiheiten und Bequemlich-
keiten. Aus den sechziger Jahren brachten sie noch Ideen über die Demokratisierung aller Lebensbereiche mit, über die Erwünschtheit „kritischer"
Haltungen, über die Faszination bohemeartiger Lebensstile, über Emanzipation in Staat, Wirtschaft, Schule und Leben überhaupt. Alles zusammen
prägte eine neue Geisteshaltung aus. Die Sozialforscher attestierten ihnen
gerne ein fortschrittliches Bewußtsein; aber „fortschrittlich", das hieß nun
nicht mehr: *marxistisch-progressiv-emanzipativ-revolutionär*, wie noch kurz
davor; sondern: *emotional-ökologisch-kommunikativ-human-friedensbewegt-
hedonistisch-feministisch-individualistisch.* Werte, die sich auf materiellen
Wohlstand, Ordnungsdenken und physische Sicherheit bezogen, wurden
souverän abgestreift, freilich nur in der Vorstellung der Menschen, nicht
in der Wirklichkeit, und sie wurden durch Ideen wie Lebensqualität und
Selbstentfaltung ersetzt, freilich wiederum nur im Reich eigenen sehn-
süchtigen Denkens, nicht im Bereich realistischer gesellschaftlicher
Verhaltenskoordination. Ronald Ingleharts *„postmaterialistische Gesellschaft"* war im Werden.[206]
Die postmaterialistische Gesellschaft ist das, was die Mitglieder einer
reichen Gesellschaft gerne von sich glauben. Sie freuen sich über ihre
Bedürfnislosigkeit und kaufen in teuren Boutiquen. Sie tragen ihre demokratische Gesinnung stolz vor sich her und verweigern politisches Engagement. Sie reden über die Entwicklung einer menschlichen Gesellschaft
und meinen ihre egozentrische Selbstentfaltung. Denn auch der ökologisch Wohlmeinende kauft sich ein größeres Auto, und auch der Bedürf-
nislose braucht eine teure Stereoanlage, um seine meditativ-esoterische
Musik angemessen genießen zu können.

Die reichen Abkömmlinge der Wohlstandsgesellschaft – besonders die jüngeren unter ihnen – wissen schon, was sie auf den Fragebögen ankreuzen müssen, damit sie sich als anständige Menschen fühlen können, und diensteifrige Empiriker versichern ihnen denn auch, daß sie bewundernswerte Gestalten sind: Sie verachteten das schnöde Geld, über das sie in einer Fülle verfügten wie nie eine Generation vorher, und sie strebten nach höheren Werten, nach Altruismus, Partizipation und globaler Verantwortung.

Von den Empirikern abgesehen, nahmen freilich nur einige Randfiguren die Masche lebenspraktisch ernst und zogen sich auf unrentable Kleinbauernhöfe zurück, um sich der Produktion von Schafkäse zu widmen; doch auch dieser Trend ist vorbei.

Aber die empirischen Wertwandelforscher geben nicht auf: Sie fragen ihre „Postmaterialisten", welche Güter sie sich wünschen, und weil denen nichts mehr einfällt, was sie noch brauchen könnten, glauben sie, die edlen Objekte ihrer sozialforscherischen Neugierde hätten den Wunsch nach materiellen Zielen zur Gänze abgestreift. Da die Postmaterialisten jung und gebildet sind und oft in Dienstleistungsberufen arbeiten, entwerfen die Sozialforscher auf diese Weise natürlich auch ein Bild ihrer selbst: Forscher und Beforschte arbeiten gemeinsam an ihrer Stilisierung, ja an ihrer Selbsttäuschung.[207] Das gibt ein gutes Gefühl für beide: *McForschung* in der *McGesellschaft*.

In Wahrheit handelt es sich um einen *Materialismus von Produkten höherer Qualität*, der sich breitmacht; um ein Bündel verfeinerter Konsumwünsche bei abgesättigten Basisbedürfnissen; um einen den Luxus dementierenden Luxus einer reichen Gesellschaft. Es ist eine „Lieber reich und gesund als arm und krank"-Haltung. Der Postmaterialismus entkommt keineswegs den Zwängen des Wirtschaftslebens: Er ist Materialismus mit Zusatzwünschen; und noch mehr: praktizierter Kulturliberalismus infolge normativer Indifferenz; gelebter Egoismus mit dem Wunsch nach der Rechtfertigung des guten Gewissens. Einige Wertwandeltheorien tragen dem besser Rechnung: etwa der von Helmut Klages beschriebene Wandel von den Pflicht- und Akzeptanzwerten zu den Selbstentfaltungswerten[208] – mit den Pflichten hält es die junge Generation, die alle Hände voll mit der Selbstentfaltung zu tun hat, in der Tat nicht mehr gar so sehr, während die große Abwendung von den materiellen Werten sich schwer wahrnehmen läßt, wenn man um sich blickt. Immer aber gilt es anzumerken, daß der Wertehaushalt der Menschen widersprüchlich, inkonsistent und instabil ist, eine Mischung aus alten und neuen Werten, aus Illusionen und Zwängen.

Der Postmaterialismus paßt in die *Gesellschaft der Individuen*. In ihr sind die gemeinsamen Visionen vertrocknet. Es gibt keine glaubhaften Erzählungen über die Möglichkeiten dieser Zivilisation, es gibt keine Pläne über kulturelle Zukunftsprojekte, es gibt keine kollektiv plausiblen Deutungen. Statt der gemeinsamen bleiben nur die individuellen Visionen. Wenn keine Gemeinsamkeit mehr anzubieten ist, werden die Menschen auf sich selbst verwiesen. Wenn sie in der Gemeinschaft keinen Sinn mehr zu finden vermögen, suchen sie ihn in ihren eigenen Seelen zu entdecken. Wenn sie ihn dort nicht finden, sind sie selber schuld. Die Gemeinschaft spielt ihr Versagen bei der Sinnstiftung an die Individuen zurück. In der liberal-individualistischen Gesellschaft ist jeder einzelne dafür zuständig, seine Lebenswelt mit Sinn zu durchtränken, und wenn er dabei versagt, kann er die Schuld nur bei sich selbst suchen. Die *Selbstschaffung* ist jedermanns eigene Sache. Was früher Angelegenheit der großen Geister war, ist demokratisiert worden, ist dem Alltagsmenschen aufgeladen worden. Wofür man früher ganz selbstverständlich das Leben in der Gemeinschaft verantwortlich gemacht hat, das ist dem Individuum als autonom zu bewältigende Leistung aufgetragen worden. Es gibt keine Ausreden. In der materialistischen Epoche waren der Staat und der Kapitalismus an allem schuld, in der postmaterialistischen Epoche ist jeder einzelne schuld. Das Imperium schlägt zurück. Der Bürger erhebt den Anspruch, alles zu wissen und autonom zu sein; also wird er beim Wort genommen. Somit verhehlt sich jeder einzelne die Leere, in die er taumelt, und – je nach Veranlagung – ästhetisiert das Nichts oder betäubt die Sinne in der Dauerunterhaltung.

Betäubung ist schon deswegen angebracht, weil die Menschen dem Bild, das in der globalisierten Marktwirtschaft von ihnen gezeichnet und eingefordert wird, nicht zu entsprechen vermögen: autonome, kompetente, erfolgreiche Menschen; leistungsfähig und allezeit leistungsbereit, qualifiziert und weiterhin qualifizierungswillig, ohnehin schon flexibel und noch flexibler werdend. Eine Welt steht ihnen offen; aber es dringt auch die ganze Welt auf sie ein. Alle Karrieren breiten sich vor ihren Füßen aus; aber bis sie die halben Wege begangen haben, sind sie ausgebrannt. Alles Wissen der Menschheit steht ihnen zum Studieren offen; aber haben sie erst fertig studiert, gibt es keinen sicheren Job. Alles ist möglich; aber alles ist verdammt hart.

Viele fühlen sich überfordert. Sie haben die mythischen Modernitäts- und Karrierebilder internalisiert, aber sie wissen, daß sie hinter den Ansprüchen zurückbleiben. Da doch alles möglich ist, kann es nur an ihrer eigenen Unzulänglichkeit liegen, wenn sie hinter den Erwartungen zurückbleiben. Das rosarote Gemälde bekommt in der Wirklichkeit häßliche Schmutzspritzer ab. Enttäuschung und Frustration machen sich breit. Also verlangen sie nach Ablenkung.

In dieser Lage ist es schön, sich zu einem edleren Menschen stilisiert zu sehen: einem Menschen, der die Niederungen der Konsumgesellschaft hinter sich gelassen hat, der aufgestiegen ist zum wahren Demokraten, einem edlen Humanisten, einem schier vergeistigten Menschen, der nur zufällig mehr konsumiert als jede Generation vor ihm. Die *Nachfrage nach postmaterialistischer Tröstung* wird uns in das nächste Jahrhundert begleiten, und somit wird auch das Angebot an einschlägigen Beruhigungspillen aus der intellektuellen Produktion zu finden sein. Die Bürger erachten es als ihr unbedingtes Recht, sich Illusionen über ihre edlen Seelen zu kaufen, und der sozialwissenschaftliche Markt expandiert.

WISSENSCHAFT

Im Zirkus der Mandarine

Den deutschsprachigen Universitäten geht es nicht gut. Eine neue Welle der Universitätskritik ist losgebrochen, nach mehr als zwei Jahrzehnten vergleichsweiser Flaute. Die Universitäten hatten – gerade am Höhepunkt ihrer Entwicklung, an der Wende zum 20. Jahrhundert – ohne Zweifel Spitzenleistungen aufzuweisen; aber auch viel Selbstherrlichkeit und Privilegienbewußtsein in den oberen Rängen.[209] Das hat sich ein bißchen geändert; vor allem, was die Spitzenleistungen betrifft, die eher an angloamerikanische Universitäten abgewandert zu sein scheinen. Wissenschafts- und Forschungspolitik ist jedenfalls wieder ein Thema, das üblicherweise mit demselben Refrain beginnt und endet: Man braucht mehr Geld vom Staat und weniger Bevormundung.[210] Hätte man nur ein wenig mehr Budget und ein bißchen weniger Sitzungen, was würde man nicht alles erforschen ... Da sich die äußeren Anreize verändern, hin zu einer „Projektkultur", üben sich die Insassen der Universitäten in der Anpassung, sie entwerfen großartige Projekte, die effizient und präzise, ressourcengenau und termingeplant beschreiben, was erst erforscht werden soll – wobei die erzielbaren Ergebnisse im Antrag schon so genau dargelegt werden sollen, daß die Forschung im Grunde überflüssig wird oder auf der Strecke bleibt. Die Grundlagenforschung hat es ohnehin schwer in einer Welt, die vom neuen Vokabular von *efficiency* und Management geprägt ist, in der doch *applied* sein alles ist. Was ist ein „effizientes" Buch über Maximilian I.? Welche „Rentabilität" wirft die Befassung mit Werner Sombart ab? Welche „Gewinne" darf man sich von einer Befassung mit Ethik versprechen?

Aber wir wollen uns weder mit den Illusionen von Technokraten befassen, die glauben, mit ein paar Forschungsprojekten mehr die Lösbarkeit aller Probleme ankündigen zu können, noch mit den Illusionen von Projektanbietern, die glauben, daß sich Effizienz in der vorgängigen Beschreibbarkeit des Unbeschreibbaren (des wirklich „neuen" Forschungsergebnisses) niederschlägt; sondern mit einem anderen, viel heikleren Thema: der Qualität der handelnden Personen, und zwar sowohl der Qualität der Lehrenden und Forschenden als auch jener der Studierenden. Wie Wilhelm von Humboldt schon vermerkte: Der Freiheit der Wissenschaft drohe nicht nur Gefahr vom Staate, „sondern auch von den Anstalten selbst, die, wie sie beginnen, einen gewissen Geist annehmen und gern das Aufkommen eines anderen ersticken". Die Frage nach dem Schicksal und der Leistung *des* Universitätslehrers ist ohnehin ein Irrtum. Die Universitätslehrer bilden – so wie die Studierenden – keineswegs eine homogene Gruppe. Das hehre Selbstverständnis, es handle sich durchwegs um *Intellektuelle, die um Wahrheit ringen*, wider alle Mißhelligkeiten dieser Welt, gilt es zurechtzurücken. Erstens sind die meisten keine „Intellektuellen", zweitens haben sie ein Verhältnis zur Wahrheit, das sich von dem der übrigen Bürger nicht unterscheidet, und drittens „ringen" sie nur selten. Da gibt es tüchtige Manager, die ihre universitäre Position als durch einige Vorlesungen abgegoltene Basisfinanzierung betrachten, die es ihnen risikominimierend und (wegen der universitären Reputation) gewinnmaximierend gestattet, sich ihren lukrativen Rechtsgutachten, Steuerberatungsbüros oder technischen Entwicklungsaufträgen zu widmen; da gibt es jene, die, sobald sie ihre Ernennungsurkunde in Händen halten, schlagartig jede Art von wissenschaftlicher Tätigkeit einstellen und sich sozial verdienstvollen Aktivitäten wie dem Hausbau oder der Kindererziehung widmen; und jene, die ohnehin den falschen Beruf gewählt haben (so daß man von einer „Berufung" wirklich nur als Verwaltungsakt und nicht als Ausdruck einer geistigen Haltung reden kann), weil sie keinerlei Verhältnis zur Wissenschaft haben und zeit ihres Lebens keinen originären Gedanken fassen. Es bleibt die kleine Gruppe jener, die „Wissenschaftler" sind – im guten Sinne: Da gibt es bemühte und nachlässige Lehrer, stotternde und routinierte Vortragende, jene, die in ihrem Leben zwei und jene, die zwanzig Bücher publizieren. Aber sie machen die Wissenschaft zu ihrem Geschäft: Über ihren Prozentsatz mag man streiten; hoch ist er sicher nicht, ein Viertel oder ein Drittel des Personals. Und natürlich gibt es die wenigen wirklichen „Stars": nicht an ihrem Bekanntheitsgrad gemessen, sondern an ihrem echten wissenschaftlichen Genius. Die Qualität eines Universitätssystems bemißt sich nicht zuletzt daran, ob die Genies auch wirklich als „Stars" gelten – oder ob sich die kleinen Staturen in den Vordergrund drängen, während die Großen an den Rändern des Geschehens, oft sogar ziemlich unbekannt, ihrer Arbeit nachgehen. Auch nach diesem Kriterium sehen die Universitäten rund um uns nicht sonderlich gut aus.

Die Heterogenität des Personals hat verschiedene Gründe, zum Teil ist sie den Phasen unterschiedlich rascher Expansion bestimmter Disziplinen und ungleichmäßiger Ausbauprogramme der Universitäten geschuldet. Der Arbeitsmarkt der Universitätslehrer im deutschsprachigen Raum zeichnet sich dadurch aus, daß die Angebots- und Nachfrageverhältnisse sich nicht so sehr in unterschiedlichen Gehaltsstufen, sondern in Qualitätsunterschieden beim Personal niederschlagen: Wenn Universitäten oder Studienrichtungen ausgebaut werden, besteht ein plötzlicher Bedarf an einschlägigen Wissenschaftlern. Im allgemeinen Ausbau der Universitäten in den sechziger und frühen siebziger Jahren wurden zahlreiche Lehrer auf die Universität (ebenso wie auf die höheren Schulen) geschwemmt, die unter normalen Voraussetzungen keine Chance gehabt hätten. Das gilt weiterhin: Werden plötzlich die Informationswissenschaften ausgebaut, erhält jeder einen Lehrstuhl, der weiß, wie ein Computer ausschaut. Gibt es einen Pensionierungsschub bei den Betriebswirten, ist die rasche Beförderung auch der schlechtesten Anwärter garantiert. Philosophen können da weniger mithalten, weil die beruflichen Alternativen dürr sind. Nun wäre es nicht so schlimm, daß schwache Kandidaten rasch ihre Professur erlangen, wenn sie sie nicht dann jahrzehntelang besetzen würden. Die aufkommende Evaluierungsmode scheint deshalb – schon aus Gründen der Transparenzerhöhung – von großer Bedeutung: zumindest als Drohpotential, das wenigstens die soziale Reputation der Minderbegabten ein wenig beschädigen könnte.[211] Evaluierungen sollen wenigstens signalisieren, daß nicht alles gleichgültig ist: daß Leistung wenigstens wahrgenommen wird und eine Art von „Leistungskultur" wenigstens in Ansätzen wiederbelebt wird.

Die Vorstellung eines großen Wissenschaftsmarktes, auf dem sich die besten durchsetzen, ist ohnehin eine eigenproduzierte Universitätsideologie. In Wahrheit gibt es „Seilschaften", die für wechselseitige Berufungen sorgen, *face-to-face*-Gruppen, die ihre Wertschätzung wissenschaftlicher Arbeit an die Zugehörigkeit zur eigenen Clique binden, eine Fülle von Wissenschafts- und Rationalitätsheuchelei, wo es um Faulheit und Unfähigkeit geht, und vor allem: viel Mittelmaß an allen Ecken und Enden. Der „Mittelbau" strebt auch für jene, die nicht mehr als „Wissenschaft nach Vorschrift" zustandebringen, einen längerfristigen Verbleib an der Universität nach den üblichen Sicherheiten des Staatsdienstes an; günstigstenfalls sollten sich die Jahre bis zur ordentlichen Professur und letztlichen Pension am Tag der Dissertation ausrechnen lassen.[212] Max

Weber, der hiezu zweifellos berufen ist, hat sich mit der Frage beschäftigt, warum das intellektuelle Mittelmaß an den Universitäten eine derart große Rolle spielt, und er hat dies mit gruppendynamischen Gesetzmäßigkeiten der Selbstergänzung begründet. „Wenn junge Gelehrte um Rat fragen kommen wegen Habilitation", so seine Erfahrung, „so ist die Verantwortung des Zuredens fast nicht zu tragen ... Jeden anderen muß man auf das Gewissen fragen: Glauben Sie, daß Sie es aushalten, daß Jahr um Jahr Mittelmäßigkeit nach Mittelmäßigkeit über Sie hinaussteigt, ohne innerlich zu verbittern und zu verderben? Dann bekommt man selbstverständlich jedesmal die Antwort: Natürlich, ich lebe nur meinem ‚Beruf'; – aber ich wenigstens habe es nur von sehr wenigen erlebt, daß sie das ohne inneren Schaden für sich aushielten."[213]

Es gibt nicht nur *Big Science*, sondern auch *Big Teaching*, unterschiedlich freilich nach Universitäten, Fakultäten und Studienrichtungen. Die Massenuniversität ist Wirklichkeit, und alle wichtigen Fragen, die sie aufwirft, sind ungelöst. Gerade das seit dem Neuhumanismus herrschende Wissenschaftsverständnis hat „handwerkliche" Ideale der wissenschaftlichen Lehre forciert: den übenden Wissenserwerb in der kleinen Gemeinschaft, unter Anleitung des Meisters. Wissenschaft ist in der Tat nicht anders, nicht leichter zu lernen als ein Handwerk. Man lernt sie nicht durch freischwebende „kritische Diskussionen" über aktuelle Probleme, die nicht mehr sind als das kenntnislose und stammtischartige Austauschen von Vorurteilen; man lernt sie auch nicht durch das Auswendiglernen noch so umfangreicher und zahlreicher werdender Lehrbücher, und daran ändert sich auch nichts, wenn das Material am Bildschirm flackert statt auf papiernen Seiten vergilbt. Wissenschaftliches Denken und Können zu erwerben setzt ein anderes *Verhältnis zwischen Lehrenden und Lernenden* voraus. Wissenschaftliches Denken ist wie Tennisspielen: Man kann nicht Tennis spielen lernen, indem man einen Vortrag über das Tennisspielen hört oder darüber diskutiert. Man muß es *tun*, und es ist ungemein hilfreich, wenn man dabei Tips erhält, Kommentare, was ein guter und ein weniger guter „Schlag" war, Hinweise, daß man da weiter ausholen, sich dort anders hinstellen, ein wenig kräftiger oder ein wenig sanfter schlagen muß. Ganz genauso ist es mit der Wissenschaft. Wilhelm von Humboldt wußte es: Es sei eine „Eigenthümlichkeit der höheren wissenschaftlichen Anstalten", so schrieb er in der Arbeit über die Organisation der höheren wissenschaftlichen Anstalten in Berlin 1810, „dass sie die Wissenschaft immer als ein noch nicht ganz aufgelöstes Problem behandeln und daher immer im Forschen bleiben, da die Schule es nur mit fertigen und abgemachten Kenntnissen zu thun hat und lernt. Das Verhältniss zwischen Lehrer und Schüler wird daher durchaus ein anderes als vorher. Der erstere ist nicht für die letzteren, Beide sind für die Wissenschaft da."[214] Macht man mit dieser Vorstellung ernst, erübrigen sich viele Rezitationsübungen auf den Universitäten, die in manchen Fächern zum Skripten- und Lehrbuchbetrieb zu verkommen drohen, nicht zuletzt unter dem Gesichtspunkt ihrer „Effizienzerhöhung". Johann Gottlieb Fichte hatte in seiner Denkschrift 1807 dargelegt, daß eine herkömmliche Denkschule überholt sei, deren Funktion seit der Erfindung des Buchdrucks keine andere sei als: „das gesamte Buchwesen noch einmal zu setzen und ebendasselbe, was schon gedruckt vor jedermanns Augen liegt, auch noch durch Professoren rezitieren zu lassen". Vielmehr sei eine „Kunstschule des wissenschaftlichen Verstandesgebrauchs" erforderlich, in welcher der Unterricht die Form gemeinsamer Arbeit haben müsse, in der er im dialogischen Verkehr und durch schriftliche Ausarbeitungen der Studierenden stattfinden solle. Das alles ist in den Großveranstaltungen unmöglich, und es wird meistenteils auch in den Kleinveranstaltungen nicht mehr angestrebt. Was immer auf der modernen Massenuniversität gelehrt wird: Wissenschaft kann es im Grunde nicht sein.

Die Klage der Professoren über die *sinkende Qualität der Studierenden* ist ein Jahrhundertthema: In Wahrheit hat sich durch die Expansion der Universitäten vermutlich ein absoluter Zuwachs der Begabten und eine relative Verringerung des Anteils der Hochbegabten ergeben. Die Studierenden sind ebenso wenig eine homogene Population wie ihre Lehrer: Es gibt die kleine Gruppe der Exzellenten und Disziplinierten, die Intelligenz und Belastbarkeit verbinden, die ihren Stoff lernen, die ihn verstehen und damit arbeiten können und die in der Lage sind, darüber hinaus zu denken. Es gibt die Gruppe der Unbegabten und Lernunfähigen, unter denen sich Personen finden, von denen klar ersichtlich ist, daß sie im Laufe ihres Lebens niemals auch nur einen einzigen kreativen Gedanken fassen werden; Personen, die niemals auch nur die Matura hätten schaffen dürfen, die jedenfalls auf der Universität längst über die Grenzen ihrer geistigen Kräfte hinausgelangt sind. Dazwischen gibt es sämtliche Schattierungen des Mittelmaßes: etwa die guten Lerner, die tumb ihre Materialien ins Gehirn stopfen, ohne sich auch nur durch einen Funken von Intellektualität beirren zu lassen; und die Bluffer, die auf rhetorische Gewandtheit vertrauen und versuchen, mit einem minimalen Aufwand rasch auf ihr Zertifikat zuzusteuern. Wir finden alle Typen wieder, denen wir im Alltagsleben begegnen, und jede pauschalierende Aussage über *die* Studierenden ist im Grunde falsch.

Es ist keineswegs so, daß nur die Intelligenten es bis zum Schluß, bis zur Graduierung, schaffen. Die braven Lerner haben mit großer Hartnäkkigkeit eine gute Chance; manche intelligenten Studenten scheiden aus, weil sie kein Sitzfleisch haben. Abbrecherquoten sagen nicht viel aus: schon gar nichts über die Ineffizienz von Universitäten.[215] Hohe Drop out-Quoten können durchaus hohe *Selektionseffizienz* bedeuten: Die Universität ist es der Gesellschaft schuldig, daß sie die Gefahr minimiert, daß Unbegabte in Spitzenpositionen kommen.[216] Sie muß nur die Richtigen aussieben, und sie sollte dies möglichst rasch bewerkstelligen – wenn man ihr die hiezu nötigen Instrumente in die Hand gibt. Die Universität ist zudem nicht nur ein Ort zügiger Bildungszertifikatsvergabe, sondern auch ein „Parkplatz" für Beschäftigungssuchende; eine Stätte, an der sich angenehm einige Jahre verleben lassen; ein Versuchsballon für Berufstätige, die irgendwann mit der Studienbelastung nicht mehr mithalten können und dann ausscheiden. Das kostenfreie Angebot läßt dies alles zu, nur ergeben sich katastrophale Statistiken.[217] Die Studiendauer verlängert sich durch ungünstige Arbeitsmarktverhältnisse, denn als Gründe für einen längeren Verbleib an der Universität müssen auch Bestrebungen gesehen werden, unter Konkurrenzdruck Zusatz- und Doppelqualifikationen und höhere akademische Abschlüsse anzustreben. Für manche gilt auch, daß einfach die Anreize zum raschen Abschluß eines Studiums bei ungünstigen Laufbahnperspektiven schwächer sind und sie dem „Pflichtstudium", das sie mit dem Blick auf Karrierechancen absolvieren, noch etwas hinzufügen, was sie selbst für wichtiger und interessanter halten – Juristerei für den Herrn Vater, Philosophie für das Gemüt; Technik für die Verwandtschaft, Ökologie für das eigene gute Gewissen. Allerdings gibt es auch Gegentendenzen: rascher studieren, weil am Arbeitsmarkt eine kurze Studiendauer und ein geringeres Abschlußalter honoriert werden, oder weil der Eindruck besteht, daß eine Verzögerung die Berufsaussichten weiter verschlechtert.

Relevant für die Selektion unter den Studierenden sind nicht nur die intellektuellen, sondern auch die *psychischen, organisatorischen und moralischen Qualifikationen*. Das wird gerne übersehen oder durch „weiche" Angebote unterlaufen. Für das Europa der Zukunft gilt in besonderem Maße, was Friedrich Paulsen um die Jahrhundertwende geschrieben hat: „Der

Student soll die schwierige Kunst lernen, sich selbst zu regieren, aus eigenem Antrieb zu arbeiten; sie kann nur in der Freiheit gelernt werden." Es sei notwendig, „irgend einmal den Einzelnen auf sich selbst zu stellen, soll anders ein Mann aus ihm werden. Die Universitätsjahre sind die Probe, ob in dem jungen Menschen ein Mann steckt, der sich selber und dann auch Andere leiten und regieren kann. Wer es nicht lernt, der geht zu Grunde und wird auf diese Weise ausgeschieden. Gewiß, das ist bitter für die Beteiligten. Aber für den Staat ist es eine notwendige Sicherung gegen die Unvernunft der Gesellschaft." Was Paulsen hier äußert, getraut man sich heute so apodiktisch nicht mehr zu sagen; es gilt als reaktionär. Dennoch lassen sich aktuelle Anwendungen für seine Bemerkung finden: „Man hat den Jungen, trotz lautesten Protestes der Natur, durch das Gymnasium geschoben und gepeitscht und schickt ihn nun auf die Universität, um ihn dann als Amtsanwärter dem Staat zur Versorgung aufzubinden. Aber hier scheitert, wer an intellektueller Begabung oder an Willensenergie allzuwenig aufzubieten hat; und das ist für die Gesamtheit kein Verlust, im Gegenteil eine Sicherung gegen intellektuelle oder moralische Unzulänglichkeit. Die Eltern pflegen dann die Schuld auf die Universität zu schieben: sie habe ihn nicht zu halten und zur Arbeit zu führen gewußt. Gewiß, sie hat ihn nicht, wie es dem Gymnasium zur Pflicht gemacht wird, genötigt und geschoben; aber sie hat ihn auch nicht zu kommen gebeten: sie ladet nur den ein, der sich als Freier um die Gaben bewirbt, die sie anbietet."[218] Ein Körnchen Wahrheit mag in diesen freimütigen Äußerungen wohl auch heute stecken.

ZUKUNFT
Kein Ende der Geschichte

Die These vom „Ende der Geschichte" in jener Form, wie sie in alle Feuilletons vorgedrungen ist, ist ein Produkt der Phantasielosigkeit. Jene, die sich ihr verschrieben haben, sahen die beiden Supermächte und ihre Ideologien vor sich. Eine dieser Ideologien ist zusammengebrochen, folgerichtig kann aus dem Konflikt der beiden Systeme keine „Bewegung" mehr entstehen. Die Geschichte bleibt stehen, und das liberal-demokratische System wird mit dem Segen der „Ewigkeit" ausgestattet. Freilich war die These subtiler gemeint. In der hier beschriebenen Form allerdings taten sich unzählige Redner der letzten Jahre leicht, sie souverän von sich zu weisen: Sie habe sich empirisch binnen kürzester Zeit als falsch erwiesen, wie allein schon die Geschehnisse am Balkan zeigten; theoretisch möge sie eine gewisse Berechtigung haben.

Die Vision vom Ende der Geschichte ist die *Hoffnung auf eine Epoche der Langeweile*. Sie wird uns nicht vergönnt sein.[219] Wir werden auch weiterhin dazu verurteilt sein, in einer „interessanten Zeit" zu leben. Zum einen, weil es auch innerhalb des siegreichen Systems deutlich knirscht. Zum anderen, weil allenthalben auf der Welt konkurrierende Ideologien brodeln, die durchaus Alternativen zum westlich-demokratischen Politiksystem anzubieten haben.

Zunächst zum „Knirschen" im westlichen System. Der *Kapitalismus* ist der Sieger. Aber um welchen Kapitalismus handelt es sich denn? Um den liberalen Kapitalismus der Vereinigten Staaten, die auf dem Weg sind, ihre innenpolitische Katastrophe zu entdecken, den Verfall der Städte, Armut und Drogen, den Niedergang des Bildungssystems und soziale Unsicherheit? Die mit ihren scharfen Einschnitten im Sozialsystem die letzten Reste des Wohlfahrtsstaats der Vision darwinistischer Dynamik opfern? Um den alt gewordenen Kapitalismus Großbritanniens, jener frühen Wirtschaftsmacht, die ihre dynamische Kraft bereits beim Eintritt in das Jahrhundert verbraucht zu haben scheint und gemessenen Schrittes ein lahmes Säkulum beschließt – und die versucht, mit einem erneuerten sozialdemokratischen Elan auf liberaler Grundlage das Ruder herumzu-

162

reißen? Um den zentralistischen Kapitalismus Frankreichs, des Landes der großen Gesten und der grandes-écoles-Technokraten, das ebenso zum Pathos tendiert wie zur Selbstverwirrung; um jene Großmacht also, die es nicht erträgt, zur Kenntnis zu nehmen, daß sie keine Großmacht mehr ist? Um Italien, dessen Staatsapparat zeitweise funktionsunfähig zu werden scheint, ein wahrer Morast von normalitätsgewordener Korruption und alltäglichem Verbrechen? Um den Bankenkapitalismus der Schweiz, dem Land, das eine eigenartige Mixtur von Weltoffenheit und Provinzialismus darstellt? Welcher Kapitalismus ist also der Sieger?[220] Wie viele Kapitalismen gibt es? Wie beeindruckend das Unverständnis westlicher Sozialwissenschaftler in bezug auf ihr eigenes Wirtschaftssystem ist, haben die Ratschläge gezeigt, die den osteuropäischen Ländern in den ersten Phasen ihres Transformationsprozesses gegeben wurden.

Das zweite Problem, das ein Ende der Geschichte unwahrscheinlich macht, ist das der *Alternativideologien.*[221] Es stehen – besonders in den postsozialistischen Ländern – nationalistische und rechtspopulistische Identifikationsmodelle zur Verfügung, um in das ökonomische Desaster Orientierung und in das ungewohnte politische Ambiente Struktur zu bringen. Systeme, die mit partizipationsungewohnten Menschen funktionieren müssen, laden zur Teilhabe an der Zerstörung ein: als Ventil für die Leiden der Gegenwart und die Angst vor der Zukunft, als Vergewisserung ihrer selbst in kollektiver Tat und Untat. Sie bejubeln Krieg und Grausamkeit: als Beweis ihrer eigenständigen Existenz und als Abgrenzung gegen die anderen, die Nicht-Zugehörigen. Aber es lodern auch andere Fundamentalismen, insbesondere an der europäischen Peripherie und am Südgürtel: etwa der islamische Fundamentalismus an den Grenzen Afrikas, Asiens und Europas.[222] Der Mittelmeerraum, die freie Zone vor den löchrigen Mauern Europas, kann sich zu einer spannungsgeladenen Zone nicht nur zwischen der reichen und der armen Welt, sondern auch zwischen Ideologien entwickeln, die noch viel unvereinbarer sind, als es seinerzeit die Gegensätze zwischen Ost und West waren. Vielleicht stimmt die These, daß das postmoderne Zeitalter eine neue Ära der Toleranz einleitet, eine Epoche, in der Unterschiedlichkeit und Vielfalt, Ambivalenz und Vieldeutigkeit geduldet und geschätzt werden.

Manche Zukunftsdenker meinen, daß die Existenz von Nationalstaaten schon obsolet geworden sei, anachronistisch in Anbetracht einer global-verflochtenen Ökonomie. Die einzelnen Volkswirtschaften seien nur Teile eines einheitlichen „Weltsystems", die natürlichen Grenzen hätten keinen Sinn mehr. Somit gehörten die Ressourcen der Erde der ganzen Menschheit, die auch nur gemeinsam darüber verfügen dürfe; ein Sozialstaat sei in globaler Dimension zu entwickeln; die supranationalen Organisationen müßten die Menschenrechte bei allen ihren Mitgliedsstaaten durchsetzen.[223] Natürlich drängt es sich auf, solche althergebrachten „Weltregierungs-Ideen" in diesen Jahren wiederzubeleben; aber daß funktionale Imperative globaler Verflechtung noch lange keine „Gemeinschaft" stiften, die zu gemeinsamer Aktion befähigt, sollte aufgrund unserer Erfahrungen auch deutlich geworden sein.

Natürlich heißt dies nicht, daß alles beim alten bleibt. *Sie bewegt sich doch, diese Welt,* und für das nächste Jahrhundert ergeben sich neue großräumige Machtkonstellationen. Es wird kein Jahrhundert der Langeweile. Als das letztemal das Ende der Geschichte ausgerufen wurde, in der Erwartung, daß nichts Großes mehr geschehen könne, schrieb man den Vorabend des Ersten Weltkriegs. Auf eine derartig drastische Belehrung über unvermutete Dynamiken einer voranschreitenden Geschichte würden wir gerne verzichten; aber es ist unsicher, ob wir es können. Die Neue Weltordnung, von der ein amerikanischer Präsident in der Euphorie eines militärischen Sieges sprach, ist ebenso Fiktion geblieben, wie es seinerzeit die Neue Weltwirtschaftsordnung war.[224] Daß Aufschwungs- und Entwicklungsprozesse Zeit brauchen, ist eine der kleinen banalen Wahrheiten, die gerne als große diplomatische Lügen verwendet werden. In Wahrheit können die Industrieländer mit dem Blick auf die Begrenztheit dieser Erde gar kein Interesse daran haben, daß sich die Entwicklungsländer rasch zu modernen Industriegesellschaften entwickeln.

Das ist zynisch, aber wahr. Der Lebensstil der Industrieländer ist nicht verallgemeinerbar, und drastische Änderungen dieses Lebensstils sind nicht in Sicht.[225] Zu den drei großen Wirtschaftszonen des 21. Jahrhunderts, der nordamerikanischen Zone, dem europäischen Wirtschaftsraum und dem ostasiatischen Verbund, gesellt sich China – mit einem großen Fragezeichen. China weist seit einigen Jahren ein explodierendes Wirtschaftswachstum unter der Führung von Kommunisten auf, die zumindest wirtschaftlich keine mehr sind. Billige Löhne sind kombiniert mit einer unterbewerteten Währung, und Fremdinvestitionen im Lande werden ermutigt. Zudem ist es eines der korruptesten Länder der Welt. Dennoch ist China auf dem besten Weg, den japanischen Aufstieg nachzuvollziehen.[226] Wenn das Land wieder in einen sklerotischen Totalitarismus zurückfällt, ist der Lebensstil der Industriegesellschaft weiterhin für einige Zeit haltbar. Sollte sich das dynamische Wachstum des riesigen Landes hingegen fortsetzen, vielleicht sogar trotz politischer Borniertheit, kommen Milliarden von Konsumenten, Emittenten und Energieverbrauchern hinzu, und die Welt geht mit atemberaubender Geschwindigkeit gravierenden Problemen entgegen. Denn daß Entwicklungsländer in frühen Phasen ihres aufholenden Industrialisierungsprozesses ein ökologisches Bewußtsein entwickeln, war noch nie der Fall; alle Erkenntnisse, die später kommen, werden zu spät kommen.

Die Festung Europa ist im Werden. Es ist nur fraglich, inwieweit sie machbar ist. Europa (mit den USA und Japan) kann ein reiches Bollwerk werden, eine Friedenszone mit 15 Prozent der Weltbevölkerung, in einer Welt, in der der größere Teil sich, vielen internationalen Studien zufolge, der Deprivation und Vernichtung nähert, eine Welt des Unfriedens und der Anarchie, *out of control*: Denn auch die Umweltprobleme fallen in erster Linie den Einwohnern der Dritten Welt auf den Kopf. Die USA sind mächtig genug, um zwei Regionalkriege gleichzeitig zu führen, insbesondere wenn Europa – wie im Golfkrieg – zu zahlen verspricht. Erst wenn der Unfrieden dieses Niveau überschreitet (oder die Amerikaner unwillig werden, ihre Köpfe für die handlungsunfähigen Europäer hinzuhalten), wird sich Europa selbst anstrengen müssen. Vermutlich ist dies der Zeitpunkt einer wirklichen europäischen Einigung, die ohne gemeinsam erlittene Gefahr kaum zu gewinnen sein wird.

Die Entwicklungsländer differenzieren sich: einem befriedigenden Wachstum von fünf bis sechs Prozent in Ostasien – auch nicht krisenfrei – steht die unaufhebbare Stagnation Schwarzafrikas gegenüber. Viele meinen, die Kriege des 21. Jahrhunderts würden sich nicht mehr entlang der Ost-West-Achse abspielen, sondern es würden Nord-Süd-Kriege werden. Schon jetzt verschärfen die kleinen Diktatoren des Südens, des freundlichen Schutzes ihrer jeweiligen Supermacht beraubt, die Unterdrückung der Einwohner ihres Landes, um sich an der Macht zu halten; manche rüsten auf und treiben eine aggressiv-nationalistische Außenpolitik mit ethnischen Haßgefühlen, um innere Schwierigkeiten zu umgehen. *Crazy states* werden irgendwann Atomwaffen zum Einsatz bringen, und die Welt wird sich an höhere Dosierungen von radioaktiven Strahlungsmengen gewöhnen. In diesem Zusammenhang könnte das oben kritisierte Wort vom „Ende der Geschichte" eine ganz andere, fatale Bedeutung erhalten. Vielleicht sind es aber auch die Kollisionen der großen Kulturregionen, die Samuel Huntington heraufdämmern sieht.[227] Das läßt sich nicht voraussehen, genausowenig wie das zukünftige Geschick Rußlands oder der mögliche Aufstieg Chinas. Entwicklungen können sich fortsetzen, aber es kann auch Rückschläge geben.

Damit kommen wir auf die Anfangsaussagen dieses Buches zurück. Der Rundblick über verschiedene Felder der Gegenwartsgesellschaft und der Ausblick auf die Krisen des nächsten Jahrhunderts sind nicht von der Vorfreude auf die Einlösung all jener Versprechungen geprägt, die uns das ebenso grauenhafte wie gloriose 20. Jahrhundert einstweilen noch schuldig geblieben ist. Aber die meisten der Probleme, vor denen die modernen individualisierten Gesellschaften stehen, machen nicht das Versagen des Systems deutlich, ganz im Gegenteil: Sie resultieren aus den *Erfolgen* der Gesellschaft. Schließlich ist es die *ungeheure Produktivkraft* der Marktgesellschaft, die zu den ökologischen Problemen geführt hat. Es ist der *politische Erfolg*, eine Großgesellschaft zu konstruieren, die zur demo-kratischen Entfremdung Anlaß gibt. Es ist der *Reichtum an möglichen Lebensstilen*, der zur bangen Frage nach dem Zusammenhalt der Gesell-schaft führt. Es ist der für breite Bevölkerungsschichten zugänglich gewordene *Luxus*, der zur Stimmungslage hedonistischer Unverläß-lichkeit führt. Die *McGesellschaft* hat viele Vorteile. Aber daß es sich um Erfolge handelt, tröstet nicht: Gesellschaften können auch an ihren Erfol-gen leiden, ja durch sie bedroht werden. Dies ist besonders dann der Fall, wenn sich so tiefgreifende Veränderungen mit einer solchen Geschwin-digkeit vollziehen. Ein paar Jahrzehnte sind im Leben einer Gesellschaft kein Zeitraum.

Stephen Toulmin hat von einer *phantasievollen* und einer *nostalgischen* Einstellung zur Zukunft gesprochen: Wir können uns der Zukunft stellen und nach den uns offenstehenden Möglichkeiten fragen oder mit dem Rücken voran in diese Zukunft hineinstolpern, ohne solche Horizonte und Ideen zu haben. In Wahrheit hat seines Erachtens die nostalgische Einstellung keine Chance: Sie hofft, daß die Lebens- und Denkformen, die für das abgelaufene Zeitalter der Stabilität und Nationalität, für die letz-ten zwei- bis dreihundert Jahre, typisch waren, wenigstens noch während unseres eigenen Lebens gelten. Aber es ist unrealistisch, sich eine Zukunft vorzustellen, in der die Hauptkennzeichen der Moderne weiter gelten: die theoretische Autonomie wohlabgegrenzter Wissenschaften, ein uner-schütterliches Technikvertrauen und separierte Nationalstaaten mit unbe-schränkter Souveränität.[228] Wir scheinen uns wirklich in einem Umbruch zu befinden, der in seiner Geschwindigkeit keine historische Parallele hat.

Die Rund- und Ausblicke dieses Buches mögen in dieser Situation sogar defätistisch anmuten. In der Tat vermag ich mich den jubelnden Technokraten und Sozialoptimisten, welche die „Dritte Welle" kapitalistischer Entfaltung oder den Durchbruch der Kultur zur „Postmoderne" bejubeln, nicht anzuschließen. Es wird wohl aller unserer Anstrengungen bedürfen, mit den Folgen der individualistischen und globalisierten Gesellschaft, die wir hier recht schnoddrig als *McGesellschaft* bezeichnet haben, zurechtzukommen. Mit der resignierenden Geste der kulturästhetischen Pessimisten ist es freilich auch nicht getan. Es wäre schon viel geholfen, wenn man politisch den Mut fände, wenigstens das zu tun, wovon man *weiß*, daß es nützlich ist. Zur Entschuldigung für diese Besorgnis möchte ich – wie in der Einleitung – wiederum auf Joseph Schumpeter zurückgreifen, der vor einem knappen halben Jahrhundert schrieb: „Die Nachricht, daß ein bestimmtes Schiff im Sinken ist, ist nicht defaitistisch. Aber die Gesinnung, in der diese Nachricht aufgenommen wird, kann defaitistisch sein: die Mannschaft kann sich hinsetzen und sich betrinken. Jedoch sie kann auch zu den Pumpen stürzen."[229] Die Motivation, zu den Pumpen zu stürzen, ist nicht allzu stark. Wo darüber hinaus in unserer Gesellschaft die richtigen Pumpen zu finden sind, ist eine andere Sache. Das war nicht Gegenstand dieses Buches.

ANMERKUNGEN

[1] Hier wie in der Folge gilt, daß aus ästhetischen Gründen an den Sprachkonventionen festgehalten wird, die dazu führen, daß die männliche Form – der „Zeitgenosse", der „Sozialwissenschaftler", der „Arbeitnehmer" – öfter gebraucht wird als die weibliche und letztere einschließt. Es sei festgehalten, daß sinngemäß an den entsprechenden Stellen natürlich auch die weiblichen Mitglieder der menschlichen Spezies miteingeschlossen sind.

[2] Es handelt sich um eine andere literarische Gattung als jene wissenschaftlicher Aufsätze im engsten Sinne, nicht besser und nicht schlechter als diese. Das gilt es zu betonen angesichts mancher Neigungen, die in der Wissenschaft wie in der Öffentlichkeit bestehen, alles über einen Leisten zu schlagen. Es schließt deswegen natürlich nicht aus, daß in diesen Beiträgen wissenschaftliche Theorien und Materialien verwendet oder sogar weiterentwickelt oder ergänzt werden.

[3] George Ritzer: The McDonaldization of Society, Thousand Oaks et al. 1993.

[4] Vgl etwa Ulrich Beck: „So viele Nachbarn gab's noch nie", Die Presse, Spectrum, 20./21. Juni 1998.

[5] Norbert Elias: Die Gesellschaft der Individuen, Frankfurt a. M. 1987.

[6] Das ist natürlich nicht der einzige Punkt, um den sich die moderne Individualisierungsdiskussion dreht. Die Weite der Diskussion soll nur durch einige Publikationen angedeutet werden. Man kann etwa mit den unterschiedlichen Annäherungsversuchen beginnen, wie wir sie bei Alan S. Waterman: The Psychology of Individualism, New York 1984, finden; bei Louis Dumont: Essays on Individualism. Modern Ideology in Anthropological Perspective, Chicago 1986; oder bei Pekka Sulkunen: The European New Middle Class. Individuality and Tribalism in Mass Society, Aldershot 1992; und bei Catherine Casey: Work, Self, and Society. After Industrialism, London-New York 1995; und vieles andere. Das Thema läßt sich aber auch in Spezialbereiche hinein verfolgen, etwa zu den neuen sozialen Bewegungen mit Christoph Hennig: Die Entfesselung der Seele. Romantischer Individualismus in den deutschen Alternativkulturen, Frankfurt-New York 1989; zum liberalen Zeitgeist mit John Stewart-Smith: Individualism and Limited Government. The Option which is Now Due!, Chochrane 1986; zur Risikodebatte mit Ulrich Beck und Elisabeth Beck-Gernsheim: Riskante Freiheiten. Individualisierung in modernen Gesellschaften, Frankfurt 1994; oder zur Kommunitarismusdiskussion, etwa mit dem Klassiker Robert N. Bellahs und seiner Mitarbeiter: Habits of the Heart. Individualism and Commitment in American Life, Berkeley 1985. Eine Unzahl von Büchern ließe sich diesen wenigen Beispielen anfügen.

⁷ Vgl hiezu etwa Wilhelm Heitmeyer (Hrsg.): Was treibt die Gesellschaft auseinander? Frankfurt a. M. 1997; ders. (Hrsg.): Was hält die Gesellschaft zusammen? Frankfurt a. M. 1997; Peter L. Berger (Hrsg.): Die Grenzen der Gemeinschaft. Konflikt und Vermittlung in pluralistischen Gesellschaften, Gütersloh 1997; Erwin Teufel (Hrsg.): Was hält die moderne Gesellschaft zusammen?, Frankfurt a. M. 1996.

⁸ Natürlich müssen wir korrekterweise darauf hinweisen, daß auch die breite Übereinstimmung über einen solchen Sachverhalt kein Beweis seiner Wahrheit ist, aber die Wahrscheinlichkeit, daß damit ein treffender Aspekt in der Entwicklung moderner Gesellschaften beschrieben wird, ist vor dem Hintergrund der einschlägigen wissenschaftlichen Literatur doch recht hoch. Vgl über Einzelbereiche im übrigen zahlreiche Detailstudien, die in einigen Beiträgen der Heitmeyer-Bände gut dargestellt werden; dort finden sich auch zahlreiche Verweise.

⁹ Der Hintergrund dieser Essays sind Entwicklungen im mitteleuropäischen Raum. Auch wenn die Individualisierungsprozesse auf alle modernen Gesellschaften zutreffen und demgemäß viele Beobachtungen verallgemeinerbar sind, so sind Erfahrungshintergrund und Bezugsfeld doch Staaten wie Österreich und Deutschland. Während sich beispielsweise „postmoderne" Tendenzen über diesen geographischen Bezug verallgemeinern lassen, sind Beschreibungen politischer Vorgänge – etwa über die Positionierung der „Großparteien" – eher örtlich gebunden. Religiöse Entwicklungen sind von weltweiter Relevanz, während die Äußerungen über Universitäten in den Vereinigten Staaten niemand auch nur annähernd verstehen würde.

¹⁰ Joseph A. Schumpeter: Kapitalismus, Sozialismus und Demokratie, 7. Aufl., Tübingen-Basel 1993, 499.

¹¹ Vgl Manfred Prisching: „Schule und Gesellschaft auf der Suche nach einem Bildungsbegriff", in: Neuberger Gespräche. Erziehen – Verzogen? Bd 3, Wien-Köln 1989, 77–92; ders.: „Bildungsnischen im zwanzigsten Jahrhundert. Eine kulturelle Verortung von Erwachsenenbildungseinrichtungen", Lichtungen. Zeitschrift für Literatur, Kunst und Zeitkritik 16 (1995), Nr. 61, 110–116.

¹² Vgl etwa Fritz-Ulrich Kolbe und Volker Lenhart (Hrsg.): Bildung und Aufklärung heute, Bielefeld 1990; Sebastian Müller-Rolli (Hrsg.): Das Bildungswesen der Zukunft, Stuttgart 1987; Michael Schratz (Hrsg.): Gehen Bildung, Ausbildung und Wissenschaft an der Lebenswelt vorbei?, München 1988.

¹³ Vgl den Bericht der Clarendon Commission über den Stand der englischen Public Schools aus den sechziger Jahren des 19. Jahrhunderts; als Vorzüge werden genannt: „A second, and a greater still, is the creation of a system of government and discipline for boys, the excellence of which has been universally recognized, and which is admitted to have been most important in its effects on national character and social life. It is not easy to estimate the degree in which the English people are indebted to these schools for the qualities on which they pique themselves most – for their capacity to govern others and control themselves, their aptitude for combining freedom with order, their public spirit, their vigour and manliness of character, their strong but not slavish respect for public opinion, their love of healthy sports and exercise." Die Passage ist zitiert bei Joseph Bristow:

Empire Boys. Adventures in a Man's World, London 1991, 55f. Ich verdanke den Hinweis Helmut Kuzmics.

[14] An die Persönlichkeit wird zuweilen auch noch der Anspruch gestellt, unverwechselbar zu sein: eben ganz individuell. Man muß also die für die Präsentation seiner Persönlichkeit unabdingbare Originalität bei der Komposition von Bildungselementen unter Beweis stellen. Es ist originell, wenn sich jemand für chinesische Vasen und die neueste Rap-Musik interessiert, und wenn er Kenntnisse auf diesen Gebieten entwickelt, wird man ihm schwerlich „Unbildung" in anderen Bereichen vorwerfen. Aber kann die Originalität für das Defizit an gemeinsamer Allgemeinbildung kompensieren?

[15] Hartmut von Hentig: Bildung. Ein Essay, Darmstadt 1997, 57.

[16] Vgl Randall Collins: The Credential Society. An Historical Sociology of Education and Stratification, New York 1979.

[17] Natürlich stoßen auch diese Strategien an die Grenze der „positionellen Güter"; vgl Fred Hirsch: Die sozialen Grenzen des Wachstums. Eine ökonomische Analyse der Wachstumskrise, Frankfurt a. M. 1980 (engl. 1976).

[18] Vgl die schöne Darstellung von Georg Bollenbeck: Bildung und Kultur. Glanz und Elend eines deutschen Deutungsmusters, Frankfurt a. M. 1996.

[19] Vgl Max Weber: Wirtschaft und Gesellschaft. Grundriß der verstehenden Soziologie, 5., rev. Aufl., Tübingen 1976, 578.

[20] Amitai Etzioni: The Spirit of Community. The Reinvention of American Society, New York et al. 1994, 89ff.

[21] Hentig 1997, 15

[22] Hans-Peter Martin und Harald Schumann: Die Globalisierungsfalle. Der Angriff auf Demokratie und Wohlstand, Reinbek b. H. 1996.

[23] Die Abwanderungstendenz wurde für bestimmte Branchen schon sehr früh nachgewiesen; vgl Folker Fröbel, Jürgen Heinrichs und Otto Kreye: Die neue internationale Arbeitsteilung. Strukturelle Arbeitslosigkeit in den Industrieländern und die Industrialisierung der Entwicklungsländer, Reinbek b. H. 1977.

[24] Claus Offe (Hrsg): „Arbeitsgesellschaft". Strukturprobleme und Zukunftsperspektiven, Frankfurt a. M. 1984.

[25] André Gorz: „Das Goldene Zeitalter der Arbeitslosigkeit", in: ders: Abschied vom Proletariat. Jenseits des Sozialismus, Frankfurt a. M. 1980.

[26] Die Ökonomen sprechen vom Heckscher-Ohlin-Theorem, das diese Zusammenhänge beschreibt.

[27] Vgl empirische Indikatoren für andere Denationalisierungsbereiche bei Michael Zürn: „Was ist Denationalisierung und wieviel davon gibt es?", Soziale Welt 48 (1997), 337–360.

[28] Erich Gundlach: Die Dienstleistungsnachfrage als Determinante des wirtschaftlichen Strukturwandels, Tübingen 1993.

[29] Der steigende Anteil der Dienstleistungen geht wesentlich auf die höhere Dienstleistungsintensität der Produktion in der gesamten Volkswirtschaft zurück, es handelt sich also nicht nur um eine Auslagerung von früher selbsterstellten Dienstleistungen durch den industriellen Sektor. Um welche Dienstleistungen es sich jeweils handelt, ist auch für die Produktivitätsfortschritte wichtig: Die unge-

bundenen Dienstleistungen haben weit höhere Produktivitätsfortschritte zu verzeichnen als die gebundenen. Vgl auch Henning Klodt, Rainer Maurer und Axel Schimmelpfennig: Tertiarisierung in der deutschen Wirtschaft, Tübingen 1997.

[30] Von der Produktionsverlagerung in das Ausland ist eine andere Entwicklung zu unterscheiden: das *outsourcing*, das heißt der Import intermediärer Produkte aus dem Ausland für eine Produktion im Inland. Produktionsaktivitäten werden in Einzelaktivitäten zerlegt, die auf verschiedene Länder aufgeteilt werden. Wenn Unternehmen auf den verstärkten Wettbewerb dadurch reagieren, daß sie nichtqualifikationsintensive Produktionsaktivitäten in das Ausland verlegen oder die Vorprodukte aus dem Ausland zukaufen, wird die Beschäftigung auch *innerhalb* einzelner Industrien sich stärker auf höhere Qualifikationen verschieben. Es wandern nicht nur die Produktionsaktivitäten zur Gänze ab, sondern auch bei jenen Unternehmen, die im Lande bleiben, reduziert sich die Herstellung auf die qualitativ hochwertigeren Teile oder auf den Endzusammenbau. Neben dem offenen gibt es auch einen versteckten Export von Arbeitsplätzen und Produktionsprozessen.

[31] Gunther Tichy: „Globalisierung bewirkt nicht Arbeitslosigkeit", Die Presse vom 15. April 1998.

[32] Vgl das Editorial in Wirtschaft und Gesellschaft 23 (1997), 1–10.

[33] Vgl Peter J. Buckley und Jean-Louis Mucchielli (Hrsg.): Multinational Firms and International Relocation, Cheltenham 1997.

[34] Michael J. Piore und Charles F. Sabel: Das Ende der Massenproduktion. Studie über die Requalifizierung der Arbeit und die Rückkehr der Ökonomie in die Gesellschaft, Berlin 1985.

[35] Horst Kern und M. Schumann: Das Ende der Arbeitsteilung? Rationalisierung in der industriellen Produktion, 3. Aufl., München 1986.

[36] Es geht in diesem Falle nicht um eine Polarisierung, die nur noch Manager und unqualifizierte menschliche „Fließbandmaschinen" übrigläßt; Manager sind ein Kapitel für sich. Es geht um eine Polarisierung zwischen high-tech-Arbeitnehmern und Unqualifizierten. Diese Entwicklung bedeutet auch nicht, daß nicht „Nischen" für Qualitätshandwerk übrigbleiben: In einer Luxusgesellschaft ist Platz für Tischler und Zimmerleute, die maßgeschneiderte Häuser und Einrichtungen herstellen können. Aber für einfache Installateurs- oder Malerarbeiten mag in Zukunft, bei hinreichender Liberalisierung der Gewerbeordnung, ein Kurs von wenigen Wochen genügen, und die entsprechend billigeren Arbeitskräfte werden die anderen aus dem Markt verdrängen. In Europa wird das freilich viel länger dauern als in den USA, angesichts der gut ausgebildeten „mittleren" Arbeitskräfte, die aus dem dualen System kommen.

[37] Peter Maiwald: „Solidarität ist wie Mundgeruch", Die Presse, Spektrum, 20./21. Juni 1998.

[38] Vgl die sehr genauen Analysen in Michael Mesch (Hrsg.): Neue Arbeitsplätze in Österreich. Die Beschäftigungsentwicklung im österreichischen Dienstleistungssektor, Wien 1998.

[39] Vgl Lorenz Lassnig und Peter Prenner: „Analyse der Verschiebungen in der österreichischen Beschäftigungsstruktur 1971–91. Shift-Share-Analyse und Konzentrationsmessungen", in: Mesch 1998, 299–332.

[40] Robert H. Frank und Philip J. Cook: The Winner-take-all-Society, New York et al. 1995.

[41] Herbert Giersch: Arbeit der Zukunft, Zukunft der Arbeit, Stuttgart 1994, 158.

[42] Es kommt noch dazu, daß in den achtziger und neunziger Jahren durch das veränderte Klima auf den Arbeitsmärkten, durch verstärkte Computerisierung und *lean management*-Projekte auch die Produktivitätszuwächse in vielen Branchen gestiegen sind. Auch diese müssen erst einmal „hereingebracht" werden.

[43] Wir lassen bei dieser Feststellung völlig außer acht, wie es zur Streuung bei den Qualifikationen kommt, insbesondere mischen wir uns in die Debatte über angeborene und anerzogene Fähigkeiten nicht ein; vgl hiezu jüngst etwa Russel Jacoby und Naomi Glauberman (Hrsg.): The Bell Curve Debate. History, Documents, Opinions, New York 1995.

[44] Mit der Arbeitslosigkeit wird man nur unzureichend durch „Umdefinition" (es handle sich sowieso um das „bessere Leben") fertig werden können. Teilweise hat es diese Reaktion ja auch schon bisher gegeben: „Die Arbeitslosigkeit brachte den Zwang hervor, der manche Männer dazu veranlaßte, als Hausmann zu jobben; der Zeitgeist lieferte die Ideologie nach, die es den deklassierten Männern ermöglichte, ihr Schicksal als Ergebnis verantwortungsbewußter Entscheidungen darzustellen. Es sind dies Leute, die sich mit dem Applaus des Zeitgeistes begnügen müssen, denn wer sollte diesen als Verlierer der Konkurrenzgesellschaft Gebrandmarkten sonst applaudieren?" Hans Georg Zilian: „Einleitung: Pathologien, Paradoxien, Eulenspiegeleien – Arbeitswelt zwischen Knappheit und Ideologie", in: Hans Georg Zilian und Jörg Flecker (Hrsg.): Pathologien und Paradoxien der Arbeitswelt, Wien 1997, 8–31, hier 18.

[45] Protektionistische Ideen werden in den Vereinigten Staaten bereits viel heftiger diskutiert als in Europa; allerdings setzen die wichtigen politischen Kräfte auf Öffnung und Freihandel.

[46] Vgl dazu etwa Thomas B. Bottomore: Elite und Gesellschaft. Eine Übersicht über die Entwicklung des Eliteproblems, 2. Aufl., München 1969; Eva Etzioni-Halevy: The Elite Connection. Problems and Potential of Western Democracy, Cambridge 1993; George L. Field und John Higley: Eliten und Liberalismus. Ein neues Modell zur geschichtlichen Entwicklung der Abhängigkeit von Eliten und Nicht-Eliten, Opladen 1983; Alvin W. Gouldner: Die Intelligenz als neue Klasse. Sechzehn Thesen zur Zukunft der Intellektuellen und der technischen Intelligenz, Frankfurt a. M. 1980; Dietrich Herzog: Politische Führungsgruppen. Probleme und Ergebnisse der modernen Elitenforschung, Darmstadt 1982; Hans Miksch: Die soziale Nützlichkeit und die herrschenden Schichten. Ein Beitrag zur Lehre von den Eliten, Graz 1966; Wilfried Röhrich: Eliten und das Ethos der Demokratie, München 1991; Helmut Schelsky: Die Arbeit tun die anderen. Klassenkampf und Priesterherrschaft der Intellektuellen, Opladen 1975; John Scott (Hrsg.): The Sociology of the Elites, Aldershot, Hants et al. (Reihentitel, mehrere Jahre).

[47] Aufnahmekriterien an amerikanische Eliteuniversitäten setzen voraus: gute Schulen, gute Kurse und gute Noten; aber dann auch: gute Tests und gute Ergebnisse bei Wettbewerben; und schließlich: nachgewiesene *leadership* (Auf die Harvard University kommt man nur, wenn man ein Engagement als Klassensprecher,

bei der Gestaltung der Schulzeitung, als Tutor, in der städtischen Altersbetreuung oder im Kindergarten oder ähnliches nachweisen kann). Das ist ein gescheites Prinzip; es sichert letztlich den späteren Erfolg der eigenen Absolventen, den sich wieder die Universität zugute schreiben kann. Denn diese Personen setzen sich durch.

[48] Zu Österreich vgl etwa Peter Stiegnitz: Eliten. Die Stützen der Gesellschaft, Wien 1991.

[49] Das Gute an der Gleichmacherei ist, daß sie nur oberflächlich greift; in Wahrheit gibt es natürlich Unterschiede, und jeder weiß darüber Bescheid. Man mag es offiziell nicht sagen dürfen, daß in dem einen Schultyp die Hälfte von dem verlangt wird, was woanders geleistet werden muß, aber man weiß es. Man weiß auch, welchen „Ruf" die eine oder die andere Schule hat.

[50] Von einer Abgeordneten des österreichischen Nationalrats wurde Ende 1996 diese Forderung erhoben; vermutlich war sie nicht ganz ernst gemeint. Natürlich handelt es sich um ein ungeeignetes Mittel, mehr Qualität in die Reihen der Abgeordneten zu bringen, und das Argument, daß sich dies mit den gängigen Prinzipien einer demokratischen Ordnung nicht vereinbaren läßt, ist nicht einmal so falsch. Dennoch war es amüsant zu beobachten, von welchem Schock viele Politiker in Anbetracht dieser Forderung gepackt wurden; ein Schock, der sie veranlaßte, in das ehrwürdigste Vokabular zur Rettung der Demokratie zu verfallen.

[51] Es bedürfte natürlich einer umfassenderen Analyse, das Verantwortungsbewußtsein von Eliten historisch nachzuzeichnen. Es gibt offenbar enorme Unterschiede: die englischen Eliten, die recht früh *civic virtues* entwickelt haben, trennt eine riesige Kluft von den lateinamerikanischen Eliten, die sich bis auf die heutigen Tage als *Conquistadores* aufführen, denen es nur um die Ausbeutung ihres Volkes geht.

[52] Robert J. Samuelson: The Good Life. The American Dream in the Age of Entitlement 1945–1995, New York 1995; Lawrence M. Mead: Beyond Entitlement. The Social Obligation of Citizenship, New York 1986.

[53] Auf eine sehr sonderbare und widersprüchliche Weise geht diese Stimmung einher mit dem Gefühl, „eingesperrt" zu sein: in einer Welt zu leben, die nicht mehr zu gestalten ist; hineingeworfen zu sein in ein riesiges System, das man sich nicht aussuchen kann. Das ist wohl auch nicht ganz unrichtig. Die befreienden und disziplinierenden Wirkungen der Gesellschaft bedingen einander. Die Wahlfreiheiten des Wohlstands beruhen auf einer Maschinerie, der in der Tat kaum zu entrinnen ist: so wie die ungeheuren und historisch einmaligen Freiheiten der Mobilität mit der Disziplin eines massenhaften Straßenverkehrs erkauft werden und allenfalls im Autobahnstau ersticken. Die Illusion besteht, wie immer, darin, die Freiheiten ohne die Nachteile haben zu können.

[54] Gabriel A. Almond und Sidney Verba: The Civic Culture. Political Attitudes and Democracy in Five Nations, Boston 1965; Gabriel A. Almond et al. (Hrsg.): The Civic Culture Revisited, Newbury Park, CA et al. 1992; Elise Boulding: Building a Global Civic Culture. Education for an Independent World, New York 1988; Lawrence H. Fuchs: The American Kaleidoscope. Race, Ethnicity and the Civic Culture, Hanover, NH et al. 1990.

[55] William J. Bennett (Hrsg.): The Book of Virtues. A Treasury of Great Moral

Stories, New York 1993; Michael Slote: From Morality to Virtue, New York et al. 1992. – Für den politischen Kontext vgl. Iring Fetscher: Toleranz. Von der Unentbehrlichkeit einer kleinen Tugend für die Demokratie. Historische Rückblicke und aktuelle Probleme, Stuttgart 1990; Herbert Lüthy: Tugend und Menschenrechte. Zur Topologie politischer Begriffssysteme, Zürich 1989; John G. Pocock: Die andere Bürgergesellschaft. Zur Dialektik von Tugend und Korruption, Frankfurt a. M. et al. 1993; Uwe Schultz (Hrsg.): Die Krise der demokratischen Tugend und sechzehn Vorschläge zu ihrer Überwindung, Reinbek b. H. 1974. – Für eine Gesamtinterpretation der modernen Gesellschaft unter diesem Aspekt vgl Alasdair MacIntyre: Der Verlust der Tugend. Zur moralischen Krise der Gegenwart, Frankfurt a. M. 1987.

[56] Vgl Jean-Francois Lyotard: Der Widerstreit, München 1987; ders.: La Condition postmoderne. Rapport sur le savoir, Paris 1979 (dt. Das postmoderne Wissen. Ein Bericht, Bremen 1982 oder Graz-Wien 1986); Roland Barthes: Mythen des Alltags, Frankfurt 1964; vgl aber auch schon die Beschreibungen der Moderne von Daniel Bell: Die Zukunft der westlichen Welt. Kultur und Technologie im Widerstreit, Frankfurt 1979 (engl. 1976).

[57] Wolfgang Welsch: Unsere postmoderne Moderne, Weinheim 1987; ders. (Hrsg.): Wege aus der Moderne. Schlüsseltexte der Postmoderne-Diskussion, Weinheim 1988.

[58] Rainer Zitelmann: „Träume vom neuen Menschen", in: Richard Saage (Hrsg): Hat die politische Utopie eine Zukunft? Darmstadt 1992, 27–33.

[59] Jugend privat – Verwöhnt? Bindungslos? Hedonistisch? Ein Bericht des Sinus-Instituts, Opladen 1985.

[60] Vgl etwa Christopher Lasch: The Culture of Narcissism. American Life in an Age of Diminishing Expectations, New York 1978.

[61] Wolfgang Kraus: Nihilismus heute oder Die Geduld der Weltgeschichte, Frankfurt a. M. 1985.

[62] Gerhard Schulze: Die Erlebnisgesellschaft. Kultursoziologie der Gegenwart, Frankfurt-New York 1992.

[63] Verständlicherweise wird die Gefahr der Langeweile zu einem vorrangigen Problem; vgl dazu Alfred Bellebaum: Langeweile, Überdruß und Lebenssinn. Eine geistesgeschichtliche und kultursoziologische Untersuchung, Opladen 1990. Ebenso Alfred Bellebaum (Hrsg.): Glück und Zufriedenheit. Ein Symposion, Opladen 1992; Alfred Bellebaum und Klaus Barheier (Hrsg.): Lebensqualität. Ein Konzept für Praxis und Forschung, Opladen 1994.

[64] Peter L. Berger, Brigitte Berger und Hansfried Kellner: The Homeless Mind. Modernization and Consciousness, 1973 (dt. 1984). Vgl. auch Hans Peter Thurn: Kulturbegründer und Weltzerstörer. Der Mensch im Zwiespalt seiner Möglichkeiten, Stuttgart 1990; Friedrich H. Tenbruck: Die kulturellen Grundlagen der Gesellschaft. Der Fall der Moderne, Opladen 1989; Hermann Lübbe: Die Aufdringlichkeit der Geschichte. Herausforderungen der Moderne vom Historismus bis zum Nationalsozialismus, Graz-Wien-Köln 1989; Scott Lash: Sociology of Postmodernism, London 1990; Zygmunt Baumann: Moderne und Ambivalenz. Das Ende der Eindeutigkeit, Hamburg 1992; Stephen Crook, Jan Pakulski und Malcolm Waters:

Postmodernization, London 1992; Heinz-Günter Vester: Die Thematisierung des Selbst in der postmodernen Gesellschaft, Bonn 1984.

[65] Wenn der Gebrauchswert als Resultat subjektiver Nutzenschätzung definiert wird, so deckt dieser Begriff natürlich beliebige Vorzüge des Produkts ab. Er verschleiert aber gerade jene Veränderung in der Bedeutung eines Gutes, um die es hier geht: Eine Armbanduhr ist (erstens) ein zweckmäßiger Zeitmesser; sie ist (zweitens), wenn es sich um eine Rolex handelt, ein Prestigeobjekt. Aber sie kann – und dies ist immer mehr der Fall – (drittens) zum Ausdruck eines Lebensstils, einer individuellen Persönlichkeit, werden. Swatch-Uhren werden nicht mehr wegen ihres hohen Preises – als Luxusgüter – getragen, sondern als Symbol der Zugehörigkeit zu einer bestimmten (jungen, dynamischen, ausgeflippten, modernen) Gruppe. Selbst temporäre Befindlichkeiten werden dadurch signalisiert, wenn aus der Kollektion der zur Verfügung stehenden Uhren jeweils die passende ausgewählt wird: „Heute abend bin ich übermütig."

[66] Vgl dazu auch die Rezension von Robert Schediwy, in: Wirtschaft und Gesellschaft 19 (1993), 607–610.

[67] Norbert Elias: Die höfische Gesellschaft. Untersuchungen zur Soziologie des Königtums und der höfischen Aristokratie, 4. Aufl., Frankfurt 1989.

[68] Pierre Bourdieu: Die feinen Unterschiede. Kritik der gesellschaftlichen Urteilskraft, 3. Aufl., Frankfurt 1983.

[69] Einige Beispiele aus der Diskussion: Edgar Morin: Europa denken, Frankfurt-New York 1991; Richard Münch: Das Projekt Europa. Zwischen Nationalstaat, regionaler Autonomie und Weltgesellschaft, Frankfurt a. M. 1993; Cees Noteboom: Wie wird man Europäer? Frankfurt a. M. 1993; Ralf Dahrendorf, Francois Furet und Bronislaw Geremek: Wohin steuert Europa? Ein Streitgespräch, Frankfurt-New York 1993; Helmut Guggenberger und Wolfgang Holzinger (Hrsg.): Neues Europa – Alte Nationalismen. Kollektive Identitäten im Spannungsfeld von Integration und Ausschließung, Klagenfurt 1993; Klemens Ludwig: Europa zerfällt. Völker ohne Staaten und der neue Nationalismus, Reinbek b. H. 1993; Hans Arnold: Europa am Ende? Die Auflösung von EG und NATO, München 1993; Rüdiger Foresta und Maria Grün: Warnung vor EG-Europa. Argumente gegen eine Weltordnung, Salzburg 1992; Willem Molle: The Economics of European Integration. Theory, Practice, Policy, Aldershot et al. 1990; Dieter Henrich: Nach dem Ende der Teilung. Über Identitäten und Intellektualität in Deutschland, Frankfurt a. M. 1993; Frank Herterich und Christian Semler (Hrsg.): Dazwischen. Ostmitteleuropäische Reflexionen, Frankfurt a. M. 1989; Jacques Le Rider: Mitteleuropa. Auf den Spuren eines Begriffs, Wien o. J.

[70] Johann Karl Friedrich Rosenkranz: „Der Fortschritt in der Einförmigkeit unserer Civilisation", in: ders: Neue Studien, Bd 1, Leipzig 1875, 542, zitiert bei Jörg Becker: „Die Einfalt in der Vielfalt. Standardisierte Massenkommunikation als Problem der politischen Kultur", Aus Politik und Zeitgeschichte (1994), B39, 21–28.

[71] Brigitte Berger/Peter L. Berger: In Verteidigung der bürgerlichen Familie, Reinbek b. H. 1984; Christopher Lasch: Haven in a Hartless World: The Family Besieged, New York 1977.

[72] Vgl etwa Elisabeth Beck-Gernheim: „Auf dem Weg in die postfamiliale Familie.

Von der Notgemeinschaft zur Wahlverwandtschaft", Aus Politik und Zeitgeschichte B 29–30 (1994), 3–14.

[73] Vgl zur Familie etwa Hans Bertram (Hrsg.): Blickpunkt Jugend und Familie. Internationale Beiträge zum Wandel der Generationen, Weinheim 1989; ders. (Hrsg.): Die Familie in Westdeutschland. Stabilität und Wandel familialer Lebensformen, Opladen 1991; Dieter Claessens: Familie und Wertsystem, Berlin 1962; Robert Hettlage: Familienreport. Eine Lebensform im Umbruch, München 1992; René König: Die Familie der Gegenwart, München 1966; Rosemarie Nave-Herz (Hrsg.): Wandel und Kontinuität der Familie in der Bundesrepublik Deutschland, Stuttgart 1988; Rosemarie Nave-Herz und Dorothea Krüger: Ein-Eltern-Familien. Eine empirische Studie zur Lebenssituation und Lebensplanung alleinerziehender Mütter und Väter, Bielefeld 1992; Rosemarie Nave-Herz und Manfred Markefka (Hrsg.): Handbuch der Familien- und Jugendforschung. Bd 1.: Familienforschung, Bd 2: Jugendforschung, Neuwied 1989; Rüdiger Peuckert: Familienformen im sozialen Wandel, Opladen 1991; Martine Segalen: Die Familie. Geschichte, Soziologie, Anthropologie, Frankfurt-New York 1990; Ulrich Beck und Elisabeth Beck-Gernsheim (Hrsg.): Das ganz normale Chaos der Liebe, Frankfurt a. M. 1990; Hans P. Buba und Norbert F. Schneider (Hrsg.): Familie, Opladen 1996; Michael Erler: Die Dynamik der modernen Familie, Weinheim-München 1996; Bernhard Nauck u. a. (Hrsg.): Familie und Lebensverlauf im gesellschaftlichen Umbruch, Stuttgart 1995; Klaus A. Schneewind und Lutz von Rosenstiel (Hrsg.): Wandel der Familie, Göttingen u. a. 1992; Uta Gerhardt u. a. (Hrsg.): Familie der Zukunft, Opladen 1995; Richard Gisser u. a. (Hrsg.): Lebenswelt Familie, Wien 1990; u. a.

[74] Zum Beispiel R. Bachmann: Singles, Frankfurt a. M. 1992; S. Weber und C. Gaedemann: Singles, München 1980.

[75] Hier sei nur am Rande festgehalten, daß wir natürlich nicht in die semantische Falle laufen, eine Hausfrau als „nicht arbeitend" zu bezeichnen; wir gehen gerade davon aus, daß die Hausarbeit eine sehr nützliche, wichtige und kompetente Arbeit ist und daß wesentliche Probleme der modernen Gesellschaft daraus entstehen, daß sie nicht so leicht ersetzbar ist.

[76] Günther Nenning: „Die liebe Familie und die Armutsgesellschaft", Die Presse vom 20. Mai 1997, 6.

[77] Zweifellos würde heute eine Sprache lächerlich klingen, in der die Mütter ihren Töchtern begreiflich zu machen suchen, man „müsse sich für die Ehe bewahren"; aber in der Sprache des rationalen Abwägung – man müsse mittels der Pille das Schwangerschaftsrisiko minimieren – schiebt sich das Kosten-Nutzen-Kalkül vor das Erfordernis einer „echten, hingebungsvollen Beziehung", wie sie letztlich doch alle wünschen. Sexuelle Beziehungen werden in der nüchternen Buchhaltungs- und Kalkulationssprache ausgedrückt, und es wäre sonderbar, würde das nicht auf die Beziehung abfärben.

[78] James Patterson und Peter Kim: The Day America Told the Truth, New York 1991.

[79] Franz-Xaver Kaufmann: Zukunft der Familie, München 1990.

[80] Rosemarie Nave-Herz u. a.: Scheidungsursachen im Wandel, Bielefeld 1990.

[81] Anneke Napp-Peters: Familien nach der Scheidung, München 1995; G. Scheller: Wertwandel und Anstieg des Ehescheidungsrisikos?, Pfaffenweiler 1992; N. F.

Schneider: „Woran scheitern Partnerschaften?", Zeitschrift für Soziologie 19 (1990), 458–470.

[82] Everett D. Dyer: „Scheidung und Scheidungsfolgen in den USA: Ein Überblick", Kölner Zeitschrift für Soziologie und Sozialpsychologie 38 (1986), 581–600; Peter H. Hartmann: Warum dauern Ehen nicht ewig? Eine Untersuchung zum Scheidungsrisiko und seinen Ursachen, Opladen 1989; H.-P. Heekerens: „Das erhöhte Risiko der Ehescheidung", Zeitschrift für Soziologie 16 (1987), 190–203; L. K. White: „Determinants of Divorce: A Review of Research in the Eighties", Journal of Marriage and the Family 52 (1990), 904–912.

[83] Vgl die exzellente Übersicht von Trutz von Trotha: „Zum Wandel der Familie", Kölner Zeitschrift für Soziologie und Sozialpsychologie 42 (1990), 452–473.

[84] Zur Geschichte der Familie vgl Otto Brunner: Das „Ganze Haus" und die alteuropäische „Ökonomik", in: Neue Wege der Verfassungs- und Sozialgeschichte, 2. Aufl., Göttingen 1968; Peter Laslett: „Characteristics of the Western Family Considered over Time", Journal of Family History 2 (1977), 89ff.; Michael Mitterauer: Historisch-anthropologische Familienforschung. Fragestellungen und Zugangsweisen, Wien-Köln 1970; Michael Mitterauer und Reinhard Sieder: Vom Patriarchat zur Partnerschaft. Zum Strukturwandel der Familie, München 1977; Heidi Rosenbaum (Hrsg.): Seminar: Familie und Gesellschaftsstruktur. Materialien zu den sozioökonomischen Bedingungen von Familienformen, Frankfurt a. M. 1978.

[85] R. S. Weiß: „Growing Up a Little Faster", Journal of Social Issues 35 (1979), 81–111; vgl verschiedene Beiträge in Manfred Markefka und Bernhard Nauck (Hrsg.): Handbuch der Kindheitsforschung, Neuwied u. a. 1993. Weiters Sara McLanahan und Gary Sandefur: Growing Up with a Single Parent, Cambridge, MA-London 1994; David Blankenhorn: Fatherless America. Confronting Our Most Urgent Social Problem, New York 1995.

[86] Beck-Gernsheim 1994, 12.

[87] Die Arbeitsmarktdaten zeigen, daß die Frauen zu einem beträchtlichen Teil in das Erwerbsleben eingetreten sind, um die Kinder anderer Personen zu versorgen (als Kindergärtnerinnen, Sozialarbeiterinnen und Lehrerinnen) und daß sie Dienstleistungen übernehmen, für die Frauen keine Zeit mehr haben, weil sie berufstätig sind. Man kann das zuspitzen: Zu einem nicht unbeträchtlichen Teil machen sie ähnliches wie seinerzeit zu Hause, nur gegen eine Bezahlung (in Putzereien, im Handel, in der Gastronomie), die sie wiederum benötigen, um andere Frauen für Ersatzdienste zu entgelten, die eben deshalb nötig werden, weil sie berufstätig sind. Die „sparsamste" Form, sich für die neue Rolle zu qualifizieren, würde darin bestehen, daß zwei Frauen ihre Kleinkinder austauschen und sich gegenseitig für die Kinderbeaufsichtigung und Haushaltsarbeit bezahlen (jeweils bei Kind und Haushalt der Partnerin). Aber es geht natürlich darüber hinaus um Produktivitätssteigerung: In der Produktion und überhaupt im Wirtschaftsleben ist die Steigerung der Output-Input-Relation selbstverständlich; längst ist auch die Hausarbeit durch mannigfache technische Gerätschaften und moderne Materialien rationalisiert worden; jetzt ist die Kinderaufzucht an der Reihe, einen „Produktivitätssprung" hinnehmen zu müssen. Bislang war sie ungemein arbeitsintensiv, zwei

oder drei Kinder wurden (neben der Hausarbeit) von einer vollen weiblichen Arbeitskraft erzogen. Die Hausarbeit wird jetzt deutlich zusammengekürzt, und in Kindergärten und Horten wird eine Arbeitskraft für die Aufzucht, Erziehung, Qualifikation und Sozialisation von 15 oder 20 Kindern eingesetzt.

[88] Das hat im übrigen, wie Ergebnisse aus der Familienforschung zeigen, den Effekt, daß sich Mütter, die aufgrund der traditionellen Aufgabenverteilung ein höheres Schuldgefühl entwickeln als Väter, in diesen restlichen Stunden besonders intensiv um die Kinder kümmern; und das wiederum bedeutet, daß die Väter, die sich vielleicht am Abend oder am Wochenende noch mit ihren Kindern beschäftigt hätten, gänzlich aus der Welt ihrer Kinder verdrängt werden. Soweit wir bereits über empirische Studien verfügen, hilft offenbar auch die stärkere Intensität der Mütter nicht viel.

[89] Vgl Gerhard Schmidtchen: Schritte ins Nichts, Opladen 1989.

[90] Vgl Manfred Prisching (Hrsg.): Identität und Nachbarschaft. Die Vielfalt der Alpen Adria-Länder, Wien-Köln-Graz 1994.

[91] Benedict Anderson: Die Erfindung der Nation. Zur Karriere eines folgenreichen Konzepts, Frankfurt-New York 1988; Eric J. Hobsbawm: Nationen und Nationalismus. Mythos und Realität seit 1780, Frankfurt-New York 1991; Bernhard Giesen (Hrsg.): Nationale und kulturelle Identität. Studien zur Geschichte des kollektiven Bewußtseins in der Neuzeit, Frankfurt 1991.

[92] Die Reduzierung der *nationalstaatlichen* Identität auf eine *kulturnationale* gelingt deshalb nicht, denn die Kulturnation stellt nur ein Bruchstück des komplizierteren Ganzen dar, das die „Nation" ausmacht. Zudem zählt letztere in den politisch-administrativen Aktivitäten der internationalen Szenerie, denen rasch wachsende Bedeutung zukommt, kaum. – Helmut Kuzmics hat mich darauf aufmerksam gemacht, daß es für manche Zwecke nützlich sein kann, drei Kategorien zu unterscheiden: *Identität*, also das Bewußtsein von der Nämlichkeit über die Zeit, das Bewußtsein von der zeitlichen Kontinuität einer Person oder eines Gemeinwesens; *Loyalität*, also das Gefühl der Zugehörigkeit zu einer Gruppe, das Gefühl des Eingebundenseins, auch ein Verpflichtungsgefühl gegenüber der Gruppe; und *Mentalität*, also eine bestimmte Haltung, Wertung, Einschätzung von Sachverhalten, ein sozialer Habitus, ein Stil, alles das geteilt mit den Mitgliedern einer Gruppe, in der man lebt. In der kurzen Skizze, die ich hier biete, lassen wir die Komponenten eher zusammenfließen.

[93] Hobsbawm: Nationen und Nationalismus, 1991, 8.

[94] Robert Michels: „Patriotismus", in: Alfred Vierkandt (Hrsg): Handwörterbuch der Soziologie, Stuttgart 1931, 436–441, hier 440.

[95] Klemens Ludwig: Europa zerfällt. Völker ohne Staaten und der neue Nationalismus, Reinbek b. H. 1993, 136.

[96] Dies ist im Alltäglichen und Individuellen ja nicht anders: Wer könnte schon über seine individuelle Identität verläßlich und klar Auskunft geben? Selbst beim besten Willen und mit dem festen Vorsatz, „objektiv" zu sein, kann dieses Vorhaben kaum gelingen. Es müßte, gut freudianisch gesprochen, von Sublimierungen, Rationalisierungen, Verdrängungen, Projektionen und dergleichen nur so wimmeln. Schon deswegen sind alle Befragungen von Personen, die deren „wahre

Motive" für ihr Handeln oder Werten ans Licht zu bringen trachten, mit großer Vorsicht zu genießen; das wissen alle, von vielen empirischen Sozialforschern abgesehen.

[97] Giddens hat dies als „life politics" oder „politics of self-actualization" bezeichnet; Anthony Giddens: The Consequences of Modernity, Stanford 1991; ders: Modernity and Self-Identity, Cambridge 1992.

[98] Vgl auch Karl-Siegbert Rehberg: „Gemeinschaft und Gesellschaft – Tönnies und Wir", in: Micha Brumlik und Hauke Brunkhorst (Hrsg.): Gemeinschaft und Gerechtigkeit, Frankfurt 1993, 19–48.

[99] Ernest Renan: „Qu'est-ce qu'une nation?" in: Oeuvres Complètes, Bd 1, Paris 1947 ff. 887–906, hier 892.

[100] Ernest Gellner: Nations and Nationalism, Oxford 1983.

[101] Rehberg: „Gemeinschaft und Gesellschaft", 1993, 24.

[102] Zit. n. Bernhard Giesen und Kay Junge: „Vom Patriotismus zum Nationalismus. Zur Evolution der ‚Deutschen Kulturnation'", in: Bernhard Giesen (Hrsg.): Nationale und kulturelle Identität. Studien zur Entwicklung des kollektiven Bewußtseins in der Neuzeit, Frankfurt 1992, 255–353, hier 299.

[103] Anderson 1988, 15.

[104] Bernhard Giesen: Die Entdinglichung des Sozialen. Eine evolutionstheoretische Perspektive auf die Postmoderne, Frankfurt 1991.

[105] Man kann unschwer eine Karikatur solcher Tendenzen verfertigen, indem man strukturelle Determinanten völlig ausklammert. Natürlich sind wirtschaftliche Gegebenheiten handlungswirksam: Der Bewohner eines Dritte-Welt-Landes wird nicht davon satt, daß er sich einen duftenden Suppentopf vorstellt – nicht in diesem Sinne schafft er durch Denken eine Welt. Ideen treten nicht unversehens in die Wirklichkeit. Es gibt auch politische Entwicklungslogiken, technische Sachzwänge und andere widerspenstige Gegebenheiten der „wirklichen" Welt. Hier ist nur die Rede von interpretativen Spielräumen, insbesondere von den Zugehörigkeitsgefühlen zu sozialen Gruppen. Alle Bemühungen der Sozialforscher, diese auf ein konsistentes Set von objektiven Variablen zurückzuführen, sind gescheitert. Aber objektive Größen – wirtschaftlicher, politischer, technischer, sozialer und anderer Art – gehen natürlich in die Deutungen der Menschen ein.

[106] John K. Galbraith: Gesellschaft im Überfluß, München-Zürich 1959.

[107] Daniel Bell: Die nachindustrielle Gesellschaft, Reinbek b. H. 1979 (engl. 1970).

[108] Jean Fourastié: Die große Hoffnung des zwanzigsten Jahrhunderts, 3. Aufl., 1954 (franz. 1949).

[109] Vgl Helmut Schelsky: Die skeptische Generation. Eine Soziologie der deutschen Jugend, Düsseldorf-Köln 1957; ders.: Auf der Suche nach der Wirklichkeit. Gesammelte Aufsätze, Düsseldorf-Köln 1965.

[110] Peter Sturm: „Die Wirtschaftsentwicklung in den OECD-Staaten und der Einfluß der Wirtschaftspolitik", in: Günther Chaloupek und Michael Mesch (Hrsg): Der Wandel des wirtschaftspolitischen Leitbildes seit den siebziger Jahren, Wien 1993, 5–19, hier 5.

[111] Die Technokratie war nie nur ein rechtes, repressives und konservatives Modell Die Linke hatte immer die überzeugteren Technokraten. Die Technokratie der bür-

gerlichen Kreise war allemal durch ihren Konservativismus gebremst, der anthropologisch als Widerpart menschlicher Gestaltungswünsche einen widerspenstigen, ja bösartigen Menschen unterstellte. Im linken ideologischen Spektrum war der Mensch hingegen entweder schon immer rousseauistisch gut, so daß er sich in utopistische Gesellschaftsmodelle trefflich einfügte, oder es war ein selbstverständliches politisches Ziel, ihn durch das Zerreißen aller zivilisatorisch-kapitalistischen Verzerrungen zum Guten zu formen.

[112] Zur Klarstellung sei vermerkt, daß man zwar die Vorstellung, die Experten würden Politik berechenbar und Demokratie überflüssig machen, als Illusion bezeichnen muß, daß aber an vernünftigen Zweck-Mittel-Abschätzungen, subtilen Input-Output-Analysen und computerunterstützen Zukunftsszenarien nicht das Geringste auszusetzen ist. Die Kritik an der Macherperspektive soll keineswegs als Lob des „gesunden Menschenverstandes" verstanden werden, der in der politischen Praxis doch eher zum unqualifizierten Gerede „aus dem Bauch heraus" verkommt. Für immer mehr Politikbereiche reicht der „gesunde Menschenverstand" eben nicht mehr aus – und das soll wiederum nicht bedeuten, daß es ohne ihn geht.

[113] Manfred Prisching: „Der Wandel politischer Stimmungslagen – staatliches Handeln in einer ‚unübersichtlichen' Gesellschaft", Wirtschaft und Gesellschaft 1989, 9–32.

[114] Joachim Fest: „Leben ohne Utopie", in: Saage 1992, 15–26, hier 22. Zur Eigenart utopischer Gesellschaftsmodelle vgl Wilhelm Voßkamp (Hrsg.): Utopieforschung, 3 Bde, Frankfurt 1985; Richard Saage: Politische Utopien der Neuzeit, Darmstadt 1991; ders.: Das Ende der politischen Utopie? Frankfurt 1990; ders. (Hrsg.): Hat die politische Utopie eine Zukunft? Darmstadt 1992.

[115] Vgl Marshall McLuhan: Die magischen Kanäle. Understanding Media, Frankfurt a. M. 1970; Winfried Schulz: Die Konstruktion von Realität in den Nachrichtenmedien. Analyse der aktuellen Berichterstattung, Freiburg-München 1976.

[116] Vgl aus der Fülle jüngerer Publikationen etwa Nicolas Negroponte: Total Digital. Die Welt zwischen 0 und 1 oder Die Zukunft der Kommunikation, München 1997; Bill Gates: Der Weg nach vorn. Die Zukunft der Informationsgesellschaft, München 1997; Johann Welsch: Arbeiten in der Informationsgesellschaft, Bonn 1997; Oliver Hauf: Die Informationsgesellschaft. Anatomie einer Lebenslüge, Frankfurt a. M. u. a. 1996; Achim Bühl: Cybersociety. Mythos und Realität der Informationsgesellschaft, Köln 1996; Robert Wagner: Die Informationsgesellschaft. Chancen für eine neue Lebensqualität am Beginn des dritten Jahrtausends, Münster u. a. 1996.

[117] Wolfgang Müller-Michaelis: Die Informationsgesellschaft im Umbruch. Perspektiven für Wachstum, Beschäftigung und Kommunikation, Frankfurt a. M. 1996.

[118] Neil Postman: Wir amüsieren uns zu Tode. Urteilsbildung im Zeitalter der Unterhaltungsindustrie, Frankfurt 1985; ders.: Das Verschwinden der Kindheit, Frankfurt 1983.

[119] Uwe Jean Heuser: Tausend Welten. Die Auflösung der Gesellschaft im digitalen Zeitalter, Berlin 1996.

[120] David Shenk: Data Smog. Surviving the Information Glut, San Francisco 1997.

[121] Gerd Bacher: „Information als Ware", Conturen (1997), H1, 74–79, hier 78.

[122] Peter Sloterdijk: Kritik der zynischen Vernunft, 2 Bde, Frankfurt a. M. 1983, 559ff.

[123] Günter Kunert: „Die Abschaffung der Kultur durch die Zivilisation", Die Zeit vom 4. Februar 1994, 53f.

[124] Hiermit sei nichts gegen die Dörfer gesagt, in all ihrer Vertrautheit und Heimeligkeit. Es geht hier eher um intellektuelle Innovation, um geistige Spannkraft, um geistige Subtilität – und dafür stehen Dörfer nicht unbedingt.

[125] Richard Sennett: Verfall und Ende des öffentlichen Lebens. Die Tyrannei der Intimität, Frankfurt a. M. 1983.

[126] Roger-Gerard Schwartzenberg: Politik als Showgeschäft. Moderne Strategien im Kampf um die Macht, Düsseldorf-Wien 1980; Fritz Plasser, Peter A. Ulram und Manfried Welan (Hrsg.): Demokratierituale. Zur politischen Kultur der Informationsgesellschaft, Wien-Köln-Graz 1985.

[127] Helmut Dubiel (Hrsg): Populismus und Aufklärung, Frankfurt a. M. 1986.

[128] „Die Avantgarde des Vergessens. Ein Zeit-Gespräch mit dem französischen Philosophen Paul Virilio", Die Zeit, 15. April 1994, 53f.

[129] Intellektuelle Gruppen werden sich einigeln; denn auch ihre stille Beschäftigung an der gesellschaftlichen Peripherie ist nicht ungefährdet. Sie können ja, wenn alle anderen nicht mehr den geringsten Bezug zu ihrem „Wissen" haben, dessen allgemeine Relevanz nicht mehr plausibel machen. (Ein Beispiel aus einem anderen Bereich: Die Universität kann die Relevanz des Wissens heute schon schwer begreiflich machen, wenn es nicht um wirtschaftlich, medizinisch oder technisch „verwertbares" Wissen unter der Logik einer wie immer gearteten Effizienz geht; deshalb wird sie auch Stück für Stück demontiert.)

[130] Diese Szenerie wird mit einem Idealbild konfrontiert: mit den Lesegesellschaften des Bildungsbürgertums, als es ein solches noch gab, oder den Bildungsvereinen der sozialdemokratischen Arbeiterschaft, als diese von der Bildung noch etwas hielt. Alles das ist ohnehin 19. Jahrhundert. Aber das waren immer Ausnahmen.

[131] Timothy Garton Ash: Ein Jahrhundert wird abgewählt. Aus den Zentren Mitteleuropas 1890-1990, München–Wien 1990.

[132] Für Flüchtlinge hat man zwar ein weites Herz, aber nur, solange es wenige sind, und Fremde sind in Ländern wie Deutschland oder Österreich vor allem dann beliebt, wenn es sich um zahlungskräftige Touristen handelt. Aber es wäre ungerecht, die eigenartige Mischung von Aversion und Gönnerhaftigkeit, von Ablehnung und Hilfsbereitschaft zu ignorieren, von der die Haltung gegenüber Ausländern geprägt ist. Trotz aller aufsehenerregenden Einzelaktionen scheinen empirische Untersuchungen in Deutschland zu belegen, daß die Ausländerfeindlichkeit im Sinken ist, und das müßte sich auf Österreich übertragen lassen.

[133] Vgl Eric J. Hobsbawm: Nationen und Nationalismus. Mythos und Realität seit 1780, Frankfurt-New York 1991.

[134] Helmut Guggenberger, Wolfgang Holzinger (Hrsg): Neues Europa – alte Nationalismen. Kollektive Identitäten im Spannungsfeld von Integration und Ausschließung, Klagenfurt 1993.

[135] Friedrich Heckmann: Ethnische Minderheiten, Volk und Nation. Soziologie inter-ethnischer Beziehungen, Stuttgart 1992; Annette Treibel: Migration in modernen Gesellschaften. Soziale Folgen von Einwanderung und Gastarbeit, Weinheim-München 1990.

[136] Platon kann uns im multikulturellen Europa behilflich sein, denn er hat vier mögliche Beziehungen zwischen dem Ganzen und dem Teil unterschieden. Da gibt es die penetrative Beziehung, in welcher Eines durch vieles Unterschiedliche hindurchgeht – das wäre jene Grundgemeinsamkeit, die sich in der multikulturellen Vielfalt verbirgt. Dann gibt es die globale Beziehung, in der das Viele durch das Eine umfaßt wird – alle leben in der gemeinsamen Verfassungsordnung. Weiters gibt es die konstellative Beziehung, in der durch die Verknüpfung des Vielen das Eine zustandekommt – das wäre die wahrhaft neue, aus den vielen Kulturen gewachsene Kultur. Schließlich gibt es die separative Beziehung, wo das Viele ohne irgendeine Einheit besteht – das wäre eine Art postmoderner Variante des Zusammenlebens heterogenster Gruppierungen. – Ich folge in der Darstellung von Platons Argument Karl Acham: „Teil und Ganzes, Differenzierung und Homogenität. Überlegungen zu Gegenstand und Methode der Soziologie und der historischen Sozialwissenschaften", in: Karl Acham und Winfried Schulze (Hrsg.): Teil und Ganzes. Zum Verhältnis von Einzel- und Gesamtanalyse in Geschichts- und Sozialwissenschaften, München 1990, 72–107, hier 74.

[137] M. Peraldi: „Mythos Marseille: Kosmopolitische Vielvölkerstadt oder maghrebinische Enklave?", Stadtbauwelt 118 (1993), 1323–1332, zitiert nach Karl-Dieter Keim: „Vom Zerfall des Urbanen", in: Wilhelm Heitmeyer (Hrsg.): Was treibt die Gesellschaft auseinander?, Frankfurt a. M. 1997, 245–286.

[138] Michael Walzer: Zivile Gesellschaft und amerikanische Demokratie, Berlin 1992, 38ff.

[139] Vgl Gertrud Nunner-Winkler: „Zurück zu Durkheim? Geteilte Werte als Basis gesellschaftlichen Zusammenhalts", in: Wilhelm Heitmeyer (Hrsg.): Was hält die Gesellschaft zusammen? Frankfurt a. M. 1997, 360–402.

[140] Verschiedene politische Maßnahmen haben diese Fragen noch sensibilisiert. Erstens, die „Unterschichtung" der Gesellschaft durch Immigranten bedeutet, daß inländische Arbeitskräfte an den unteren Rändern des Arbeitsmarktes besonders gefährdet sind; sie sind aber schon durch die steigende Arbeitslosigkeit der neunziger Jahre bedroht, und nun kommt die „Schmutzkonkurrenz" aus dem Ausland noch hinzu. Zweitens, billige Wohnungen werden, gerade infolge der erfolgreichen Innenstadtsanierungen, knapp; für Individuen, die sich nichts als Substandard leisten können, trocknet der Wohnungsmarkt aus, und in die wenigen verbleibenden Quartiere sickern Ausländer ein, die noch dichter und schlechter zu leben bereit sind als Inländer. Drittens, gerade in den klassischen Arbeitervierteln und gerade in den Grundschulen drängen sich Ausländerkinder; just jene, welche die Bildungswerbung ernst genommen haben, derzufolge man den Kindern in einer dynamischen Gesellschaft nichts mitgeben könne als eine anständige Bildung, sehen den Unterrichtsfortschritt für ihre Nachkommen bedroht. Das heißt: Man soll auch die rationale Komponente im „Ausländerhaß" nicht unterschätzen. Handelte es sich um „blinden Haß", wäre es vielleicht damit abgetan, das Volk

„aufzuklären", wie das Wohlmeinende so gerne tun. Die sozialen Ursachen sind nur mit Schul-, Wohnungs- und Arbeitsmarktpolitik zu bekämpfen.

[141] P. A. Taguieff: „Die Metamorphosen des Rassismus und die Krise des Antirassismus", in: Ulrich Bielefeld (Hrsg.): Das Eigene und das Fremde. Neuer Rassismus in der Alten Welt?, Hamburg 1992, 221–268.

[142] Wenn hier von den „Volksparteien" gesprochen wird, so sind damit in erster Linie Parteien wie die deutschen Christdemokraten und die österreichische Volkspartei gemeint; zunehmend werden aber auch die sozialdemokratischen Parteien mit diesem Begriff erfaßt, die ihre marxistische Fundierung längst abgestreift haben und gleichfalls den Anspruch vertreten, alle Schichten des Volkes zu erfassen. Als Gegentypus zu den „Volksparteien" mit ihren flächendeckenden Programmen sind kleinere, vor allem one-issue-Parteien zu sehen; das beste Beispiel dafür sind natürlich die grün-alternativen Parteien.

[143] Vgl Alf Mintzel: Die Volkspartei. Typus und Wirklichkeit, Opladen 1984; Russell J. Dalton, Scott C. Flanagan, Allen Beck (Hrsg.): Electoral Change in Industrial Democracies. Realignment or Dealignment, Princeton 1984; Elmar Wiesendahl: „Volksparteien im Abstieg. Nachruf auf eine zweispältige Erfolgsgeschichte", Aus Politik und Zeitgeschichte (1992), B 34/35, 3–14.

[144] Damit ist auch eine andere Sichtweise von Privatisierungen und Ausgliederungen verbunden: Sie sollen nicht nur Verzweiflungstaten politischer Apparate sein, die jede Hoffnung aufgegeben haben, sich selbst zu reformieren, und die sich einiger Verantwortungsbereiche nur deswegen entledigen wollen, weil sie zu schwach sind, sich gegen die dauernden Interventionswünsche von Interessenten zu wehren. Davon abgesehen, sollte auch der Griff in die politische Trickkiste unterbleiben: Privatisierungen und Ausgliederungen sollen nicht ergiebige neue Pfründenfelder (für parteipolitisch balancierte Geschäftsführer und Aufsichtsräte) sein, neue Versorgungsbereiche für nahestehende Personen, weil „alte" Versorgungsbereiche unter öffentliche Kritik geraten sind. – Vgl zu einigen politischen Aspekten Manfred Prisching: „Privatisierung als symbolische Politik", Wirtschaftspolitische Blätter 35 (1988), 408–416.

[145] Gegenwärtig beobachtet man Ungleichzeitigkeiten: Selbst wo fast kein politischer Einfluß mehr ausgeübt wird, besteht der „Gehorsam" der Funktionsträger gegenüber dem vermuteten Willen der Partei. Das heißt: Entscheidungen werden mit Blick auf die Partei gerechtfertigt (oder so gedeutet), von denen die Partei gar nichts weiß. Deshalb werden von den Bürgern oft parteipolitische „Geschäfte" in Bereichen vermutet, aus denen sich die Parteien schon zurückgezogen haben oder wo sie gar nie präsent waren.

[146] Edward R. Ritvo: „Autism", in: Adam Kuper und Jessica Kuper (Hrsg.): The Social Science Encyclopedia, London, Boston und Henley 1985, 56f.

[147] Vgl Manfred Prisching: „Die Illusion der Politik. Politiksoziologische Aspekte einer postmodernen Gesellschaft", in: Max Preglau und Rudolf Richter (Hrsg.): Postmodernes Österreich? Konturen des Wandels in Wirtschaft, Gesellschaft, Politik und Kultur, Wien 1998, 107–132.

[148] Vgl auch Klaus von Beyme: Die politische Klasse im Parteienstaat, Frankfurt a. M. 1993.

[149] Charles J. Fox: „Reinventing Government as Postmodern Symbolic Politics", Public Administration Review 56 (1996), 256–261.

[150] Umberto Eco: Travels in Hyperreality, London 1987.

[151] Claus Leggewie: „Politische Kreativität. Über das Neue in der Politik – und in der Politikwissenschaft", in: ders. (Hrsg.): Wozu Politikwissenschaft? Über das Neue in der Politik, Darmstadt 1994, 3–18.

[152] Wolfgang Mantl: „Erbarmen mit den Politikern?", in: Die Presse, Spectrum, 2/3. November 1996.

[153] Vgl Peter L. Berger: Der Zwang zur Häresie. Religion in der pluralistischen Gesellschaft, Frankfurt 1980; ders.: Zur Dialektik von Religion und Gesellschaft, Frankfurt 1988 (engl. 1967).

[154] Religiöse Gefühle haben sich in langwierigen Deutungsvorgängen ausgeformt: Sie erwachsen aus Schrecken und Angst in Anbetracht von Naturvorgängen, Not, Unsicherheit, Gewalt; oft wird in der Vorstellung der Menschen eine Welt voll von Geistern, Hexen und Dämonen aufgebaut. Opfer werden gegeben, um die Götter und Dämonen zu besänftigen. Für die eigene Welt werden daraus Erbaulichkeit und Geborgenheit gewonnen, im Wissen um übernatürliche Autoritäten und ihre Funktionen als Sinnstifter, Richter, Gesetzgeber und Retter.

[155] Jörg Bergmann, Alois Hahn, Thomas Luckmann (Hrsg.): Religion und Kultur (Sonderheft der KZfSS 33), Opladen 1993; Franz-Xaver Kaufmann: Religion und Modernität, Tübingen 1989; Thomas Luckmann: Das Problem der Religion in der modernen Gesellschaft, Freiburg 1963; ders.: Die unsichtbare Religion, Frankfurt a. M. 1991; Heiner Barz: Religion ohne Institution? Eine Bilanz der sozialwissenschaftlichen Jugendforschung, Opladen 1992.

[156] Vgl etwa Elmar R. Gruber: Was ist New Age? Bewußtseinstransformation und neue Spiritualität, Freiburg 1987; ders.: Sanfte Verschwörung oder sanfte Verblödung? Kontroversen um New Age, Freiburg 1989; Hansjörg Hemminger (Hrsg.): Die Rückkehr der Zauberer. New Age, eine Kritik, Reinbek 1987; Otto Prokop und Wolf Wimmer: Der moderne Okkultismus. Parapsychologie und Paramedizin: Magie und Wissenschaft im 20. Jahrhundert, Stuttgart 1987; Hans-Jürgen Ruppert: New Age. Endzeit oder Wendezeit?, Wiesbaden 1985; ders.: Okkultismus. Geisterwelt oder neuer Weltgeist?, Wiesbaden 1990; Christof Schorsch: Die New-Age-Bewegung. Utopie und Mythos der Neuen Zeit: kritische Auseinandersetzung, Gütersloh 1988; Hartmut Zinser: Okkultismus unter Jugendlichen, Berlin 1992.

[157] Emile Durkheim: Die elementaren Formen des religiösen Lebens, 3. Aufl., Frankfurt a. M. 1984 (erstmals 1912).

[158] Robert K. Merton: Entwicklung und Wandel von Forschungsinteressen. Aufsätze zur Wissenschaftssoziologie, Frankfurt a. M. 1985.

[159] Fritjof Capra: Wendezeit, München 1983; ders: Das Tao der Physik, München 1985; ders.: Das Spektrum des Bewußtseins, München 1989.

[160] Helmut Schelsky: Die Arbeit tun die anderen. Klassenkampf und Priesterherrschaft der Intellektuellen, München 1977.

[161] Franz-Xaver Kaufmann: Religion und Modernität, Tübingen 1989, 46.

[162] Karl-Fritz Daiber: Religion unter den Bedingungen der Moderne. Die Situation in der Bundesrepublik Deutschland, Marburg 1995, 173.

[163] Gregor Siefer: „Wozu noch Kirche? oder: Der Kampf um die Organisation der ‚religiösen Bedürfnisse'", Soziologische Revue 20 (1997), 163–172.

[164] Vgl zur Unsicherheit der Moderne etwa Franz-Xaver Kaufmann: Der Ruf nach Verantwortung. Risiko und Ethik in einer unüberschaubaren Welt, Freiburg-Basel-Wien 1992; Niklas Luhmann: Soziologie des Risikos, Berlin-New York 1991; Peter M. Wiedemann (Hrsg.): Risiko ist ein Konstrukt, München 1993; Wolfgang Krohn und Georg Krücken (Hrsg.): Riskante Technologien. Reflexion und Regulation: Einführung in die sozialwissenschaftliche Risikoforschung, Frankfurt 1993.

[165] Insofern stellen seine Ausführungen auch eine der „Abschiedsreden" auf das fortschrittlich-linke Glaubensbekenntnis dar, die unter älter gewordenen Progressiven als Rückblicke auf die Irrtümer einer engagierten Jugendzeit modern werden.

[166] Ulrich Beck: Risikogesellschaft. Auf dem Weg in eine andere Moderne, Frankfurt a. M. 1986.

[167] Mathias Schüz (Hrsg): Risiko und Wagnis. Die Herausforderung der industriellen Welt, 2 Bde, 1990.

[168] Stefan Breuer: Die Gesellschaft des Verschwindens. Von der Selbstzerstörung der technischen Zivilisation, Hamburg 1992, 55f.

[169] Jürgen Habermas: Die Neue Unübersichtlichkeit, Frankfurt 1985; Ivan Illich: Fortschrittsmythen, Reinbek b. H. 1983; Paul K. Feyerabend: Erkenntnis für freie Menschen, Frankfurt 1979.

[170] Vgl dazu unter anderem Karl-Werner Brand: Neue soziale Bewegungen. Funktion und Perspektive neuer Protestpotentiale, Opladen 1982; Karl-Werner Brand u. a.: Aufbruch in eine andere Gesellschaft. Neue soziale Bewegungen in der Bundesrepublik, Frankfurt-New York 1983.

[171] Ulrich Beck: Politik in der Risikogesellschaft. Essays und Analysen, Frankfurt a. M. 1991.

[172] Vgl zur Wahrscheinlichkeit von Katastrophen Charles Perrow: Normale Katastrophen. Die unvermeidbaren Risiken der Großtechnik, Frankfurt-New York 1989.

[173] Vgl dazu Manfred Prisching: Bilder des Wohlfahrtsstaates, Marburg 1996, zweites Kapitel, 65ff.

[174] Solidarische Gruppen, die auf diesen Prinzipien gründen, finden sich auch in moderneren Gesellschaften noch: etwa die Arbeiterhilfsvereine, die im 19. Jahrhundert gegründet wurden, um den Verelendungsprozessen der Fabriksarbeit entgegenzuwirken. Sie konnten sich nicht mehr auf Zunftregelungen stützen. Aber durch die Gemeinsamkeit der Versammlungen entwickelte sich ein Zusammengehörigkeitsgefühl, das Grundlage des Zweckverbandes war.

[175] Vgl Manfred Prisching: „Das Ende der Solidarität? Über einige moralische – Vorstellungen in der modernen Gesellschaft", in: Otto Kimminich, Alfred Klose, Leopold Neuhold (Hrsg.): Mit Realismus und Leidenschaft. Ethik im Dienst einer humanen Welt, FS V. Zsifkovits, Graz-Budapest 1993, 102–116; Manfred Prisching: „Solidarität in der Moderne – zu den Varianten eines gesellschaftlichen Koordinationsmechanismus", Journal für Sozialforschung 32 (1992), 267–281.

[176] Frank E. Münnich: „Gesellschaftliche Ziele und Organisationsprinzipien", in: Erich Streißler und Christian Watrin (Hrsg.): Zur Theorie marktwirtschaftlicher Ordnungen, Tübingen 1980, 163–196, hier 177.

[177] Allan Carlson: „The Family: Where Do We Go From Here?", Society 32 (1995), H5, 63–71.

[178] Vgl Nathan Glazer: „Die Grenzen der Sozialpolitik", in: Wolf-Dieter Narr und Claus Offe (Hrsg.): Wohlfahrtsstaat und Massenloyalität, Köln 1975, 338.

[179] Ebd 342.

[180] Friedrich Krotz: „Zwischen Ahlen und Wahlen. Konzeptionen christdemokratischer Sozialpolitik", in: Peter Grottian, Friedrich Krotz, Gonter Lütke, Heide Pfarr: Die Wohlfahrtswende. Der Zauber konservativer Sozialpolitik, München 1988, 12–37, hier 36.

[181] Damit sollen keine revolutionären Assoziationen verbunden werden. Hier ist gemeint, daß Kontroversen darüber, wie die sozioökonomische Apparatur funktioniert, Implikationen für die relativen Machtverhältnisse sozialer Gruppen hat. Wenn es gelingt, das Gefühl zu erzeugen, daß der Großteil aller Arbeitslosengeldbezieher nichts mehr fürchtet als einen Arbeitsplatz, werden sich höhere Sozialtransfers schwer durchsetzen lassen, und das spart jenen, welche die Steuern dafür bezahlen müßten, einiges an Geld. Hinter einem Streit um „Wahrnehmungsbilder" stehen also handfeste Interessen.

[182] Zur Entwicklung des Sozialstaates vgl etwa Douglas E. Ashford: The Emergence of the Welfare States, Oxford 1986; Abram de Swaan: Der sorgende Staat. Wohlfahrt, Gesundheit und Bildung in Europa und den USA der Neuzeit, Frankfurt-New York 1993. Zu verschiedenen Problemen des Wohlfahrtsstaates vgl. aus einer reichhaltigen Literatur etwa Jens Alber: Der Sozialstaat in der Bundesrepublik 1950–1983, Frankfurt-New York 1989; Norman Barry: Welfare, Buckingham 1990; C. v. Ferber und Franz-Xaver Kaufmann (Hrsg.): Soziologie und Sozialpolitik, Opladen 1977; Michael T. Greven: Sozialstaat und Sozialpolitik, Neuwied-Darmstadt 1980; Manfred G. Schmidt: Wohlfahrtsstaatliche Politik unter bürgerlichen und sozialdemokratischen Regierungen. Ein internationaler Vergleich, Frankfurt-New York 1982; ders.: Sozialpolitik. Historische Entwicklung und internationaler Vergleich, Opladen 1987; Hans Haferkamp: Wohlfahrtsstaat und soziale Probleme, Opladen 1984.

[183] Vgl Manfred Prisching: „Das wohlfahrtsstaatliche Weltbild", in: Alfred Bellebaum und Klaus Barheier (Hrsg.): Lebensqualität. Ein Konzept für Praxis und Forschung, Opladen 1994, 41–81.

[184] György Konrad: „Plädoyer für eine interkommunikative Architektur in Europa. Künstlerische Artikulation unseres Raum-Zeit-Erlebens", in: Peter Sloterdijk (Hrsg.): Vor der Jahrtausendwende. Berichte zur Lage der Zukunft, Bd 1, Frankfurt a. M. 1990, 277–291, hier 280f.

[185] Peter L. Berger, Brigitte Berger, Hansfried Kellner: Das Unbehagen in der Modernität, Frankfurt-New York 1987, 61f.

[186] Natürlich ist der Gegensatz von Stadt und Land, wird er als einer von Kultur und Natur gefaßt – wie dies soeben angeklungen ist –, ein Unsinn. Die Naturverzückung der Bewohner der Industrieländer beruht auf kulturell geprägten Bewertungen durchkulturalisierter Landschaften – was wir als Naturlandschaft sehen, ist eine Kulturlandschaft. Räume zwischen den Städten sind Kulturräume, auch wenn es keine städtische Kultur ist.

[187] Anthony Giddens: Die Konstitution der Gesellschaft, Frankfurt-New York 1988, 198.

[188] Das heißt nicht, daß die Provinz zu einem wirtschaftlichen Notstandsgebiet wird. Es gibt Pendlereinkommen, größere Anteile an der Schattenwirtschaft und eine Kompensation niedrigerer Einkommen durch eine angenehmere physische und soziale Lebensumwelt – aber das dynamische Wirtschaftsleben residiert im Einzugsbereich der Städte.

[189] Vgl Carl Amery: „Der Provinzler und sein Schicksal", in: Die Provinz. Kritik einer Lebensform, hrsg. von Carl Amery, München 1966, 8.

[190] Werner Sombart: „Städtische Siedlung, Stadt", in: Handwörterbuch der Soziologie, hrsg. von Alfred Vierkandt, Stuttgart 1931, 527–533, hier 527.

[191] Ebd

[192] Wolfgang Mantl in: Von den Hauptstädtern und den Hintersassen, hrsg. von Erhard Busek, Wien 1987, 60.

[193] Konrad: „Plädoyer", 1990, 279.

[194] Stefan Zweig: Die Welt von gestern. Erinnerungen eines Europäers, Frankfurt a. M. 1986, 27.

[195] Vgl Georg Simmel: Soziologie. Untersuchungen über die Formen der Vergesellschaftung, Berlin 1908, 6. Aufl. 1983.

[196] Werner Sombart: Der moderne Kapitalismus, Bd III, München 1987, 421 (erstmals 1927).

[197] Oswald Spengler: Der Untergang des Abendlandes. Umrisse einer Morphologie der Weltgeschichte, München 1979, 661 (erstmals in der Endfassung 1923).

[198] Im ersten Band der Ortsbestimmung der Gegenwart, zit. n. Rene König: Soziologische Orientierungen. Vorträge und Aufsätze, Köln 1973, 433.

[199] „Wer will, kann sich in der Großstadt und im Industrierevier eine andere soziale Umwelt suchen. Das Reservoir an Möglichkeiten ist größer. Für beschränkte Fähigkeiten, für mindere Begabungen – selbst für eindeutige Dummheit ist Bedarf vorhanden. Auch jene, die einen juristischen oder moralischen Fehlpaß zu verbergen haben, auch solche, die ‚untertauchen' wollen, fühlen sich in der Großstadt besser aufgehoben." Alfred Horne: „Soziale Aufforstung?" in: Die Provinz. Kritik einer Lebensform, hrsg. von Carl Amery, München 1966, 37–49, hier 39.

[200] Richard Sennett: Verfall und Ende des öffentlichen Lebens. Die Tyrannei der Intimität, Frankfurt a. M. 1983, 299.

[201] Sennett 1983, 299.

[202] Simmel 1983, 563.

[203] Freilich: Wenn mehr Geld und mehr Institutionen vorhanden sind, steigen die Kulturangebote. Also laufen viele durch die Ausstellungen, Vernissagen und Aufführungen, nichts weiter. Die großen Besucherzahlen gelten als Erfolg. Sie signalisieren aber nicht Kulturanteilnahme, nur Teilnahme. Kulturkonsum mag besser sein als nichts, aber er ist keine Kulturleistung, auch keine individuelle Bildungsleistung. Ein Ausstellungsbesuch – deswegen, weil alle hingehen – ist noch nicht die Quintessenz des kulturellen Lebens.

[204] Rolf Schroers: „Provinz in der Großstadt", in: Die Provinz. Kritik einer Lebensform, hrsg. von Carl Amery, München 1966, 19–36, hier 19.

[205] Vgl Anton Pelinka und Fritz Plasser (Hrsg.): Das österreichische Parteiensystem,

Wien-Köln-Graz 1988; Fritz Plasser: Parteien unter Streß. Zur Dynamik der Parteiensysteme in Österreich, der Bundesrepublik Deutschland und den Vereinigten Staaten, Wien-Köln-Graz 1987; Fritz Plasser, Peter A. Ulram und Manfried Welan (Hrsg.): Demokratierituale. Zur politischen Kultur der Informationsgesellschaft, Wien-Köln-Graz 1985.

[206] Ronald Inglehart: The Silent Revolution. Changing Values and Political Styles among Western Publics, Princeton 1977; ders.: Kultureller Umbruch. Wertewandel in der westlichen Welt, Frankfurt-New York 1989.

[207] Vgl auch Manfred Prisching: „Grenzen des Wertwandels. Kontinuität und Diskontinuität in kulturellen Veränderungsprozessen", Schweizerische Zeitschrift für Soziologie (1986), 49–70.

[208] Helmut Klages: Wertorientierungen im Wandel, Frankfurt-New York 1984; ders: Wertedynamik, Zürich 1988.

[209] Vgl Manfred Prisching: „The University as a Social Institution. The Change in Academic Institutions in Germany at the End of the Nineteenth Century", Journal of Economic Studies 20 (1993), No. 4/5, 30–51. S. auch Erhard Busek: „Universität ohne Idee? Ein Streifzug durch ihr Innenleben", politicum 46, 10 (1990), 3–5; Erhard Busek und Meinrad Peterlik (Hrsg.): Wissenschaft, Ethik, Politik, Wien 1987; Erhard Busek, Wolfgang Mantl und Meinrad Peterlik (Hrsg.): Wissenschaft und Freiheit. Ideen zu Universität und Universalität, Wien-München 1989; Gottfried Magerl u. a. (Hrsg.): „Krise der Moderne" und Renaissance der Geisteswissenschaften, Wien-Köln-Weimar 1997; Sigurd Höllinger: Universität ohne Heiligenschein. Aus dem 19. ins 21. Jahrhundert, Wien 1992; Michael Daxner: Ist die Uni noch zu retten? Reinbek b. H. 1996; Peter Glotz: Im Kern verrottet? Fünf vor zwölf an Deutschlands Universitäten, Stuttgart 1996.

[210] Vgl Manfred Prisching: „Wirtschaftstheoretische Aspekte von Bildung und Wissenschaft", in: Kurt Freisitzer, Werner Höflechner, Hans-Ludwig Holzer, Wolfgang Mantl (Hrsg.): Tradition und Herausforderung. 400 Jahre Universität Graz, Graz 1985, 646–663; ders.: „Wissenschaft und Technik – neue Ziele in einem veränderten Mitteleuropa", in: Meinrad Peterlik und Werner Waldhäusl (Hrsg.): Geist und Wissenschaft im politischen Aufbruch Mitteleuropas, Wien-Köln-Graz 1991, 213–248.

[211] Es sollte sich also nicht um Evaluierungen handeln, wie sie in jüngster Zeit in Österreich gerne von Zeitungen und Zeitschriften durchgeführt werden. Diese Aktionen laden zu mißverständlichen Schlußfolgerungen förmlich ein. Zudem ist hier nicht so sehr von der Evaluierung der Studiensituation die Rede, worauf sich diese Aktivitäten wesentlich beschränkt haben, sondern vor allem um die Evaluierung von Forschungsleistungen.

[212] Mit Recht können dies allerdings nur jene Ordinarien kritisieren, die selbst für einen „Professor auf Zeit" eintreten, und die sind kaum zu finden. Zudem mag man zwei Bedenken bezüglich der Abschaffung einer Pragmatisierung anfügen: Einmal mag man daran zweifeln, daß – gerade in obrigkeitlich geprägten Ländern – die Zivilcourage so gut entwickelt ist, daß es für das „Innenleben" und das öffentliche Auftreten eines Universitätsprofessors wirklich völlig gleichgültig ist, ob er *tenure* besitzt oder nicht – ob er sich also in gleichem Maße bei politischen Machthabern einschmeichelt oder unbeliebt macht, egal, ob er nächstes Jahr eine

Verlängerung seiner Bestellung braucht oder nicht. Zum anderen mag man Bedenken hegen, ob nicht die Gewöhnung an politische Sicherheit und Rechtsstaatlichkeit jene Situationen vergessen macht, in denen die feste Anstellung doch noch einen Schutz gegen Willkür geboten hat – nicht in totalitären Regimen, in denen nichts schützt, wohl aber in autoritären Regimen, die einen Schein von Rechtlichkeit aufrechterhalten wollen. Kollisionen mit bestimmten Personengruppen über die Verlängerungswürdigkeit einer Position treten ja schon auf, wenn es um Fragen der „political correctness" geht; etwa um die Einschätzung von Vererbung versus Sozialisation oder die Bewertung von historischen Tatbeständen oder den Streit über einen weiblichen oder männlichen Wissenschaftsbegriff.

[213] Max Weber: „Wissenschaft als Beruf", Gesammelte Aufsätze zur Wissenschaftslehre, letzte Ausgabe Tübingen 1988, 588.

[214] Diese Differenzierung kann Schul- wie Universitätsreformern nicht nachdrücklich genug nahegebracht werden. Es gilt bewußt zu machen, daß – wie Humboldt sagt – nicht die „Schulen berufen sind, schon den Unterricht der Universitäten zu anticipieren, noch die Universitäten ein blosses, übrigens gleichartiges Complement zu ihnen, nur eine höhere Schulklasse sind, sondern dass der Uebertritt von der Schule zur Universität ein Abschnitt im jugendlichen Leben ist, auf den die Schule im Falle des Gelingens den Zögling so rein hinstellt, dass er physisch, sittlich und intellectuell der Freiheit und Selbstthätigkeit überlassen werden kann und, vom Zwange entbunden, nicht zu Müssiggang oder zum praktischen Leben übergehen, sondern eine Sehnsucht in sich tragen wird, sich zur Wissenschaft zu erheben, die ihm bis dahin nur gleichsam von fern gezeigt war."

[215] Vgl Reinhard Haberfellner: „Über die Effizienz unseres Hochschulsystems, oder: Was wir von der ETH Zürich lernen können", politicum 46, 19 (1990), 14–17.

[216] Mit Effizienzkalkülen für Universitäten gibt es eigentümliche Schwierigkeiten: Niemand jubelt beispielsweise über hohe Studentenzahlen pro Universitätslehrer, obwohl man dies als höchst effiziente Produktion – geringer Arbeitskraftinput ermöglicht hohen Studentenoutput – deuten könnte; vielmehr herrscht die Vermutung, daß diese „kosteneffiziente" Produktion durch Qualitätsverluste bei den Studierenden überkompensiert wird – was auch erst zu beweisen wäre. Umgekehrt könnte man vermuten, daß die Selektionsleistung durch einen Qualitätsanstieg honoriert wird, der die hohe Ausfallsquote rentabel erscheinen läßt – was freilich zunächst auch nur eine Behauptung ist. Eine weitere Erklärung für den hohen Stand an Studierenden bei geringen Absolventenzahlen findet sich darin, daß die Selektion sehr lange dauert. Im Ausland findet sie dadurch rascher statt, daß Prüfungen nur ein- oder zweimal wiederholt werden dürfen. – Argumentieren ließe sich gegen hohe Abbrecherquoten nur, wenn man (1) annimmt, daß alle, die ein Studium beginnen, für eine solche Ausbildung geeignet sind, oder (2) daß die Universitäten eine zu späte Selektionsinstanz im individuell-biographischen Verlauf darstellen – dies aber ist ein Problem der Schulen. Fatal ist freilich, wenn man (3) belegen kann, daß die Selektion nach den falschen Kriterien erfolgt.

[217] Vgl zu Konzepten der Studienfinanzierung Carl Christian von Weizsäcker: „Lenkungsprobleme der Hochschulpolitik", in: Helmut Arndt, Dieter Swatek (Hrsg.): Grundfragen der Infrastrukturplanung für wachsende Wirtschaften, Berlin

1971, 503–519; Klaus Mackscheidt: „Bildung III: Öffentliche Finanzierung", in: HdWW, Bd 2, 1980, 18–30; Hans-Joachim Bodenhöfer: „Finanzierungsprobleme und Finanzierungsalternativen der Bildungspolitik", Zeitschrift für Wirtschafts- und Sozialwissenschaften (1978), 129–161; Hans-Joachim Bodenhöfer, Walter Ötsch, Rainer Terlaak: Finanzierung der Hochschulexpansion, Wien 1980.

[218] Friedrich Paulsen: Die deutschen Universitäten und das Universitätsstudium, Berlin 1902, 372f.

[219] Vgl Manfred Prisching: „Die Krisen des einundzwanzigsten Jahrhunderts. Zehn Modelle für verwirrende Zeitläufte", Wirtschaft und Gesellschaft 20 (1994), 111–134.

[220] Michel Albert: Kapitalismus contra Kapitalismus, Frankfurt-New York 1992.

[221] Thomas Meyer: Fundamentalismus. Aufstand gegen die Moderne, Reinbek b. H. 1989; ders. (hrsg.): Fundamentalismus in der modernen Welt. Die Internationale der Unvernunft, Frankfurt a. M. 1989.

[222] Islamisten geben zu bedenken, daß der Islam nicht von Natur aus eine aggressiv-totalitäre Lehre, sondern vielmehr tolerant sei. So richtig dies auch ist: seine gegenwärtige Ausprägung ist totalitärer Natur, er will „Gottesstaaten". In dieser Form wird er massenwirksam.

[223] Rolf Knieper: Nationale Souveränität. Versuch über Ende und Anfang einer Weltordnung, Frankfurt a. M. 1991.

[224] Dieter Senghaas (Hrsg): Weltwirtschaftsordnung und Entwicklungspolitik. Plädoyer für Dissoziation, Frankfurt 1977.

[225] Vgl Global 2000. Der Bericht an den Präsidenten, Frankfurt a. M. 1980; OECD (Hrsg.): Interfutures. Facing the Future. Mastering the Probable and Managing the Unpredictable, Paris 1979; Wassily Leontief u. a.: The Future of the World Economy, New York 1977; A. Herrera u. a.: Grenzen des Elends. Das Bariloche-Modell, Frankfurt 1977; u. a.

[226] Vgl die Economist-Publikation: The World in 1994, December 1993.

[227] Samuel P. Huntington: The Clash of Civilizations and the Remaking of World Order, New York 1996.

[228] Stephen Toulmin: Kosmopolis. Die unerkannten Aufgaben der Moderne, Frankfurt a. M. 1994, 322f.

[229] Schumpeter: Kapitalismus, Sozialismus und Demokratie, 1993, 498. Die Pumpen-Metapher ist bei Schumpeter natürlich aufgesetzt, denn in Wahrheit geht es ihm darum, die unausweichlichen Trends in eine bürokratisch-autoritär-sozialistische Gesellschaft aufzuzeigen. Sie ist auch am Ende dieses Essays aufgesetzt; denn es wurden kaum Andeutungen darüber gemacht, wie diese Pumpen beschaffen sein könnten. Drei kurze Hinweise nur: Erstens, diese Gesellschaftsordnung hat sich bislang als außerordentlich stabiles System erwiesen, und wir können hoffen, daß sich einige Probleme durch Zufall oder Anpassung lösen. Zweitens, die Zukunftssicht der meisten Menschen ist pessimistisch; aber innovative Kräfte werden eher frei, wenn das Gefühl besteht, man könne es schaffen; wie dieses Gefühl zu erzeugen ist, steht allerdings wiederum zur Debatte. Drittens, und das ist wohl das Wichtigste, mag es so etwas wie Reformpolitik geben: ohne allzu weitschweifige Visionen, eher als *trial-and-error*-Prozeß, als Bastelei an der *social fabric*, als

muddling-through, als *piecemeal-engineering*. Wie weit sie trägt, bleibt abzuwarten. Ohne Zweifel könnte sie in manchen der angesprochenen Probleme wirken; bei anderen – wie bei der Illusion eines ökologisch besonnenen Aufstiegs Chinas – ist Pessimismus angebracht.